张高评　著

论文写作演绎

西北大学出版社
·西安·

图书在版编目（CIP）数据

论文写作演绎 / 张高评著. -- 西安：西北大学出版社，2023.11

ISBN 978-7-5604-5142-8

Ⅰ.①论… Ⅱ.①张… Ⅲ.①论文—写作 Ⅳ.①H152.3

中国国家版本馆 CIP 数据核字（2023）第 096181 号

2021 © Wu-Nan Book Inc.

本书为五南图书出版股份有限公司授权西北大学出版社有限责任公司在中国大陆出版发行简体中文版，2022。

著作权合同登记号：25-2022-049

论文写作演绎
LUNWEN XIEZUO YANYI

作　　者：	张高评 著
出版发行：	西北大学出版社
地　　址：	西安市太白北路 229 号
邮　　编：	710069
电　　话：	029-88302590　88303593
网　　址：	http://nwupress.nwu.edu.cn
电子邮箱：	xdpress@nwu.edu.cn
经　　销：	全国新华书店
印　　装：	西安华新彩印有限责任公司
开　　本：	720 毫米 ×1020 毫米　1/16
印　　张：	21
字　　数：	250 千字
版　　次：	2023 年 11 月第 1 版
印　　次：	2023 年 11 月第 1 次印刷
书　　号：	ISBN 978-7-5604-5142-8
定　　价：	98.00 元

如有印装质量问题，请拨打电话 029-88302966 联系调换。

王序

  本书是中国古代文学研究领域的资深学者，积其平生经验、倾其十年心力写成的论文写作攻略。既有很强的操作性、实用性，又有可自行检验、自我评估的原则性、标准性，更有写作方法的集成性和历史深度的学理性。无论是对写学术论文、学位论文，还是对写专题计划、申请报告，都有切实的指点迷津、开示门径的意义。

  书中论述的各种写作方法、要领，切实可行。论文写作的各个环节、层面，包括写作前的初拟选题、确定选题、成果述评、拟定大纲；写作过程中的结构安排、观点提炼、亮点突出、标题制作、资料剪辑、文献注释、绪论、结论；收束全文后的内容摘要、关键词等，都一一指点迷津。对于重要环节固然是精心指点，对于看似不重要实则不可轻忽的环节，也悉心引导。

  例如对于成果述评，有些作者不甚在意，时或敷衍了事，实则它是论文写作不可或缺的重要环节。对作者本人而言，在写作之前，必须了解已有的学术进展，对往哲时贤研究成果的得失优劣了然于心：哪些观点可以作为自己选题的理论依据，哪些史料可以作为自己论文的文献来源，哪些结构框架、思路方法可资借鉴。如此，写作论文时才能轻车熟路、信手拈来。对读者和评审专家而言，可以了解作者是在什么学术起点上进行研究，是从零起步向上提升一层，还是在前贤已进阶的基础上再往前推进一步，以便判断论文贡献之大小。如果作者在文献综述中含糊其词、交代不清，论文的学术价值就很难得到认同和肯定。故而文献述评必须认真对待，切不可草草应对。

  然则，成果述评该如何写？好多在读的硕士生、博士生并不清楚，甚至不少已取得学位的博士也不甚了然。在学位论文的开题报告、专题计划书、项目申请书中写成果述评，往往只是分类罗列已有研究成果，而不做评析研判，毫无问题意识。读者或审查专家看完，只知道有哪些成果，而不明白这些成果究竟解决了哪些问题，还有哪些问题没有解决，作者究竟想要解决什么问题。本书第二章，专题讨论成果述评写作的方法要领，指出：

> 进行文献回顾时，既要综述，更要评论。即以精要文字，综述海内外的研究现况（述），作为尔后研究的铺垫或对照；核心重点，还在于评论已发表论著的利病得失（评）。进而针对学界前贤的病失与死角，提炼出创新解决的问题意识，作为本研究课题补充发展的视角与亮点。

"述"，见学问；"评"，显见识。述，可见作者对过往研究成果和相关文献掌握的广狭深浅；评，则可见作者对已有成果的判断力和概括力：能否准确判断已有成果的优劣得失、能否从纷繁杂乱的过往成果中发现问题，并提炼概括出条理化的观点。

概括能力，是做学问必备的能力之一。能否提炼出新颖的学术观点，是论文水平高低的重要体现。有些论文，摆事实、说现象，头头是道，但就是提不出具有概括力的学术观点，因而显得平淡而不出彩。做学问，要学会概括，不断提升概括能力。记得我博士论文答辩，历时一天，九位答辩委员提出了一大堆问题，答辩主席程千帆先生提示我：不要对每位教授提出的问题一一作答，而要对提出的问题进行分类概括，然后回答几个主要问题。并且他直接点明，这是要考察、检验我的概括能力。此后，我一直注重论文观点的提炼与概括。而成果述评，是在论文开头的绪论部分，述评是否有概括力，事关读者和审查专家对作者能力水准的第一印象，因而要慎重对待，精心结撰。

不管是什么类型的论文，都要突出问题意识。论文的终极目的，是探讨问题、解决问题。但有的论文，问题意识不突出，读者看了一半，甚至读罢全文，都不明白作者究竟想要探讨什么问题、解决什么问题。问题意识是否突出，是评判论文优劣的一大指标。因而，论文写作，一定要注意突出问题意识。怎样突出问题意识？本书第四章，专论问题意识的重要性和体现问题意识的技巧。其中提点说：

> 论文打算解决什么问题，问题意识应该在章节标题项目中呈现出来。研究的主体概念是什么，章节文字也必须有所体现。再说，论文的诠释系统是什么，用什么方法来解读、说明、诠释、引申发挥，研究的创见心得，务必彰显，变成标题。……既然是创见，篇章论证所占篇幅一定不小，行家可能不及细看；高度浓缩之后，成为章节的标题，就会一目了然。

标题该如何拟定、字数多少为宜，是准确达意为先，还是匀称漂亮为上，书中都有具体的提示。

论文的结构，既体现作者思考问题的深细度、宽广度，以及思维的严密度，又体现作者驾驭问题的能力和语言表达的能力。结构又是展现在书前的目录中，所以，作者的综合能力、学术水平从结构上一望可知，就像人的面容，妍媸美丑一览无余，不像身体躯干上的瑕疵，可以被遮蔽。因而，结构需要精心安排，以充分展现作者的实力与水准。本书第七章，专论结构布局，多是深造自得之见。

谋篇布局，须事先拟定纲目。近年，我喜欢用思维导图（又名心智导图）软件 XMind，来拟定论文纲目和有关事务的计划纲要。论文分几大层次，每个层次又细分几层几类，用思维导图来呈现，有两大优势：一是容易发现问题。层次与层次之间、类别与类别之间是否合乎逻辑，不同层级的纲目是并列关系还是从属关系，一目了然。如果分类不当、层次不清，就及时调整。二是引导思维深入。我们平时考虑问题，一般只会想到一两个层次，而思维导图可以促发、引导我们不断深入。比如最先想到两个层次以后，看了导图，我们会想第三层如何深入、如何安排，是再细分若干类，还是继续分层。想清楚第三层后，又会想有没有可能再深入到第四层。这样逐层深入细化，论文结构就会有序化、清晰化，写起论文来就不蔓不枝、脉络井然。我尝到甜头后，也要求门下诸生，写作论文前用思维导图软件理清思路、拟定大纲，避免信马由缰、主次不分、详略失当。

论文注释不可或缺，人所共知，但注释的功能，初入行者未必熟悉，以为注释只是注明文献来源出处而已。1987年，我初读博士时，就不太了然注释的功用。当时，读到北京大学陈贻焮先生的《唐诗论丛》（长沙：湖南人民出版社，1980），见书中有些注释文字特别长，差不多占了当页篇幅的一半，颇为诧异，不知为何要这样处理。次年，陈先生到南京参加我师兄、师姐的博士论文答辩，有幸向他当面请教我的疑问、困惑。他告诉我：注释本有补充说明的作用，注释和正文可以互补、交相为用。将次要观点和引证材料放在注释中，可使正文条理清晰、文气清通，避免引文过多形成滞碍。他的指点，让我豁然开朗。后来我写博士论文《宋南渡词人群体研究》，就学用其法。我论文的语体，是论述阐释，而不是考据实证。但上篇涉及词人群体相互交往、唱和事实的考证，如果将考证的过程和引证文献放在正文中，必然导致论文不同叙述语气的交叉并置，阅读起来就会不晓畅。于是我将相关考证和大量引证的原始文献放在注释中，故有的章节注释几乎占了一半的篇幅。现在读到本书专论注释功能规范的章节，居然将论文注释总结出六大功能，洵为灼见。读罢真有"悠然心会，妙处欣有君说"的快感。

论文写完后，初入行的作者往往难以判断自己写的水平如何，时有"妆罢低声问夫婿，画眉深浅入时无"的忐忑焦虑。本书本着想人之所想，急人之所急之旨，指点迷津的同时，又提供作者自我检验的原则、标准：或提出正面要求，以便作者自我检验是否符合要求、标准；或提出负面清单，俾作者自我对照检查，是否有违碍错失。如第四章，有专节提示绪论写作的四点大偏向与误会。第二章，更提出自我评估"成果述评"的三波段：第一波，检验研究成果的有无、异同；第二波，评估研究成果的显晦、详略、精粗、深浅；第三波，评估广窄、偏全、是非、得失。对照标准，作者就可以明了自己的成果述评是否合乎要求，该述之处是否全面周详，该评之处是否精准到位。又如结论的写作，书中提出五大法门、五点禁忌，都是切中肯綮之论。

论文作者对照检验，就不难发现自己论文失在何处、短在何所。既知病灶所在，进而修订之、打磨之，就可扬长补短，金光闪闪。诚如《老子》所言："夫惟病病，是以不病。圣人之不病也，以其病病也，是以不病。"

本书的方法窍门，不仅是著者个人的经验积累、亲身感悟，而且精选集成了海内外文史学界几代大师名家的治学智慧、写作方法。文史哲学界如胡适、王国维、林纾、梁启超、刘师培、黄侃、钱穆、陈垣、陈寅恪、顾颉刚、何炳松、冯友兰、王力、张岱年、殷海光、劳思光、何炳棣、侯健、邓广铭、王运熙、严耕望、程千帆、钱锺书、钱存训、傅伟勋、王尔敏、郭预衡、陈之藩、周勋初、王水照、黄永武、黄庆萱、杨海明、童庆炳等前哲耆宿的名言俊语；林庆彰、颜昆阳、王汎森、莫砺锋、葛兆光、张新科、高强、刘跃进、邓小南、傅修延、陈平原、陈尚君、吴承学、李剑鸣、仇鹿鸣、尚永亮、周裕锴、龚鹏程、王文进、杨晋龙、赵生群、蒋寅，以及域外之史蒂夫·乔布斯、彼德·德鲁克、浦安迪、内藤湖南、铃木敏文、大前研一、浅见洋二等时贤俊彦的高见鸿论，都有引证，琳琅满目。每一写作方法门径、每一原则标准，又必引古代经典哲人之论予以论析佐证，既见著者渊博的学问，又显学理深度，时时启人心智，处处予人滋养。

本书著者张高评教授，国际著名学者。博士毕业后，自1985年起，一直在台湾成功大学执教，深耕精作中国古代文学近40年，研究领域横跨经学、史学、文学，尤长于《春秋》《左传》《史记》，以及唐宋诗歌与诗学、古文义法、印刷传媒的研究，学问宏博，造诣精深，又勤于著述，数量惊人。先后出版个人专著30部，主编、合著40余种，发表各类论文500多篇，并世学者，罕有其匹。曾一人主办一个刊物，出版《宋代文学研究丛刊》1～15辑，有力推进了宋代文学研究。能力之强、贡献之巨，令人惊叹！其治学经验既丰厚，又善于总结、探索治学方法。从读博士起，受其师黄永武教授的启发与影响，一直注意探索研究方法，故能将治学经验从感性上升到理性，从自发跨越到自觉，从模糊跃进到清晰。

我与高评教授相识相知30年，对其为人为学甚为了解。特别是2003年、2010年、2014年，我先后在台湾成功大学、彰化师范大学、台湾"中央大学"客座期间，他和夫人常常驱车陪我游览宝岛风光。赏美景、品美食的同时，坦诚交流治学心得，从容讨论研究方法，思维激荡，灵光闪现，受益多多。他年长我十岁，待我如知己，我视他为学长，志同道合。我有幸成为本书的第一读者，深感有益于学术、有裨于后学，故乐为序引。一为著者贺，一为读者幸也！

王兆鹏　辛丑初秋于武昌南湖

自序

高等教育与中小学不同,最大的分野在于大学必须研究学术。大学本科生修课,须交课堂报告;硕士和博士研究生要取得学位,必须完成论文;教师想顺利升等职位、执行专题计划、发表研究成果、通过年终考核,都不得不撰写论文。甚至进行学术交流、参与研讨会、担纲学术讲座,也未能免俗,无一例外,都得发表论文。论文的撰写,成为展示能力高低、定夺优劣可否的重要凭证。学术研究既成为天职,于是撰写论文,似乎就天经地义、当仁不让、义不容辞。

自1983年执教上庠,我先后指导过20多位博士生、50多位硕士生、40多位本科生撰写学位论文。在传道、授业、解惑之余,常常关注到学生位阶高低不同,自论文选题、写作大纲、设章立项,到研究方法、文献征引、解读原典、诠释论证,乃至注释、结论、绪论、摘要,所遇到的困境、瓶颈、疑惑、偏失,自然有大小深浅的差异。论文规范不恪守,写作要领不讲究,作业程序不符标准,则是形式上普遍存在的现象。尤其理想的论文选题究竟如何生发与获取,最有待再三提撕。至于大醇小疵,其实并不常见。

所谓理想的论文选题,指经由学术评估,导出问题意识,再依问题意识贯串,成为创新独到的研究专题。系列之步骤与推动,皆以成果之独到与创新为依归。正因笔者曾指导100多人次之学位论文,故深知写作之短长虚实,论文的优劣得失。近40年来,又参加200多场海内外学术研讨会,发表近300篇学术论文,出版34本学术专著。学术交流如是,论文发表如此,学界信息可谓多方掌握,创新卓越之成果耳熟能详,于是在2013年,出版《论文选题与研究创新》专著，凡36万言。论文选题云云，主要意义在于：为论文写作之主体学术研究，完成开宗明义的先导工程。

题目选择，是论文写作的当务之急、首发活动。论文题目选择的理想与否，攸关研究结果的成败优劣。指导学位论文时，目睹或得或失的实况；回顾自己发表论文、出版专著时，取舍依违的临场经验；借镜学界专家的学说，参考各种学术研讨的触发，对于《老子》所言"夫惟病病，是以不病。圣人之不病也，以其病病也，是以不病"[1]体悟颇深。出于苦口婆心，爱深责切，于是完成《论文选题与研究创新》的专著，以期提供论文写作时，先立其大者，以救济前置作业的疏失，推助研究成果的创新。宋代姜夔（约1155～约1221）《白石道人诗说》称："不知诗病，何由能诗？不观诗法，何由知病？"何止说诗须知诗病，宜观诗法；论文写作时，知病、观法，尤其必须剑及屦及，身体力行。

写作学术论文，何由知病？如何观法？笔者过去30余年来，有机会参加博士、硕士学位口试，以及副教授、教授、特聘教授、讲座教授资格审理；审查相关专题计划、专书计划约100件以上；担任各大学专书出版和学报期刊论文审查，荣膺主编与知名学报之编辑委员，更不计其数。汉代桓谭《新论》引扬雄（前53～18）言："能读千赋则善赋。"由此观之，笔者职责所在，阅读学界之论文，撰写自家之论著，当然不止1000篇。阅读林林总总的论文，据此而讲谈论文写作，顺理成章，可以知病，可以观法。

南朝梁刘勰（约465～约532）《文心雕龙·知音》亦云："凡操千曲而后晓声，观千剑而后识器。"[2]由笔者积年之学术经验看来，可以媲美读千赋、操千曲、观千剑。符合刘勰所谓"圆照之象，务先博观"之条件。故学界论著宏伟如乔岳、如沧波，固然瞻仰观览过；即便短章小文如培塿、如畎浍，也指点引渡过。既然身之所历，目之所见如是，故不妨现身说法，略示法门。

---

[1] 张松如：《老子说解》（高雄：丽文文化公司，1993），七十一章，文字据帛书本《老子》，页404～406。
[2] 〔南朝梁〕刘勰著，范文澜注：《文心雕龙注》（北京：人民文学出版社，1958、2014），卷十《知音第四十八》，页714～715。

于《论文选题与研究创新》专著之后,积极探索学术研究之终始本末,尝试演绎论文写作之心路历程,于是促成《论文写作演绎》一书之孕育与诞生。

就严谨之学术著作而言,综观一般的论文写作,可能存在三大方面的疏失:

其一,预备作业普遍疏忽,务实不足。如学界成果之述评、问题意识之建立、研究构想之评估、理想选题之得出、论文大纲之拟定等等皆是。这些都是正式下笔写作之前,务必先发先行的治学业务。硕士生、博士生之学位论文,上述问题的疏忽较为显著。资历稍浅的助理教授、副教授,也往往轻忽不顾,或不以为意。唐代魏徵(580～643)曾云:"有善始者实繁,能克终者盖寡。"诚然!不过,若无善始,将无以克终。本书详人之所略,重人之所轻,异人之所同,而谨人之所忽,于上述首发先行之课题,皆设立专章,分节立项阐发之。魏徵所谓"有善始者",此也。

其二,执行之先后步骤,不合标准作业程序。论著完成后,读者翻阅文章,映入眼帘的顺序:首先是标题、摘要、关键词;其次为绪论;结论则出现在卒章终篇。研究生初学入门,眼见为凭,以为此即论文写作的先后次第。盖行文顺序如此,目击道存,致有此误解,亦不足为怪。元好问(1190～1257)《论诗三首·其三》所谓:"鸳鸯绣出从君看,莫把金针度与人。"所绣鸳鸯的表象图案,观者举目可知。不过,针线功夫的内在脉络或技艺,是无从得知的。所以,诗人白居易乃示人以法门,著有《金针诗格》,揭示诗格、诗法,即授人以金针之谓。[1] 反观论文写作,自有其正确的作业步骤与实际,

---

[1] 〔金〕元好问著,姚奠中主编:《元好问全集》(太原:山西人民出版社,1990),卷十四,《论诗三首·其三》,页428。最早见于〔唐〕徐衍《风骚要式》引白乐天云,作"鸳鸯绣了从交看",张伯伟编撰:《全唐五代诗格校考》(西安:陕西人民出版社,1996),页428。另外,《黄龙慧南禅师语录》卷一:"鸳鸯绣出从君看,莫把金针度与人。"《法演禅师语录》卷一:"鸳鸯绣了从君看,莫把金针度与人。"《圆悟佛果禅师语录》卷一:"鸳鸯绣了从君看,不把金针度与人。"说多近似。

是所谓标准作业程序（Standard Operating Procedure，简称 SOP）。[1] 论文的主体章节完成之后，其他部分的撰写程序：首先，结论；其次，绪论；最终，摘要与关键词。此之谓"言有序"。论文写作之次第，恰巧颠覆惯性思维，跳脱线性思考。其 SOP 如倒卷珠帘，翻转前后，却是"反常合道"，顺理成章。

其三，主从不分，重轻失调。学术论文"注释"的部分，此问题最为常见。注释，为学术论文不可或缺之体例。徒有专论而无注释，仍不够格称为学术研究。但是，一般写作论文，不太讲究注释之体例：通常只关心"注"，严重疏忽"释"。影响所及，导致主客不分，重轻混淆，文章拖沓，脉络不清。本书第十四章，揭示注释有六大功能：或注明出处，或清晰脉络，或解释异说，或备列佐证，或交代取舍，或辨析疑惑。注明出处即为"注"。其余五项，皆为"释"的作用与功能。写作论文时，主从、重轻、本末、精粗、是非、优劣之素材，如果等量齐观，了无轩轾，一概放在正文中进行论述，是所谓庞杂臃肿而不中绳墨。如果善用注释之功能，稍加取舍、别择，挑选主轴、重要，抉择本源、精华，取用是正、优秀的文献资料，安排在论述场域，作为论文诠释解读、讨论阐释、能破能立的佐证。其余或观点谬误不佳，或质量粗糙低劣，然可作为存参触发者，则移转阵地，出乎此而入乎彼，征存于注释之中，留待后人公论。如此安排，犹春秋时吴之季札观周乐，论国风，"自《郐》以下，无讥焉"（《左传·襄公二十九年》）之意。注释与正文，楚河汉界，分工如此，堪称主客分明，重轻有序。既得以相得益彰，又可以防范抄袭剽窃。盖学界断定是否违反学术伦理，关键往往取决于有无注释。

对于论文写作的"标准作业程序"，有必要再做些强调：首先，主体论文完成之后，可顺势写出结论，总括全文的重点、要点、心得、独到、创见、发明。此一道理，人尽皆知，毋庸赘言。其次之作业程序，则必须倒回首章，进行绪论之撰写。针对问题意识、文献述评、探讨范围、研究方法、价值贡献，

---

[1] 所谓标准作业程序（Standard Operating Procedure，简称 SOP），是指在有限时间与资源内，为了执行复杂的事务而设计的内部程序。从管理学的角度来看，标准作业程序，能够使新进人员面对不熟练且复杂的学习，缩短时间。只要按照步骤指示，就能避免失误与疏忽。参考"维基百科"。

进行精彩预告，要以能营销本课题，引发读者之关注与期待，为其主要诉求。绪论之指涉，必须与卒章之结论遥相呼应。绪论所言，实为结论预占地步。绪论与结论之关系，可以比拟为"铜山西崩，洛钟东应"。待结论、绪论依序完成了，最后步骤才轮到摘要、提要、关键词的撰写。论文写作的压轴，和论文的聚焦，都交汇于摘要。

笔者以为摘要、提要之撰写，可以有八大指向：如问题的意识、文本的取舍、范围的选定、方法的揭示、精华的聚焦、心得的萃取、贡献的凸显、发明的强调等等，盖相题取择，不一而足。唯有全文完稿，结论形成，绪论写就，论文之表里精粗都已了然胸中，方能从中取精用宏、如指诸掌。否则，论文写作刚刚开始，甚至开宗明义第一章尚未启始，将如何摘取精要？又如何提出纲领？遑论关键词之设定。为因应网络检索的传播和营销，而有关键词的设定。摘要所传播的，必须是创造的、新异的、精华的、重要的，才算符合期待，才能引发兴味。关键词的设定，关注核心论旨、研究方法、探讨领域、精华聚焦各方面。文字淬炼抉择，当如《文心雕龙·总术》所云："乘一总万，举要治繁。"[1] 若紊乱程序，冒进躐等，则关键词之设置，将导致不该不遍，流于向壁虚造。《礼记·大学》："物有本末，事有终始。知所先后，则近道矣。"所谓知所先后，论文写作尤宜恪守。

论文写作，自是文章作法之一。其内在理路，暗合笔削去取、属辞比事之《春秋》书法，以及主宾、详略、重轻、互见之古文义法、史家笔法。详略、重轻之道，与主从关系十分密切。笔者博士论文专攻《左传》文章义法，近年又旁及《春秋》书法、史家笔法，遂粗知个中之理路与脉络。有此积累作为利基，移以演绎论文写作，于是将文章义法转化为论文写作之方法与规范，及今遂见水到渠成，顺理成章。相较于其他论文写作之专书，本书自有其特色与异彩。

就《春秋》书法、史家笔法、文章义法观之，探讨主要问题，阐明创获

---

[1]〔南朝梁〕刘勰著，范文澜注：《文心雕龙注》（北京：人民文学出版社，1958、2014），卷九《总术第四十四》，页657。

独到，文字宜详尽论述、重点强调，甚至亮点凸显。反之，若处理次要枝节事项，只须轻描淡写、简略带过即可。事理之相关、相通者，或篇、章异处，节、项殊区，则运用互见之法：主意在于此，则详之、重之；否则，宾笔所在，则略之、轻之。断无彼此皆详、皆重，或彼此皆略、皆轻之理。若不明主从、详略、重轻、互见诸法，将导致谋篇布置、比事属辞，庞杂而臃肿，杂乱而无章。

  本书的主体阐释：第四章谈拟定大纲，第五章说写作规划，第六章讲绪论撰写，第七章论布局设计，第八章"资料之取舍与议题之开展"，第九章"文献之运用与诠释之方法"，第十章"亮点之凸显与论说之阐释"，第十一章"表里精粗之商榷与脉注绮交之讲究"。其中，第四、第五、第七章，皆涉及问题意识之发用，分别从大纲、规划、布局各视角切入详说。看似书重辞复，实则自有提撕强调之作用在。总之，绪论、结论、摘要的写作，关键词的设定，都应该以主、从为铨衡，而作笔削去取之定夺，从而体现出或详或略、或重或轻、或异或同之书法，以及相济为用、相得益彰之互见法。《隋书》之《艺术列传·序》称："技巧所以利器用，济艰难者也。"[1]本书自第四章至第十一章，说方法，示技巧，学子写作论文时，苟能"利器用"，将有助于"济艰难"。

  我自硕士论文研治清初史学，至博士论文专攻《春秋》及《左传》。而后学术触角伸展，旁及《史记》、唐宋诗、诗话学、破体出位、文章义法。最近几年，转进《春秋》诠释学、《春秋》书法、叙事传统、印刷传媒、桐城义法、创意发想、实用中文。现代管理学之父彼得·德鲁克（Peter Ferdinand Drucker, 1909~2005）呼吁美国的高等教育，当以"市场"或"最终用途"为出发点，强调应用为终极追求。因为跨学科间的研究，正急速地发展。[2]笔者著述之理念，恰好与之不谋而合。本书内篇，畅谈"论文写作之脉络"，已作跨领域、跨学科之论述。至于外篇四章，旁及"相关学科之借鉴"，诸如创意发想、《春秋》笔削、历史编纂、叙事传统、辨章学术、考镜源流、

---

[1]〔唐〕魏徵等奉敕编：《隋书》（北京：中华书局，1965），卷七十八《艺术列传第四十三》。
[2]［美］彼得·德鲁克著，［日］上田惇生编，齐思贤译：《社会的趋势》（台北：商周出版社，2005），第三章《知识社会》，页47。

训诂考据，乃至修辞功夫、文章义法，举凡与论文写作相关互涉者，多牵连而书，唯恐不及。于是万水朝宗，百川归海，而荟萃体现于《论文写作演绎》一书之中。经世致用，古学今用，以"最终用途"为出发点，即是本书的著述旨趣。

《妙法莲华经·观世音菩萨普门品》称："观音菩萨接引众生，就因缘不同，化现为不同的分身。"《大佛顶首楞严经》亦云：观世音菩萨为众生说法，"应以何身得度者，即现何身而为说法"，曾出现三十二应化身、十九种说法的方式，"令其成就"。[1] 笔者不敏，戒慎恐惧，本书内篇和外篇，或别裁旁通，或规过指瑕，亦往往以身经目历，现身说法。所以勤勤恳恳、苦口婆心者，只在心得分享、经验传授而已。起心动念，无非示人以法门，犹世尊现身说法，"令其成就"而已。元好问《论诗三首·其三》云："鸳鸯绣出从君看，莫把金针度与人。"今本书出版，不妨下一转语：既绣出鸳鸯，何妨金针度人？揭示津梁，现身说法之谓也。孔子所谓"己欲立而立人，己欲达而达人"[2]。虽不能至，然心向神往之。此之谓心得分享，经验传授。《礼记·学记》所谓"善歌者，使人继其声；善教者，使人继其志"。

扁鹊，为战国时名医。西汉司马迁（约前145～约前90）著《史记》，有《扁鹊仓公列传》，记叙扁鹊神奇之医术。《鹖冠子》之《世贤》篇，记载扁鹊回应魏文王之疑问，已揭示预防医学（Preventive medicine）之高妙，颇富于哲理之启发。其言曰：

> 魏文王之问扁鹊，曰："子昆弟三人，其孰最善为医？"扁鹊曰：长兄最善，中兄次之，扁鹊最为下。"魏文侯曰："可得闻邪？"扁鹊曰："长兄于病视神，未有形而除之，故名不出于家；中兄治病，其在毫毛，

---

[1] 《妙法莲华经·观世音菩萨普门品》，页19～24。《大佛顶首楞严经》卷六："蒙彼如来，授我如幻闻熏闻修金刚三昧，与佛如来同慈力故，令我身成三十二应，入诸国土。……我现佛身而为说法，令其解脱。""我于彼前现身，而为说法，令其成就。"见佛学资料网。

[2] 〔宋〕朱熹：《四书章句集注》（北京：中华书局，1983、2012），其三《论语集注》，卷三《雍也第三》，孔子答子贡问，页92。

故名不出于闾；若扁鹊者，镵血脉，投毒药，副肌肤，闲而名出闻于诸侯。"[1]

扁鹊昆弟三人，长兄治病于未形，最善为医，而名不出于家。中兄治病于初始，故名不出于闾。扁鹊治病于已发，而名出闻于诸侯。《黄帝内经·灵枢经》亦记述此事，谓"上工，刺其未生者也；其次，刺其未盛者也；其次，刺其已衰者也"。又总括之曰："上工治未病，不治已病。"[2] 唐代孙思邈（约581～约682）《备急千金要方》亦谓："上医医未病之病，中医医欲病之病，下医医已病之病。"[3] 至于"所谓善医者，治病于未形"，"上工，刺其未生者也"，"上医医未病之病"，类似之论，向来为预防医学所信奉。

宋明理学谈心性论，从程颢（1032～1085）、程颐（1033～1107），到朱熹（1130～1200），曾就"未发"与"已发"，反复研讨、论辩，形成谈说焦点。[4] 反观学术论文之征候，亦有已发、未发之分。今言论文写作，姑且借用"已发""未发"之术语，参考学术之综合症，若"欲病""已发""已病"，则当针之、灸之、药之。本书各章节所言，凸显写作之忌讳、偏向、疏失、误会等，即扁鹊昆仲所以针灸用药、疗疾治病之地。若诸证"未生""未形""未发""未病"，则如《老子》所谓："圣人之不病也，以其病病也，是以不病。"[5] 上乘之论文当下如此，亦不妨持盈保泰，未雨绸缪，防患于未然。

宋代魏庆之（约1240前后）能诗、知诗，于诗学素有造诣，号称"诗家之良医师"。编著《诗人玉屑》一书，集北宋以来诗话之大成，于宋代诗

---

[1] 《鹖冠子》，卷下《世贤第十六》，《中国哲学书电子化计划·先秦两汉·道家》。
[2] 《黄帝内经·灵枢经·逆顺》，《中国哲学书电子化计划·先秦两汉·医学》。
[3] 孙思邈：《备急千金要方》，卷一《论诊候第四》，《中国哲学书电子化计划·隋唐五代·医学》。
[4] 陈来：《宋明理学》（沈阳：辽宁教育出版社，1992），第三章第三节，"（四）未发已发"，页171～173。
[5] 张松如：《老子说解》（高雄：丽文文化公司，1993），七十一章，文字据帛书本《老子》，页404～406。

学之利病得失,有具体而微之体现。[1] 黄昇(约1244前后)序《诗人玉屑》称:"始焉束以法度之严,所以正其趋向;终焉极夫古今之变,所以富其见闻。是犹仓公、华佗,按病处方,虽庸医得之,犹可借以已疾,而况医之善者哉!"[2] 作诗治诗,揭示法度,树立规范,所以正其趋向,犹扁鹊、仓公之按病处方,对证下药,可以疗疾治病。处理论文写作之疑难杂症,本书之意义,正期待"可藉以已疾"而已!

《隋书·经籍志三》称:"医方者,所以除疾疢,保性命之术者也。其善者,则原脉以知政,推疾以及国。"[3] 本书模拟研究之实际情境,还原论文写作之当下场景,推想其利病得失,条分缕析,层层指引。所以不惮其烦者,亦期许如医方之术,能"除疾疢,保性命"。医方之善者,往往可以"原脉以知政,推疾以及国"。本书演绎论文写作,或许亦可原脉以知学术,推疾以及写作。宋姜夔《白石道人诗说》称:"不知诗病,何由能诗?不观诗法,何由知病?"知病、观法,对于论文写作,亦然!

关于疾病如何书写,诗人托马斯·特朗斯特罗姆(Tomas Tranströmer, 1931~2015)曾言:"描述关于身体在某一个时间和空间的记忆片段,并从这些记忆中理解那些身体的困扰:那些死亡与求生,那些失败与拯救,那些挣扎与解脱,那些沉迷与拒绝,以及在这一切后面遗留的创伤。"[4] 从投入学术研究,继之体现为论文写作,对于初学入门而言,"山穷水尽疑无路"的研究困境,"柳暗花明又一村"的突破喜悦,三不五时就轮番出现。其中的穷通、顺逆,如人饮水,冷暖自知。诚如书写疾病所谓"死亡与求生,失败与拯救,挣扎与解脱,沉迷与拒绝",如是之创伤综合征,正可悟"三折肱,知为良医"(《左传·定公十三年》),《老子》所谓"夫惟病病,是以不病"

---

[1] 参考张高评:《〈诗人玉屑〉与宋代诗学》(台北:新文丰出版公司,2012)。
[2] 〔宋〕魏庆之:《诗人玉屑》(台北:世界书局,1971),卷前《黄昇序》,页2。
[3] 〔唐〕魏徵等奉敕撰:《隋书》(北京:中华书局,1965),卷三十四《经籍志三》,页1021~1022。
[4] 费振钟:《中国人的身体与疾病——医学的修辞及叙事》(上海:上海书店出版社,2009),序,页001。

诸哲理。如果及时明白学术研究的曲折历程，知晓论文写作的方法要领，则千山独行之研究与写作，将如过都历块，纵横驰骋，无不如意。

本书从构思、草纲，到撰稿、发表，最终修订、润饰，前后历经四年半。首先，自2016年7月到2018年7月，有关"论文写作"之课题，在《古典文学知识》上先后刊登七期，如《素材储备、问题意识与大纲拟定——论文写作要领之二》《写作大纲之准备、规划与商榷——论文写作要领之三》《写作大纲之酝酿与拟定——论文写作要领之四》《文献运用与诠释方法（上）——论文写作要领之五》《文献运用与诠释方法（下）——论文写作要领之五》《资料取舍与议题开展（上）——论文写作要领之六》《资料取舍与议题开展（下）——论文写作要领之六》。感谢《古典文学知识》自2010年3月以来的专栏约稿，责任编辑樊昕的执行。前后刊载有关论文选题，及论文写作诸课题，约有26篇，已获得海峡两岸学界许多关注。新近又推出"中国叙事传统说苑"专栏，阐说《左传》之叙事义法，与论文写作相关而可以借鉴。

自2017年3月至2021年5月，举凡篇幅较大、文字稍多者，则刊载于《国文天地》。如《论文注释与学术规范——学术论文为什么要用心于注释？》《论文写作与学科借镜（一）——〈春秋〉书法与历史编纂学》《论文写作与学科借镜（二）——创意发想与考据学》《论文写作与学科借镜（三）——修辞功夫与章法照应》《亮点凸显与论说阐释——论文写作要领》《章节推敲与技术讲究——论文写作要领》《研究构想与学界成果述评——从问题意识到理想选题的心路历程》（一）（二）（三），以及《创意发想与学术研究》《摘要与关键字的写作要领》《结论写作之法门与禁忌》《绪论写作之要领与偏失》诸篇，皆蒙张晏瑞总编辑垂爱，荣获刊登。在此鸣谢，永志不忘。

王兆鹏教授，为中国词学研究会会长、宋代文学学会副会长兼秘书长、李清照辛弃疾学会副会长、韵文学会副会长、唐代文学学会理事。富有新创的理工思维、渊博的文史素养，知无不言，言无不尽，固为学术知音，更是谈学论道之畏友与益友。本书稿若干学理依据，得自王教授发踪指示者不少。故文稿甫成，即传寄就教，索求序文。王教授慎重其事，阅读一过，不日写就。

论文写作之演绎历程,"怎么写才是好的,什么样是劣等不好的",书中所做指点提示,固多所印可;每个步骤如何推衍,每个层次如何安排,亦多所建言与商榷。王教授之序文与品题,自是绝佳的导读与开示。

  书出有日,爰志数语如上,是为序。

張高評 序于府城盐水溪畔

2021 年 3 月 20 日

目 录

王　序　王兆鹏 ··· I
自　序 ·· VII

内篇　论文写作之脉络

第一章　绪　论 ··· 3
　一、问题意识 ··· 3
　二、文献述评 ··· 5
　三、探讨范围 ··· 7
　　（一）内篇：论文写作之脉络 ·· 7
　　（二）外篇：相关学科之借鉴 ·· 9
　四、研究方法 ··· 10
　五、价值预估 ··· 12

第二章　研究构想与成果述评 ··· 17
　一、学思并重，规划学术研究 ··· 19
　二、建立敌情观念，了解学术场域的虚实 ·································· 23
　三、进行可行性评估，检验假说能否成立 ·································· 27

第三章　问题意识与研究之企图心 …………………… 31
一、发现学界研究的死角，开拓为理想选题 …………… 32
二、问题意识的凸显与研究指向的表出 ………………… 34
三、理想选题的指归，着眼于长善救失、补充发展 …… 37
四、结语 ……………………………………………………… 42

第四章　拟定论文大纲与体现问题意识 ………………… 45
一、拟定论文大纲，必须凭材料、据实证 ……………… 47
二、大纲拟定前的准备工夫 ……………………………… 50
三、论文大纲，必须体现思维亮点 ……………………… 55
四、问题意识明晰，推助大纲拟定、论文撰写 ………… 58

第五章　论文写作之规划与商榷 ………………………… 61
一、治学功夫与论文写作 ………………………………… 61
二、核心论旨与论文大纲 ………………………………… 64
三、假设指向与大纲拟定 ………………………………… 66
四、写作大纲必须反复推证，与时俱进 ………………… 70

第六章　绪论撰写之要领与偏失 ………………………… 75
一、绪论写作的要领与层面 ……………………………… 76
二、绪论的功能与撰写时机 ……………………………… 78
三、绪论写作的层面与方法 ……………………………… 79
　　（一）问题意识 ………………………………………… 80
　　（二）文献述评 ………………………………………… 81
　　（三）探讨范围 ………………………………………… 83

（四）研究方法 …………………………………………… 84
　　（五）价值预估 …………………………………………… 84
　　（六）困难解决 …………………………………………… 85
　四、绪论写作的偏向与误会 ………………………………… 86
　　（一）错乱章法，率先撰稿 ……………………………… 87
　　（二）研究动机，杜撰造情 ……………………………… 88
　　（三）文献述评，颠倒重轻详略 ………………………… 88
　　（四）研究方法，误作步骤进度 ………………………… 89

第七章　章节之调控与大纲之拟定 ……………………………… 91

　一、中日传统典籍论文章之布局 …………………………… 93
　二、论点布局与写作大纲之设计 …………………………… 97
　　（一）研究之点线面体，即是论文之章节项目 ………… 98
　　（二）章节项目当如常山之蛇，首尾呼应 ……………… 100
　　（三）议题设定宜有侧重，文献征引避免雷同 ………… 101
　　（四）假设与求证相互制约，可以避免武断 …………… 103
　三、大纲拟定，可作研究进程，可见别识心裁 …………… 104

第八章　资料之取舍与议题之开展 ……………………………… 107

　一、方法论的三大任务 ……………………………………… 107
　二、材料取舍和文献筛选 …………………………………… 112
　　（一）征引材料，当关注真伪、主从、重轻、生熟、精粗、
　　　　　得失 ……………………………………………… 112
　　（二）前后、详略、晦明与取舍删改 …………………… 114
　　（三）实事求是，有所为有所不为 ……………………… 115

三、问题探讨与论述分段 …………………………………………… 118

第九章　文献之运用与诠释之方法 …………………………… 123

一、文献征引，讲究策略 …………………………………………… 124
　　（一）先有导语，次列文献，再进行阐释 ……………………… 124
　　（二）以观点带文献，不宜以文献带观点 ……………………… 126
　　（三）建立问题意识，有利于论点之提炼，思考之深入 …… 127
二、文献征引及其诠释方法 ………………………………………… 128
　　（一）文献诠释之方法与注史体例之借镜 ……………………… 129
　　（二）比事属辞，脉注绮交，成就立体论说 ………………… 132
三、原始素材与二手资料的相得益彰 …………………………… 133
　　（一）善用二手资料，权作研究的起点 ………………………… 133
　　（二）完全凭借原典文献，不可能做研究 ……………………… 135
四、征引文献的具体规律 …………………………………………… 138

第十章　亮点之凸显与论说之阐释 …………………………… 141

一、亮点之凸显与本末重轻之安排 ………………………………… 142
　　（一）重要章节、核心议题、睿智发现、独到见解，可以优
　　　　　先撰写 ……………………………………………………… 142
　　（二）文献征引，必须精心筛选、建立警策、凸显亮点 …… 145
二、文本意义之论说阐释及其层面分析 …………………………… 146
　　（一）立体论说，指纵向之历时性探索，以及横向之共时性
　　　　　研究 ………………………………………………………… 147
　　（二）论文诠释，讲究论断是非、评定优劣、长善救失、阐发
　　　　　幽微 ………………………………………………………… 149

（三）前贤见解，可作思考之起点触发，权作研究之基石与跳板 …………………………………………………………… 151

　　（四）学术研究之卓越创新，贵能"接着讲"，忌讳"照着讲" …………………………………………………………… 152

第十一章　表里精粗之商榷与脉注绮交之讲究 ………… 155

　一、文章之道与论文写作 ……………………………………… 155

　二、标题与内容必须相互呼应 ………………………………… 157

　三、相体裁衣与背景问题之撰写 ……………………………… 160

　四、阅读接受与段落分立、章节离合 ………………………… 163

　五、文献佐证与章节之分合取舍 ……………………………… 167

第十二章　结论写作的法门与禁忌 …………………………… 171

　一、结论之意涵与功用 ………………………………………… 171

　二、结论写作之要领与方法 …………………………………… 174

　　（一）精华聚焦，亮点提示 ………………………………… 174

　　（二）价值评量，回归本来面目 …………………………… 175

　　（三）脉注绮交，章节贯串呼应 …………………………… 177

　　（四）触发激荡，观点延伸 ………………………………… 178

　　（五）响亮有力，简洁明快 ………………………………… 179

　二、结论写作的禁忌与避忌 …………………………………… 180

　　（一）字数不宜过多 ………………………………………… 180

　　（二）议题不宜岔出 ………………………………………… 181

　　（三）文献不可再征引 ……………………………………… 182

　　（四）注释不必再列明 ……………………………………… 182

（五）不应再另起炉灶 …………………………………………… 183

第十三章　摘要提要与关键词的写作策略 ……………………………… 185

一、摘要之写作策略 ……………………………………………… 185

（一）摘要之性质 ………………………………………………… 185

（二）提要写作之原则 …………………………………………… 188

（三）摘要写作之方法 …………………………………………… 190

二、摘要、提要撰写之八大指向 ……………………………… 191

（一）问题的意识 ………………………………………………… 193

（二）文本的取舍 ………………………………………………… 193

（三）范围的选定 ………………………………………………… 195

（四）方法的揭示 ………………………………………………… 195

（五）精华的聚焦 ………………………………………………… 196

（六）心得的萃取 ………………………………………………… 196

（七）贡献的凸显 ………………………………………………… 196

（八）发明的强调 ………………………………………………… 197

三、关键词写作的要领 …………………………………………… 198

（一）关键词设定的用意与诀窍 ………………………………… 199

（二）关键词写作的四大要领 …………………………………… 199

第十四章　论文注释与学术规范——学术论文为什么要用心于注释 ……………………………………………… 203

一、注释的作用：明述作之本旨，见去取之从来 ………… 204

二、论文注释，具备六大功能 ………………………………… 208

三、注释发挥功能，可与正文相得益彰 …………………… 213

四、断定有无抄袭，问题关键在于注释 …………………… 216
　　　　（一）所谓"违反学术伦理"，指论文的抄袭剽窃 ………… 217
　　　　（二）提防抄袭剽窃，注释可作配套的形式规范 ………… 220
　　五、注释的学术价值 ……………………………………………… 222

第十五章　结　论 ……………………………………………… 227

　　一、论文之撰写与阅读，必须知所先后 …………………………… 227
　　二、论文的主体论述，追求丰富、精彩、创发、开拓 …………… 228

外篇　相关学科之借鉴

第一章　创意发想与理想选题 …………………………………… 233

　　一、论文写作从取材诠释到成果，其憧憬期许与创意发想相当 …… 235
　　二、文体研究与视野开拓 ………………………………………… 241
　　　　（一）诗、词、文、赋的破体，与绘画、佛禅之出位 …… 242
　　　　（二）仿拟、唱和、续广之作与遗妍开发、创意造语 …… 243
　　三、文学探讨与策略借镜 ………………………………………… 245
　　　　（一）传播阅读与接受反应（发散思维、侧向思维）…… 245
　　　　（二）史传、叙事与系统思维 ………………………… 246
　　　　（三）《史记》互见与系统思维 ………………………… 247
　　四、结论 ………………………………………………………… 248

第二章 《春秋》笔削书法、历史编纂与叙事传统 ······ 251

一、转相挹注、互为体用与孔子作《春秋》 ······ 253

二、学术论著之抉择去取、化裁调剂与历史编纂学 ······ 256

三、《春秋》笔削、叙事传统与研究方法之借镜 ······ 260

（一）笔削去取、详略异同与三国史学之研究 ······ 261

（二）《春秋》笔削书法与传统叙事学之推广 ······ 267

第三章 辨章学术、考镜源流与训诂考据 ······ 269

一、文学、史学研究与考证信据 ······ 270

二、汉学、宋学与训诂考据之学 ······ 275

第四章 修辞功夫、文章义法与论文写作 ······ 281

一、论文写作讲究"草创、讨论、修饰、润色"的修辞功夫 ······ 282

二、论文写作强调联络照应，与章法学并无二致 ······ 286

（一）史传叙事之道，通于论文写作 ······ 287

（二）文学创作论与论文写作 ······ 290

（三）作文之道与论文写作 ······ 295

三、论文写作"义以为经，而法纬之"，与桐城古文义法 ······ 299

（一）《春秋》书法与文章义法 ······ 299

（二）方苞义法与论文写作 ······ 304

内篇

论文写作之脉络

第一章 绪 论

研读文献，探解疑难，往往上穷碧落下黄泉。研究过程个中之状况，用"思接千载，视通万里"稍稍可以形容。之后，如何透过学术论文的规范，把研究心得、成果创获，发表成系统化的论著，展示为自成体系的文章，这涉及如何"陶钧文思"的论辩课题。

所谓"陶钧文思"，就是论文写作的心路历程。南朝梁刘勰（约465～约532），在《文心雕龙·神思》中，称驭文之首术、谋篇之大端，可以概括为四个方面："积学以储宝，酌理以富才，研阅以穷照，驯致以绎辞。"[1] 积学、酌理、研阅，靠平素用心致力于博观厚积、慎思明辨，届时方能"驯致以绎辞"，之后顺理成章，能约取与薄发。因此，广泛阅读、审慎思考、缜密观察，对于文章创作很重要。论文写作，亦文章作法之一，也一并适用。

一、问题意识

从事学术研究，主要为了提出问题，思考问题，进而解决问题，提交成果。论文写作的成果、创获，则借"辞令管其枢机"终而如实呈现这个心路历程。研究历程的演示，可以一言以蔽之，即《文心雕龙·神思》所称"陶钧文思"差堪比拟。本书取名《论文写作演绎》，就是现身说法，演绎如何"陶钧文思"。学术写作的心路历程，亦在于斯。

笔者任教上庠，前后近五十年。指导硕博士生的学位论文、大学生的毕

---

[1]〔南朝梁〕刘勰著，范文澜注：《文心雕龙注》（北京：人民文学出版社，1958、2014），卷六《神思第二十六》，页493。

业论文，参加海内外学术研讨会，发表学术论文，出版学术专著。审查相关专题计划、专书计划，参加博士、硕士学位口试，各大学学报期刊论文审查，主编与编辑委员以及副教授、教授、特聘教授、讲座教授成果审理，更不计其数。积累经验之丰富，不只是知晓其中之短长虚实、优劣偏正，难得的是体悟个中疗愈的良方。西汉刘向《说苑·杂言》称："良医之门多疾人，砥砺之旁多顽钝。"虽非良医，不谙治病；然闻见既多，阅历又富，遂多感触与心得。《礼记·学记》言："知不足，然后能自反也。"知病、能够自反，可以指瑕，或可以治顽理钝，指点初学与后生。

论文写作，是一项触手纷纶之学术工程。自研究选题、文献掌握，到问题意识、研究方法，皆为正式起笔前之准备工夫。假如论文选题不佳，才学将无所施展，研究价值亦随之大打折扣。

一旦身为研究生，论文发表就成了义务与天职。专业课程检查学习成效、验收研究心得，必须缴交报告。硕士博士生学位论文、大学教师升等论著、年终考核研究成果，相关部门专题计划执行、海内外的学术研讨会，写作论文成为义不容辞的工作、理所当然的使命。小到单篇论文，大到研究专著，概不能免。想在学界崭露头角，平素就得博观厚积，届时方能约取薄发，撰写成一篇篇质量均优的论文，投寄学报期刊，才可望被接受刊登。长此以往，真积力久，才有机会心想事成，执教上庠。

从学生的课堂报告、学位论文，到教师的研究成果、年终考核，以及研讨会的参加、讨论与成果发表，论文写作几乎无所不在、无时不在，充斥在学生和教师的学习与工作之中，简直无所逃于天地之间。有关论文写作之书，所以为数众多，学子盼望之殷，师生需求之切，由此可见一斑。综观诸家关于"论文写作"之内容，就论文格式规范谈论者多，皆有所长，时有所用。惟相较于论文写作的心路历程，大多不该不遍，难餍人意。笔者专业既已涉猎多方，或可就《春秋》诠释学、历史编纂学、传统叙事学、古文义法、辞章学、修辞学诸视角，重新审视"论文写作"之课题，同时就教于海内外之方家与同道。

二、文献述评

学术论文写作有既定的规范格式，即所谓标准作业程序（Standard Operating Procedure，简称 SOP）。一般而言，写作的步骤和要求，必须符合统一的格式，研究者必须切实遵守。至于实际操作的步骤、前后顺序，可否稍作权变、顺势颠倒，则大有斟酌空间。

五十余年来，台湾学者所撰有关论文写作之论著不少，大多阐述论文格式的规范，如宋楚瑜《如何写学术论文》，完成于1978年，其章节内容如选择题目、阅读文章、构思主题大纲、搜集资料、整理笔记、修正大纲、撰写初稿、修正初稿、撰写前言及结论、补充正文中的注释、清缮完稿。[1] 椎轮大辂，开风气之先，诚属不易。接续诸作，如林庆彰《学术论文写作指引》，谈资料搜集与利用、研究方向与方法、论文的附注与附件。[2] 高强《论文研究与写作》，谈研究贡献、构思导向、研究方法、研究过程、论文摘要、论文主体、论文附件、论文格式、论文投稿等。[3] 毕恒达《教授为什么没告诉我——论文写作枕边书》，分前言、文献回顾、动手动脚找资料、引用文献、研究方法、发现与分析、写作心理、结论与建议、未来研究方向、参考书目等。[4] 蔡清田《论文写作的通关密码：想毕业，读这本》，谈说绪论、文献探讨、研究方法与研究设计、研究结果与讨论分析、结论与建议、参考文献与附录。[5] 颜志龙《傻瓜也会写论文——社会科学学位论文写作指南》，涉及论文写作者，如论文主题的形成与文献阅读、研究动机与目的、文献探讨、研究架构、研究方法、研究结果、讨论、摘要、论文题目、质化

---

[1] 宋楚瑜：《如何写学术论文》（台北：三民书局，1990）。
[2] 林庆彰：《学术论文写作指引》（台北：万卷楼图书公司，1996；又，北京：九州出版社，2012）。
[3] 高强：《论文研究与写作》（台中：沧海书局，2009）。
[4] 毕恒达：《教授为什么没告诉我——论文写作枕边书》（台北：学富文化事业公司，2005）。
[5] 蔡清田：《论文写作的通关密码：想毕业，读这本》（台北：高等教育文化公司，2010）。

论文写作等等。[1]陈美霞、徐毕卿、许甘霖翻译之作《研究的艺术》，内容为：研究、研究者与读者；提问题，找答案；提出宣称，并加以支持；准备草稿、撰写草稿，以及修改前言，再次规划；最后的省思：研究伦理、后记、附录、资料来源等等。[2]

由此观之，诸家之说关于论文规范，如研究动机、文献探讨、主题、大纲（研究架构）、摘要、前言、结论、注释（附注）、研究方法等，谈论较多。除此之外，如述说论文题目、研究贡献、构思导向、研究过程、论文主体、论文投稿等等，皆较具特色。不过，对于论文之"写作"本身，从大端到细节，往往阙而弗论：诸如文献的运用、诠释的方法、资料的取舍、议题的开展、亮点的凸显、论说的阐释、章节的推敲，以及"外文绮交，内义脉注"的讲究等等，大多语焉不详。

我曾在台湾成功大学图书馆书库，翻阅其庋藏，特别检索"论文写作"之书（不含外文），上架之相关论著，已经琳琅满目，令人目不暇给。数量之多，在30种以上。近似而相关之书名，如"学术论文"等，并不包括在内，否则，更加可观。试考察诸书之书名，命名为规范、指南、指导、研究、实务、手册、教程、讲义、软实力、必修课、不藏私、成功秘籍、武功秘籍、论文教室、枕边书、发表会者，数量最多。望文生义，其书之属性可知。又有书名为方法、技法、要领、格式、运用、SOP、实务写作、撰写的眉眉角角者，居次。昭明方法，指陈格式，亦开卷有益。甚至有以"想毕业、通关密码、傻瓜也会"为书名，成人之美，激动人心，以此招徕，亦微示关怀之意。诸家所谓规范、研究、实务、教程，本书设章立节，现身说法者即是。所云格式、方法、要领、实务、SOP 云云，本书亦再三揭示、不断提撕，可谓始终如一。

陶宗仪（1329～约1412）《南村辍耕录》论创作乐府，有所谓"凤头、

---

[1] 颜志龙：《傻瓜也会写论文——社会科学学位论文写作指南》（台北：五南图书出版公司，2011、2015、2017、2018）。

[2] [美]韦恩·C·布斯（Wayne C. Booth）、格雷戈里·G·卡洛姆（Gregory G. Colomb）、约瑟夫·M·威廉姆斯（Joseph M. Williams）著，陈美霞、徐毕卿、许甘霖译：《研究的艺术》（*The Craft of Research*）（台北：巨流图书公司，2010）。

猪肚、豹尾"六字法,"大致起要美丽,中要浩荡,结要响亮"。此本说诗,昔人已借为作文之法。何妨再次假借,移为写作论文之触发。其他,如《文赋》《文心雕龙》《史通》《文史通义》《文镜秘府论》,以及《春秋》书法、史家笔法、诠释学、叙事法、义法、诗法、文法,本书各章节已多所参考借鉴,翻阅可知。

三、探讨范围

孔子《春秋》,不同于原来的"鲁史记",关键在于孔子《春秋》"义昭笔削"。著书立说,对于文献的笔削去取,若能如清代章学诚(1738~1801)所云"详人之所略,重人之所轻,异人之所同,而忽人之所谨"[1],则由笔削之义,体会别识心裁,可以自成一家之言。[2] 本书相较于坊间论述,差异处正在详略、重轻、异同、忽谨各方面,内容指涉殊科,遂有其特色。

本书内容之规划与设计,发源于创造性思维,落实于学科之整合,而着眼在破体与出位。[3] 因此,立说论证,往往师法绕路说禅,遮表互用。[4] 借用明体达用之说,全书分为内外两篇。"内篇"为论文写作之脉络;"外篇"为相关学科之借鉴。探讨之范围,分述如下:

(一)"内篇:论文写作之脉络"

本书各章节的设计,自第二章至第十四章,为著述的主体内容,实三段

---

[1] 〔清〕章学诚著,叶瑛校注:《文史通义校注》(北京:中华书局,1985、2008),卷五《答客问上》,页470。

[2] 余英时:《历史与思想》(台北:联经出版公司,1977),《章实斋与柯灵乌的历史思想》,页188~199。

[3] 张高评:《破体与创造性思维——宋代文体学之新诠释》,载《中山大学学报(社会科学版)》(第49卷第3期,总第219期)2009年3月,页20~31。

[4] 周裕锴:《禅宗语言》(上海:复旦大学出版社,2017),第二章《绕路说禅·遮诠》:"佛教对经典教义的诠释,有两种方式:一种叫表诠,一种叫遮诠。遮,谓遣其所非。表,谓显其所是。""遮诠,是从反面作否定的回答,即所谓'遣其所非',或'拣却诸余'。"见页247~248。

论式的大前提与小前提。此一手法，即宋朱熹所谓"汉儒解经，依经演绎"[1]的演绎法。如第二章至第五章，谈研究构想，须通过成果述评之检验；问题意识，左右论文的走向，决定研究者之企图心；拟定论文大纲，宜体现问题意识，从而生发理想选题；论文写作，涉及治学功夫、核心论旨、假设指向、反复推证，以上种种，必须作与时俱进之规划。

第六章，谈绪论撰写之要领与偏失。绪论，肩负引导、指示、预告、提点、说服、营销之作用。作者先确认问题意识已成竹在胸；论文各章节均已次第完成，其中之重点、精华、方向、特色、心得，已呼之欲出；著作之表里、精粗、详略、重轻、异同、得失、短长、心得，亦如在指掌。必也如此，而后写成绪论或导言，读其文而著作可知。所以，绪论，必须是论文写作的压轴工程。这就是前文所谓"标准作业程序（Standard Operating Procedure，简称SOP）"。假如超前部署，躐等先做，皆非所宜。

绪论以下各章节，篇幅近乎占全文五分之四，实即明陶宗仪《南村辍耕录》所谓"猪肚"之部分。这部分之所以坚实、透辟，水到渠成，引人入胜，应该就是"摘要"的演绎、申说、举例、论证。又似"结论"的大前提、小前提，故能"放之，则弥六合"。第七章至第十一章的阐说论述，大小环节的演绎，是否顺理成章、有无偏差乖谬？内外考证的论述，是否言之成理、正确无误？乃至章节的比重，如何考虑？文献征引之后，如何诠释解读？资料如何取舍？议题如何开展？亮点如何凸显？论说如何阐释？章节如何推敲？脉注绮交如何讲究？在在都是论文写作不容忽视的环节。论著之优劣得失，具见于此；成果有否补充或发展，亦取决于是。

本书内篇第十四章，为《论文注释与学术规范——学术论文为什么要用心于注释》。注释的核心，是标明发明权所在。空有专论，没有注释，就不被认为是学术研究。所以，注释是现代学术研究重要的基础。其功能有六：注明出处，清晰脉络，解释异说，备列佐证，交代取舍，辨析疑惑。一般论文，

---

[1]〔宋〕黎靖德编，王星贤点校：《朱子语类》（北京：中华书局，1986），卷六十七《〈易〉三·纲领下·论后世易象》，页1675。

重"注"而轻"释",往往主客不明,重轻不分。发挥"释"的功能,将可与正文交互发明、相得益彰。犹如《左传》"错经以合异",以史传经的功能一般。作者学养之深浅、闻见之广狭、取舍之原委、眼光之高下、功力之疏密、心术之诚伪、学风之旗向,皆灼然可见于注释之中。所以,断定论著抄袭与否,关键取决于注释之有无。唯有讲究注释写作的艺术,方可导正抄袭剽窃的歪风。

(二)"外篇:相关学科之借鉴"

"你还在原地徘徊,还是选择跨界战略,开创大未来?"凯纳营销咨询集团曾助力云南白药跨界大健康产业,推出云南白药牙膏。自开创迄今取得了极为瞩目之庞大产值。跨界战略之效应,有如此者。论文写作借鉴相关学科,其成效亦卓然可见。

本书内篇诸章,讲述论文写作之脉络,乃全书内容之骨干。主要在还原论文写作的场景,类似虚拟实境之演示。美国科技界著名的苹果公司创始人史蒂夫·乔布斯(Steve Jobs,1955～2011)谈创意,强调"借用"与"联结"两个关键词;[1]外篇四章,即论说相关学科之借鉴与运用。就如何"借用"与"联结",现身说法,举例与论证。就方法论而言,借用与联结,可说等同于跨际整合、交叉研究。学术研究之创新独到成果,往往由此生发。[2]要而言之,学术研究追求明体达用、体用合一,乃本书重要的理念之一。

谈经学,传文有发明经文之功。论《史记》,本纪如经,世家、列传、表、书犹传,彼此作用,转相发明,成全司马迁成一家之言。可见传羽翼经,经传相辅相成,乃成经典著作。本书外篇与内篇之互文关系,亦如经传之交

---

[1] [美]史蒂夫·乔布斯:《求知若饥,虚心若愚!贾伯斯的10句经典名言》,载《天下杂志》2011年10月6日。

[2] 参阅卢嘉锡主编:《院士思维》(合肥:安徽教育出版社,2003),见其中王补宣:《交叉出新奇,借鉴促发展》,页81～87;刘宝珺:《搜集新事实,研究新现象,多学科交叉探索》,页323～331;徐僖:《重视学科交叉,善于概念迁移》,页1013～1020;嵇汝运:《改造以启创新,交叉有利综合》,页1195～1202;岑可法:《关注相关专业信息,培养交叉研究兴趣》,页1470～1478;项海帆:《发现提出问题,对比移植借鉴》,页1632～1640。

流互动。外篇四章，谈"借用"与"联结"诸面向，挹注论文写作若干资源。源头活水之借用如此，联结到学术研究，乃至论文写作，是所谓"得道者多助"。外篇四章，实内篇十五章的辅助及羽翼，互文关系密切，亦由此可见。

外篇内容有四：一、创意发想与理想选题。二、《春秋》笔削书法、历史编纂与叙事传统。三、辨章学术、考镜源流与训诂考据。四、修辞功夫、文章义法与论文写作。大多为治学之利器，以及方法学的揭示与演绎。本书内篇设章分节，解读原典，诠释文献，往往参考借鉴如上之学科专业。学术论文写作，追求补充、发展之理想，期待卓越、创新之成果。治学方法，若能善用"借用"与"联结"，真积力久，应该可以成事。

四、研究方法

本书取名为《论文写作演绎》，凸显"演绎"二字，所以作为名号者，盖自始至终，各篇之设章立项，层层演绎、环环推理辩证、时时铺陈论述，多运用逻辑的规则，演示命题的过程。一切"外文绮交，内义脉注"，皆在"演绎"论文写作的心路历程，从而推演出结论的指向。

《四库全书总目》评宋代邢昺（932～1010）《尔雅注疏》："疏家之体，惟明本注。注所未及，不复旁搜。"[1] 宋代朱熹（1130～1200）称："汉儒解经，依经演绎；晋人则不然，舍经而自作文。"[2] 依经演绎，即世所谓"注不破经，疏不破注"。对于古代经典注疏，虽不尽如此，但仍是家法师法的治经原则。[3]

---

[1] 〔清〕纪昀等主纂：《四库全书总目》（台北：艺文印书馆，1974），卷四十，《尔雅注疏》提要，页4，总页830。

[2] 〔宋〕黎靖德编，王星贤点校：《朱子语类》（北京：中华书局，1986），卷六十七《〈易〉三·纲领下·论后世易象》，页1675。

[3] 〔唐〕孔颖达：《礼记正义序》批评皇侃："既遵郑氏，乃时乖郑义，此是木落不归其本，狐死不首其丘。"孔颖达《五经正义》所持"疏不破注"的原则，乃是一家之例，并非义疏之通则。参考姜广辉：《政治的统一与经学的统一》，收入姜广辉编：《中国经学思想史》（北京：中国社会科学出版社，2011），第2册，页741～742。参考姜龙翔：《〈五经正义〉"疏不破注"之问题再探》，载《成大中文学报》2014年9月，页137～184。

论文写作，以问题意识为指南，以核心论旨为聚焦；而篇章经营、文献取舍、诠释解读、创获开拓，如传之释经，亦缘此而生发。义法说所称"义以为经，而法纬之"以及"依经演绎"，即此之谓。论文写作"依经演绎"，则不即不离，若即若离，可以避免节外生枝、偏颇跑题。

"演绎"推理（Deductive Reasoning），或称为演绎论证。铺陈论述如此，切合逻辑学之规范，可与归纳法并列。演绎推理，是一种正向的、逻辑的推理。"其前提，被要求为结论的真提供决定性基础。如果前提之真，确实能够决定其结论为真，那么，这个论证就是有效的。"换言之，演绎推理之要旨，在阐明有效论证的前提与结论之间的关系。[1]《论文写作演绎》所运用之方法，暗合汉儒解经，"依经演绎"之法式，与古文义法所谓"法以义起，法随义变"可以转相发明。

本书常用之研究方法有四：其一，《春秋》书法与传统叙事学；其二，史家笔法与历史编纂学；其三，创意发想与创造性思维；其四，古文义法与文章修辞学。简述如下：

其一，《春秋》书法与传统叙事学：诠释解读文献，转化"义昭笔削"之法，即为属辞比事之书法。一变，而成详略、重轻、异同、忽谨诸法，有助于《春秋》学之诠释。再变，而为曲直、显晦、有无、虚实之说，可资传统叙事学之解读。诠释与解读之视角，论文写作往往参用。

其二，史家笔法与历史编纂学：征引文献史料，自博采众说，辨析短长；明义断事，予夺可否，而后可以"合甘辛而致味，通纂组而成文"，犹程颐《春秋传·序》所谓"聚众材，然后知作室之用"。论文写作，借鉴历史编纂学，运用史家笔法，当是《春秋》属辞比事之转化。

其三，创意发想与创造性思维：举凡本书所谈，诸如研究构想、问题意识、理想选题、大纲拟定、写作规划、诠释方法、取舍资料、开展议题、亮点凸显、论说阐释，以及结论、摘要、关键词之规划、设计、安排、措注，都需要运用

---

[1] ［美］欧文·M·柯匹（Irving M.Copi）、卡尔·科恩（Carl Cohen）著，张建军、潘天群等译：《逻辑学导论》（*Introduction to Logic*）（北京：中国人民大学出版社，2007），第二部分《演绎·直言命题》，页213～214。

创意发想，方能体现论文写作的匪夷所思，不犯正位，得出成果的不凡与创新。

其四，古文义法与文章修辞学：春秋时郑国外交辞令之出，须经"草创、讨论、修饰、润色"四道程序。论文写作，与辞令说服诉求一致，与文学创作同工异曲，而且，不能免于辞章修饰。小焉者，如篇、章、项、目的标题文字，诠释解读的遣词造句，援引论证的叙议相生，说服传播之效应设想，都得运用文章学、修辞学。大焉者，本书第二章以下，如论文写作之规划与商榷，绪论撰写之要领与偏失，章节之调控与大纲之拟定，文献之运用与诠释之方法，资料之取舍与议题之开展，亮点之凸显与论说之阐释，表里精粗之商榷与脉注绮交之讲究，结论写作之法门与禁忌，摘要提要与关键词之写作策略，等等，何者不须古文义法之借镜，以及文章作法之发用？尤其《论文注释与学术规范》一章，注释与正文，共同构成学术论文的整体与系统。犹《穆天子传》中的宇宙，周穆王与西王母东西分治，各司其职，相得益彰，皆有贡献。注释与正文，相辅相成的关系，犹主从、重轻、本末、详略之分际。此一研究视角，从古文义法、文章作法得来。

四十余年来，笔者投入学术研究。数年前，出版《论文选题与研究创新》，作为治学方法的工具书，撰写的视角，定位为纯粹的学术研究。这本《论文写作演绎》，更是演绎治学步骤，揭示研究方法的专著。从安排措注、解读诠释，到辨章学术、考镜源流，乃至释疑解惑、匡谬补阙，学术研究的信息，要皆不离不悖、始终不渝。

五、价值预估

清代姚鼐（1732～1815）论学问，提出义理、考证、文章三者，以为"三者苟善用之，则皆足以相济"[1]。曾国藩（1811～1872）亦揭示："义理之学、词章之学、经济之学、考据之学"四者，且宣称"此四者，缺一不可。"[2]

---

[1]〔清〕姚鼐：《述庵文钞序》，见贾文昭编著：《桐城文论选》（北京：中华书局，2008），页91。
[2]〔清〕曾国藩：《求阙斋日记》，《问学》，辛亥（1851）七月，见贾文昭编著：《桐城文论选》（北京：中华书局，2008），页325。

曾国藩相较于姚鼐，多出一个"经济之学，在孔门为政事之科"。经济，即经世济民之意。换言之，即《尚书·大禹谟》所谓"利用厚生"。

研究传统学术，大抵不越出义理、辞章、考据三大领域：义理之学求善，辞章之学求美，考据之学求真。真善美三者，应该道通为一。传统儒学，主张内圣外王，经世致用。宋代胡瑗（993～1059）答神宗召问，提出明体达用之说，谓"举而措之天下，能润泽斯民，归于皇极者，其用也"[1]。到了清代，大倡经世致用之实学，要皆不离民生日用。凡举而措之天下，能润泽斯民者，皆为经济之学，即《左传·文公七年》引《尚书·大禹谟》所谓"利用厚生"之意。

现代管理学之父彼得·德鲁克（Peter Ferdinand Drucker，1909～2005），曾诊断美国大学教育的缺失，以为"都是以学科为主——按照组织专家的说法，是以'产品'为导向，而不是以'市场'或'最终用途'为出发点。如今我们对于知识的组织或追求，愈来愈强调应用，而不是学科的训练。跨学科间的研究，正急速地发展"[2]。由此看来，文、史、哲的教育内涵，固然不能荒废学科的训练，亦可以制造优良"产品"为目标导向；但其学术市场，或"最终用途"，假如能够兼顾"讲究应用"，将更加理想与完美。

自文、史、哲分流，时移势迁，学者喜其单科独进，遂疏离于学科整合。"不善用之，则或至于相害"的弊端显然已见。三合一或者四合一既流于口号，则经世济民之学，亦多避之唯恐不及。文史哲的学术研究，已弥离其本，忘其初衷。近十五年来，笔者主编《实用中文写作学》（1～6），编纂《文学艺术与创意研发》论文集（1～4）、《传统文化与经营管理》论文集，提倡人文学科之实用化、创意化、现代化、生活化，以及数字化。[3] 实有感

---

[1]〔清〕黄宗羲著，〔清〕全祖望补修，陈金生等点校：《宋元学案》（北京：中华书局，1986、2007），卷一《安定学案》，页25。

[2] [美]彼得·德鲁克著，[日]上田惇生编，齐思贤译：《社会的趋势》（台北：商周出版社，2005），第三章《知识社会》，页47。

[3] 张高评：《与时俱进与经典转化——人文经典之实用化、创意化、数字化与现代化》，载香港教育大学《国际中文教育学报》（2017年第2期）2017年12月，页71～91。

于文科教育之积弊陷溺，违离经世致用渐行渐远，遑论明体达用之高调。我今撰写《论文写作演绎》，期待学术研究能够实用化、生活化。希望"创意来自人文"，不再是空谈之美言。姑以一己之力，效愚公移山之精神，作为鼓吹云尔。

　　有不少硕士博士生、大学教师，不热衷参加研讨会，不常发表论文，没有申请研究计划，未曾提交升等论著。出现这些现象，有一个共同理由就是欠缺合适的论文选题，实在令人感触良深。我个人为解决困境，于是借箸代筹，撰写"论文选题"系列文章，以期传道解惑，纾解困境。所幸心想事成，能结集成册，增益论证，遂有《论文选题与研究创新》专著之出版，即是上述"利用厚生"理念之实践。野人献曝，不见得就是多此一举，也许揭示津梁，有助于初学入门；或为登堂入室者，指出向上一路，若金针可以度人，亦不为无功。

　　《论文写作演绎》一书，举凡程序步骤、组织布局、立意谋篇、设章分节、起结终始，要皆详人所略，重人所轻，而异人所同。种种之发想，只为模拟心路历程，堪称论文写作之虚拟实境。至于亮点、要领、策略、法门、规范、禁忌等等，则为实事求是、具体而微的方法提示。借镜、触发、补充、开拓、创新、独到云云，则是百尺竿头更进一步，借用、联结，接着讲终极追求的不同境界。尤其本书谈学术规范，断定"有无抄袭，取决于注释"，言简易懂，有助于学术伦理之倡导。

　　后生对前贤论著的接受，本书特提补充、开拓、创新、独到四者，作为学术研究的指标，论文写作的期许。于是立说命意，不得不高瞻远瞩、取法乎上；规划设计、不得不创造思维，系统思考；谋篇安章，不得不宏观掌控、用心于布置。晋杜预（222～285）作《春秋序》，对《左传》解释《春秋》，提出先经、后经、依经、错经的条例[1]，近似论文写作的程序与实际。日本遍照金刚（774～835）著《文镜秘府论》，其《论体》篇云："故将发思之

---

[1] 〔晋〕杜预注，〔唐〕孔颖达疏：《春秋左传注疏》（台北：艺文印书馆，1955，《十三经注疏》本），卷一，页11，总页11。

时，先须惟诸事物"；"必使一篇之内，文义得成；一章之间，事理可结"[1]。此与南朝梁刘勰《文心雕龙》所谓"句司数字，待相接以为用；章总一义，须意穷而成体"[2]，可以相互发明。宋代姜夔（约1155～约1221）《白石道人诗说》称："作大篇，尤当布置：首尾匀停，腰腹肥满。"[3] 元末明初陶宗仪《南村辍耕录》揭示"凤头、猪肚、豹尾"六字法，且谓"起要美丽，中要浩荡，结要响亮"[4]。类似之论，于论文写作之大篇，颇多启益。本书穿插征引之，有助于阐发与印证。

如绪论、结论、摘要、关键词诸章，除了引述前贤论点心得外，发人所未发，言人所未言者不少，多得自《春秋》诠释学、历史叙事学，以及诗法、义法之启示。本书这些章节，自信颇具优长与特色，最有参考借镜之价值。就杜预所谓"先经、后经、依经、错经"来说，问题意识、选定议题、拟定大纲，都是写作论文的先发工程，相当于《左传》叙事之"先经以始事"。绪论一章，近似"依经以辨理"，即陶宗仪所谓"起要美丽"。结论、摘要、关键词诸章，则近"后经以终义"之叙事，陶宗仪所谓"结要响亮"者是。绪论、结论、摘要等，是姜夔所谓"首尾匀停"，陶宗仪指称"凤头、豹尾"者。姜氏、陶氏以具体形象，指称诗文写作之终始前后，自然具体而亲切。本书于注释一章，较凸显"释"的作用。"释"的功能若能善加发挥，则可与正文相辅相成，交互辉映，即是杜预《春秋序》所谓"错经以合异"。

中间各章节，是一篇论文、一部专著的主体，骨干、脉络、本末、原委、表里、精粗，皆在于是。素材如何编比，辞文如何表述，旨义如何体现，可说千头万绪，触手纷纶。《文心雕龙·总术》所谓"乘一总万，举要治繁"，

---

[1] [日]遍照金刚著，卢盛江校考：《文镜秘府论汇校汇考》（北京：中华书局，2006），南卷《论体》，页1471。

[2] 〔南朝梁〕刘勰著，范文澜注：《文心雕龙注》（北京：人民文学出版社，1958、2014），卷七《章句第三十四》，页570。

[3] 〔宋〕姜夔：《白石道人诗说》，见〔清〕何文焕编：《历代诗话》（北京：人民文学出版社，1982），页680。

[4] 〔明〕陶宗仪：《南村辍耕录》（北京：中华书局，1959、1997），卷八《作今乐府法》，页103。

可作此中之指引。论文中幅的主体、骨干，如何写作，姜夔、陶宗仪以形象语言形容之：要求"腰腹肥满"，"中要浩荡"，有如猪肚。本书自第四章至第十一章，虚拟论文写作之实境，除了强调问题意识之凸显，写作之规划与商榷之外，分别呈现章节之调控、文献之运用、诠释之方法、资料之取舍、议题之开展、亮点之凸显、论说之阐释、表里精粗之商榷、脉注绮交之讲究等等，确实可作为论文写作的案头书。无论对于单篇论文、学位论文、升等论著，或者专著专书之撰写，都值得参阅取资。

总之，怀抱"己欲立而立人，己欲达而达人"之心胸，为当今文科学子现身说法、释疑解惑，完成此本治学的工具书。每立一说，多有学理依据，何止知其然，更示所以然之故。专题申说，多条分缕析，举例阐明；设章立项，则娓娓道来，顺理成章。无他，敬业乐群，利用厚生而已矣。

第二章　研究构想与成果述评

　　研究生撰写论文，有一种相沿成习的套式：从选题开始，到研究方法，其实都带有鲜明的"先入为主"观点，姑称为"学位体"。教师申请专项研究课题，同样先确定一个题目，再搜集材料。换言之，脑子里大致已有一个结论，需要资料来论证这个结论。[1]于是文献的取舍、观点的依违、信据的可否、论说的偏向，自然都以虚拟的"结论"作为依归。论文写作如是，无异于先射箭，后画靶。这绝对不是论文写作的正道。严耕望（1916～1996）称："要看书，不要只抱个题目去翻材料。"[2]可谓有见地。

　　尚未开始研究，早已有了结论，搜集资料、解读诠释，一切都为支撑这个预设。因为已经"先入为主"，所以触目所及，无论观点或文献，凡与预设不合、相反相对者，一概视而不见，扬弃不取。一味信守"大胆假设"，却不尽心致力于"小心求证"，论证势必流于穿凿附会。除了刘跃进点出"学位体"的相沿成习外，童庆炳谈治学，对于"观念先行"的研究法，亦不以为然。他说：

　　　　如果是观念先行，合我观念者取，不合我观念者舍，那么你掌握的对象是片面的，最后的研究结论也必然是片面的。[3]

　　胡适治学，主张"大胆假设"，这似乎等同于"观念先行"，但相似而

---

[1] 刘跃进：《文学史研究的多种可能性》，载《山东师范大学学报》2011年第4期，页37～40。
[2] 严耕望：《治史三书》（上海：上海人民出版社，2008），其一《治史经验谈》，"一、原则性的基本方法"，页17～21。
[3] 童庆炳、宋媛：《治学要讲究精神与方法——童庆炳先生与青年学者谈心》，载《北京师范大学学报》2015年第4期，页148～156。

实不相同。更重要的是"假设"后的接续进程："小心求证"。假设能否成立，必须通过一而再、再而三的审慎求证。论说不论正反，文献不计巨细，"求证"历程，都必须仔细、谨慎、繁复、周到地面对检验，辗转接受挑战。

"学位体"的"观念先行"，则反其道而行，正如童教授所言"合我观念者取，不合我观念者舍"；取舍可否，未回归原典文献，却以"先入为主"作断。如此，"研究结论必然是片面的"，佐证不齐全，自然未可采信。

研究是通往学术的不二门径，撰写论文，发表心得，是系统化整理研究成果的必要手段。面对课题，做出什么因应，浮现哪些想法，十分重要，往往影响后续的研究习惯和个人风格。宋严羽《沧浪诗话·诗辨》称："入门须正，立志须高。"[1] 入门正中，格局宏伟；立志高尚，前程远大。此可以当作治学的座右铭。唯有入门正大，格局宏远，借以发表的研究心得，才可能成为学术的生长点，才足以引发持续探讨的兴趣和推力。起心动念很重要，如果高屋建瓴如此，千里足下如此，研究才能够可大可久，持之有恒。

可大可久之道，贵在选择能量无限的研究领域，切忌执着单一之论文选题。因为依题作文有时而尽，领域探索无穷无限。如果急功近利，只想当下速成一篇论文、一个专题，不作高瞻远瞩以规划出更系统的领域，那么，所谓学术研究，将如胶柱鼓瑟，致远恐泥。不能奋飞，遑论"见龙在田，利见大人"？学术研究，犹如经营管理，如果用心于策略之运用，致力于方法之讲究，创新经营的成效，自然就水到渠成。

前述两段话，当然不是针对初学入门的学生讲的。姑且指出向上一路，提供给以研究为志业的学子，以及以研究为导向的师长们参考，是一番自勉勉人的话语。因此拟定研究选题，切忌目光短浅，急功近利，只找到一个研究题目，就开始投入研究。如果只局限于一个论文题目，那么，论文一旦完成了，研究便从此结束，再也没有了后续。这样操作，严重违反永续经营的法则，犹如小题大作，固然容易速成，但所得不如所失，将付出不时另起炉灶的代价。视野要高瞻远瞩，不要自我设限在一个研究题目上，而是要探索

---

[1]〔宋〕严羽著，郭绍虞校释：《沧浪诗话校释》（北京：人民文学出版社，2005），《诗辨》，页1。

某个颇具规模的研究领域。眼光设定有多远，相对的成功就有多大，愿共勉之！

稍大一些的研究领域，其中值得探讨的题目相对丰富，可能蕴含五个、十个或十个以上的研究选题。比较高层级的学术研究，为了永续经营做准备，研究领域就应当设定宽阔一些，立体一些。譬如博士研究生，或是大学教师。衷心希望，诚恳期勉：能够划定一个稍大的研究领域，好好投入心力，惨淡经营，作为一生研究志业的特区。不应鼓励他们，只专注一个研究题目，甚或选择小题而大作之。因为前后成果不是系统论著，缺乏规划，就没有后续动力，没有未来远景。于是之后每写一篇论文，都得另起炉灶，都得从零开始。不但研究成果无法积累，而且平白浪费太多的时间和精力。事倍而功半，吃力又不讨好，何苦来哉？

一、学思并重，规划学术研究

孔子曾说："学而不思则罔，思而不学则殆。"[1]这两句话，强调学思并重，不能偏废。这两句话，对于论文写作，颇富启发意义。学而有得，必须撰写一篇论文，完成一部论著，才足以宣达理念，凸显心得，与学界同好共享之。至于如何表达，如何建构，这牵涉到当下如何有效思考，未来如何聚焦落实。《礼记·中庸》称："博学之、审问之、慎思之、明辨之、笃行之。"[2]博学、审问，是学问的积累历程。慎思、明辨、笃行，则是从思维到实践的功夫。学术研究能够"致广大而尽精微，极高明而道中庸"，平素必须积学以储宝，致力于"学求博，问须审"的奠基功夫，始能水到渠成，登高致远。相关学养既已博观厚积，于是本固而道生，操觚弄翰始可望水到渠成。学养发用为文章之前，《中庸》所提慎思、明辨、笃行，成为检验可否献替之试金石。研究构想的当下，尤须讲明发用。这些对于论文写作，都非常有参考价值和指引作用。

---

[1]〔宋〕朱熹：《四书章句集注》（北京：中华书局，2012），其三《论语集注》，卷一《为政第二》，页57。

[2]〔宋〕朱熹：《四书章句集注》（北京：中华书局，2012），其二《中庸章句》，第二十章，页22。

《左传》有一段话，谈子产论政事，对于我们行事规划、论文构想很有借鉴意义。子产说："政如农功，日夜思之；思其始而成其终，朝夕而行之。行无越思，如农之有畔，其过鲜矣。"[1] 撰写论文、处理政事，和从事农务一般，面对的都是剪不断、理还乱，错综复杂的业务。要理清这些纷扰头绪，子产提示二句至理名言，着眼于"思"与"行"的完美搭配：其一，"思其始而成其终"，斟酌本末先后的程序，注重内外重轻的考虑，运用系统思维，发挥宏观调控。其二，"行无越思"，规划构想既然经过细密推敲、审慎评估，确定具体可行的目标，然后才付诸施行，就不至于跳脱构思的大凡。"行无越思"的大前提，是所行都经过"思其始而成其终"的通盘考虑，而且是"日夜思之"、念兹在兹的专注评估和判断。一旦交付"朝夕而行之"，自然具备目标导向，可以依规划执行。此之谓"行无越思，如农之有畔"。执行的原则与要领，《左传》所载子产之言提示如上，很有启发意义。

学术研究从发想、奇想、设想、构想，到真正落想，执行计划，中间存在许多疑似、歧路、误区、盲点和枝节。计划具体执行之前，最好先有研究构想，就如同建造一栋高楼、一座桥梁、一艘船舰、一件工艺产品，都必须先绘制设计蓝图一样。所谓研究构想，指学术研究的拟定设想，是问题意识的触媒剂，理想选题的设计蓝图。研究构想的实现，主观上牵涉到个人学养、研究方法、研究视角[2]、规模大小、议题难易、时间短长。客观上，必须进行文献回顾，检验学界研究之得失，以便作为理想选题补充与发展的凭借。这就是所谓"学界成果述评"，为投石问路的指针，正式研究前之热身运动，十分重要。[3]

所谓"述评"，等于该研究领域的健康诊断书。有病即治病，无病不投医，

---

[1] 〔春秋〕左丘明传，〔晋〕杜预注，〔唐〕孔颖达疏：《春秋左传注疏》(台北：艺文印书馆，1955，〔清〕阮元校勘《十三经注疏》本)，卷三十六，"子大叔问政于子产"，页17，总页625。

[2] 参考张高评：《论文选题与研究创新》(台北：里仁书局，2013)，第六章《研究方法之讲求》，页247～323；第八章《多元视角的开拓》，页403～462。

[3] 参考张高评：《论文选题与研究创新》(台北：里仁书局，2013)，第三章《论文选题的试金石：文献评鉴》，页59～123。

这是平常心、世俗情，人所共知者。"学界成果述评"亦然：该领域的既有成果，海内外研究如果已经有定论、无争议，接近完美无缺，好比医学诊断健康正常，当然可以谢绝医疗，不必就诊。假设诊断呈现疑难杂症、重症恶病，义不容辞，就必须就医、救命、治疗，不容有些许迟疑犹豫。《左传》引周任之言："为国家者，见恶如农夫之务去草焉。"[1] 治国、治病、研治学术，其理相容相通。所以，学界成果经由评估，证实存在疑难、阙略、隐微、昏昧等不足的实况，于是借此可以形成问题意识，进而确认理想选题。

学界成果述评，按部就班检验复核，客观公正评估，就可以得出优劣可否的评判，自有助于进退取舍的抉择。一个概念构想能否落实、可不可行，题目值不值得做，不可全凭直觉，一定要有客观的评估机制。在确实执行之前，有必要进行种种的测试，此即所谓"谋定而后动"。就像淘金客寻宝，想挖掘金矿、银矿、石油矿，都必须先进行金属探测或油层探勘。探测结果确定蕴藏量丰富，有利可图，再投入资金、发动人力、购买设备。先有这样的测试评估，挖掘寻宝才不致投资错误，血本无归。若未经测试，绝不轻言投资。或测试而无宝藏迹象，那么淘金掘银者、采挖石油者，将远离矿区，谢绝投资。

选择学术的领域，探讨研究的课题，撰写相关的论著，道理和淘金寻宝是相通的。其中，着眼研究选题的当下，正式投入论文写作之前，必须要有一番测试的历程，以及可行性评估的系统。这个历程和系统，即提出设计蓝图、研究构想，针对打算研究的课题，作系列性的可行性评估，一般称为"学界成果述评"。详言之，就学界已发表或已出版的有关文献、成果，叙述其视角、方法，品评其创见、心得，检讨其优劣高下，论断其是非得失，进而获得进退可否的决议。通过这个试金石、可行性评估，接着形成问题意识，获得理想选题，然后成竹在胸，谋定而后动，此之谓研究构想。

学术研究作为有价值的心智投资，学术园林就好比金矿、银矿、石油矿区，不可以罔顾风险，未经探测、评估，就贸然投入心力，开始研究。纵然

---

[1]〔春秋〕左丘明传，〔晋〕杜预注，〔唐〕孔颖达疏：《春秋左传注疏》（台北：艺文印书馆，1955，〔清〕阮元校勘《十三经注疏》本），卷四，"君子曰"引"周任有言曰"，页3，总页71。

前人曾经开凿过，不见得就已经开发殆尽，题无剩义。如果未经审慎评估，只因为是热门论题，太多人探讨过，就以为应该放弃，不再有开发的价值，极有可能错失翻转成说、新变代雄的良机。反之，就算此前一直是未经垦拓的学术处女地，从来无人问津，也不必然就可以等闲视之，鲁莽草率断定，以为毫无开发的余地，划定为不值得探讨的课题。那么，可能错失先发先行的契机，只能委屈苟且追随人后而已。总之，研究构想的落实，不妨参考子产所言"日夜思之，思其始而成其终"的系统思维，然后审慎评估其质量的优劣精粗，裁断投入探勘之进退可否。评估确定，"思"顾及"行"，"行"呼应"思"，一旦付诸执行，自然"行无越思"。如此，投入心力才有可能日起有功，不至于事倍而功半。

要之，正式撰写论文之前，务必草拟研究构想，检验学界成果之优劣得失，评估计划之进退可否。诚如《礼记·大学》开宗明义所言："物有本末，事有终始，知所先后，则近道矣！"[1]此一既定的前置作业，不可跳过，不能从缺，千万不能敷衍草率。否则，或知古而不知今，或守旧而昧于新，闭门造车，师心自用，其轻者，将流于孤陋寡闻，重者沦为因袭剽窃而不自知。学术之研究，无论东方或欧美，抄袭剽窃层出不穷者，除了人品瑕疵外，未认真检验得失，未确切落实评估可否，乃其主要原因。总之，不过是研究构想未具体落实而已。如此而涉嫌剽窃抄袭，可谓因小失大，十分不值得！

研究构想若出于实事求是的规划，当如建筑物之有设计蓝图，不但具体而微，而且可以看见未来。规划设计的理想，贵在不落俗套、推陈出新，贵在精益求精、后来居上。凡此所谓后来居上，看见未来，大多以既往的成果为触发、为踏垫、为凭借，进而转化创造，新变自得。童庆炳所谓"推进""补充"，很有提点意义：

> 学术研究，无非是在前人研究的基础上往前推进，或者是加以补充，

---

[1] 〔宋〕朱熹：《四书章句集注》（北京：中华书局，2012），其一《大学章句》，第一章，页3。

不可能平地而起、凭空而作。[1]

"往前推进""加以补充"二语,当是学术研究的目标与价值。"推进"和"补充",究竟以什么作为基准点?研究当下,学界成果之虚实得失,即是进退可否的基准点。"述评"的结果,具体而客观,有助于基准线的明确画出。美国苹果计算机创始人史蒂夫·乔布斯说:"借用和联结,是创新的两个关键词。但大前提是:你得先知道别人做了什么!"[2]学术研究贵在创造发明,但必须先知道学界"做了什么",全盘了解研究成果的现况,才有利于推进和补充,创造与发明。

二、建立敌情观念,了解学术场域的虚实

投资理财,必须了解市场的虚实;参与战争,必须洞察敌我的形势。同理,从事学术研究,专业领域前辈的业绩,务必要彻底明白,充分掌握。究竟完成哪些成果,还未触及哪些区块,乏人问津的领域是何处,有待垦拓的学术处女地在何方,都应该心知肚明、如数家珍。学术研究讲究知己知彼,程千帆先生称为"敌情观念"。程先生以为:科学研究,是"从现在已经有的研究成绩,向前发展";"你要搞的,是预备发展和补充他们的意见的"。所以,"真正做学问,也同打仗一样:知彼知己,百战百胜"[3]。比喻解说十分传神生动。《孙子兵法·谋攻》所谓"知彼知己,百战不殆"。学术研究和争战攻略相当,说的道理也都相通相融。

《孙子兵法·谋攻》云:"知彼知己,百战不殆。不知彼而知己,一胜一负;

---

[1] 童庆炳、宋媛:《治学要讲究精神与方法——童庆炳先生与青年学者谈心》,载《北京师范大学学报》2015年第4期,页148~156。

[2] [美]史蒂夫·乔布斯:《求知若饥,虚心若愚!贾伯斯的10句经典名言》,载《天下杂志》2011年10月6日。

[3] 程千帆:《俭腹抄》(上海:上海文艺出版社,1998),《学术研究的敌情观念》,页360~361。

不知彼不知己，每战必败。"[1] 撰写论文和用兵作战，有相通相似处：对于敌国兵谋的奇正、虚实、离合，敌军的强弱、将帅的短长、士气的高下、兵力的多寡、装备的良窳，如果缺乏认知与掌握，就贸然出兵对阵，很少有不战败的。"彼"，是"己"以外的他者、对手。在学术研究方面，指的是邻近相关领域的同行或专家，就是目前或未来在学术上和我们较量高下的对手。苹果计算机创办人史蒂夫·乔布斯说：要想创新，大前提是，"得先知道别人做了些什么"。了解学界同行治学的短长虚实，研究成果的优劣得失，即所谓"知彼"的功夫。

在战场上作战，讲究"谋攻"。所谓"谋攻"，指发动攻击之前，必先运筹于帷幄之中，始能决胜于千里之外。所以，战前料敌机先，沙盘推演兵法谋略，不可或缺。发现敌人的踪影，然后指示手下，如何攻围进退，怎么打败对方。将帅发踪指示的大前提，就必须先知彼知己。《孙子兵法·计》所谓"多算胜，少算不胜，何况无算乎？"[2] 学术研究钻探问题，好比挖矿攻坚，不能不了解场域和对象。若打算研究某个领域、研究某个题目，同行先进已经发表哪些论文，已经出版哪些著作，尤其是该领域的代表学者、典范论著，不可漏略无知，必须充分了解、具体掌握，这些知彼的功夫，就叫"敌情观念"。所贵乎研究者，在于补充和发展，增益其所不能。因为论文优劣高下，将来要跟指导教授、同行前辈做比较，所以海内外的同行，都是你用来补充和发展的对象。强调敌情观念，就是要求充分而深入地了解对手。否则，作战必败无疑。因此，唯有具备敌情观念，才能够杀敌致果，才能够屡战不败。唯有实事求是地"述评"研究成果，敌情观念的网络建构才算充分而齐全。

何谓"述评"？撰写的要领是什么？简言之，针对海内外的研究现况，进行精简介绍、综合论述，这就叫"述"。这是建立"敌情观念"，落实"知彼"功夫的必要程序。为什么只是简介呢？因为，"述"，不得不掌握，但非成果述评的重点。字数过多，会造成喧宾夺主，重轻失调。因此，简介的

---

[1] 〔春秋〕孙武著，〔汉〕曹操等注：《十一家注孙子》（台北：里仁书局，1982），卷上《谋攻》，页34。

[2] 〔春秋〕孙武著，〔汉〕曹操等注：《十一家注孙子》（台北：里仁书局，1982），卷上《计》，页19。

字数不宜太长。阅读一本书、一篇文章,消化吸收之后,用自己的话语,简要介绍成果的重点、结论或精华、创见,这就是"述"。(记得:要注明出处)同时,行文为了避免支离琐碎,进行"述"的简介时,最好采用综合论述。事以类聚,物以群分,依类综述,最便于读者看出学界的研究走向、现况趋势,以及虚实短长。同时进一步,可以从中提炼出课题研究的问题意识。

述评所涉及的论著,以课题名称为核心辐射出去,举凡相同、相近、相当、相关的论著,多是述评的对象。如研究课题为"崔子方《春秋本例》研究",述评之对象,不能只限于《春秋本例》这本书。举凡研究《春秋》义例、释例、凡例之论著,多可供触发启示,皆在成果述评之列。宋代《春秋》学、历代《春秋》诠释学之研究成果,多应是述评之对象。简介论著的精华,主要为了得出研究现况的大势,所以必须触类旁通,然后类聚群分,依类综述。不宜个别述说、零散简介。综述,就是重要论著简介的唯一方式。分类综述,富含多元的研究目的。如下列所云:

> 所谓综述,是指对以往的研究资料,进行专题性的或者系统性的整理。对于了解本学科的理论研究现状,具有重要参考价值。综述,是科研材料处理的一种较好的方法,对我们进入到学科前沿,是一个较好的途径。[1]

分类综述的过程,文献资料经由"系统性的整理",本学科、本课题之理论研究现状、得失优劣,自然了如指掌。对于研究之真谛,在推动相关研究的补充和发展,自有重要的参考价值。由此观之,分类综述自是"较好的方法""较好的途径"。

《论语·为政》引孔子曰:"温故而知新,可以为师矣。"[2] 论文的前置作业,关于"述",等于温习学界既有的研究成果,提供尔后研究进退取

---

[1] 陈兴良:《论文写作:一个写作者的讲述》,载《中外法学》2015 年第 1 期,页 13~21。
[2] 〔宋〕朱熹:《四书章句集注》(北京:中华书局,2012),其三《论语集注》,卷一《为政第二》,页 57。

舍的借镜，所以孔子说：可以知新，可以为师。因此，千万不可略过不谈，已如上述。但"述"与"评"相较，"评"尤其是重中之重，更须惨淡经营，用心投入撰写。研究成果述评的"评"，对象是针对古今中外已经发表的成果，包括传统古籍、今人重要论著，评论其高下优劣、是非得失。就一些专题研究计划而言，这种评论，绝大部分没有做好，有很多计划没有做到位。做得圆满的大约不到一半，这将影响问题意识的凸显，甚至课题研究的说服力。因为品"评"论说，等于断案定谳，其结果攸关本课题研究的存废、进退、可否。因此，在研究构想的写作中，十分重要，无异居于定海神针的地位。所以，本文侧重强调的，主要在如何"评"。《老子》说："夫惟病病，是以不病！"知道相关成果的瑕疵缺失所在，进而想方设法提出长善救失、补强改善的规划，这就是学术研究的真谛与价值。

　　吴起（约前440～约前381），为战国初期军事学家，世传其《吴子兵法》。其书卷二有《料敌》一篇，魏武侯提出"六国兵四守，势甚不便"的议题，请教吴起破解之道。吴起于是论析六国的风俗习尚，洞悉其利弊得失，而后知齐阵可坏，秦将可取，楚军可败，燕将可虏。若用阻阵、拒众、追亡、倦师的策略，则三晋亦可击云云。吴起条陈"凡料敌，有不卜而与之战者八""有不占而避之者六"，或战或避，正反并陈，必具体如此，方可言行军用兵。吴起以为："用兵，必审敌虚实而趋其危"，而后可以进击，方有胜算。[1]由此观之，唯有料敌机先，知其利病得失，识其高下短长，然后"兼弱攻昧，乘间抵隙"，方能杀敌致果。胜利之机，厥在料敌机先而已。

　　学术研究成果，如何能够创新与卓越？套一句史蒂夫·乔布斯的话，首先，必须做到"借用与联结"。其次，大前提是，你得先知道同行正在做些什么，学界研究成果如何。此即吴起所谓料敌，必先了解齐、秦、楚、燕、韩、赵六国的虚实短长、利病得失，逆料敌军有可败之道，可以乘间抵隙，方可兴师出击。论文写作亦然：学界前辈发表的相关研究成果，相当于所谓敌情资料，其中的虚实短长，必须充分掌握，发现其中尚有许多研究的死角，有

---

[1] 〔战国〕吴起：《吴子》（台北：台湾中华书局，1965，《四部备要》本），卷上《料敌第二》，页5～8。

价值却未曾受到关注；了解其中还有若干议题空间，极具阐发意义，仍值得开拓。犹如行军作战，必先审慎评估对手的虚实短长，方能决定进击或退避，学术研究同此！要之，探讨既有的研究成果，深信自己可以补充发展这个课题，可以增益其所不能，方可毅然决然投入研究。

三、进行可行性评估，检验假说能否成立

从事学术研究，必须建立一个观念：最初拟定的论文命题，无异于假说，不过是一种假设性的议题。到底可不可行、能否成立，有待系列的论证与评估。检验进退可否的试金石，就在研究成果的"述评"上。

所谓"述评"，指进行文献回顾时，既要综述，更要评论。即以精要文字，综述海内外的研究现况（述），作为尔后研究的铺垫或对照；核心重点，还在于评论已发表论著的利病得失（评）。进而针对学界前贤的病失与死角，提炼出创新解决的问题意识，作为本研究课题补充发展的视角与亮点。《老子》所谓"夫惟病病，是以不病"，《孟子》所谓"盈科而后进"[1]，以及"增益其所不能"，差堪比拟。

当我们想到一个题目，打算投入研究之前，就得先反思以下问题：这个题目，有没有人做过？若有人做过，是不是值得再做？如果可以续做，那么学术价值有多高，贡献有多少，困难有多大？这些，是当务之急，必须先做个了解和评估。如果存心忽略，不进行检测评估，就贸然投入心力，率然去做这个题目，就会遭遇预想不到的严重恶果。大家尝试想一想：为什么会想到做这个题目？题目不外乎两个来源：第一，听闻来的，老师上课时说的，或是听了演讲得到的，等等。老师，或其他人，不见得会告知题目的实际状况。第二，开卷有益，看书获得的。也许，只阅读到片面文章，没有全面触及。身在局外，状况不明，未能掌握全局。只知其一，不知其余，容易流于以偏

---

[1] 〔宋〕朱熹：《四书章句集注》（北京：中华书局，2012），其四《孟子集注》，卷八《离娄下》，页298。

概全、孤陋寡闻的毛病。

但是,有些投机取巧的研究者,所作所为不重视成果述评。尤其是一些初学入门的大学生或硕士生,都有类似的通病,有意无意间,都跳过了评估,省略了述评,直接进入问题的探讨论述。换言之,不经意之间,多免除了探索检测的过程,直接跳到要研究的课题上。这样抄小路,走快捷方式,凭空发论,无所为而为,还自以为省时省事。事实上,大谬不然,这样的草率跳脱,是不符合学术研究的 SOP 的!不但不合学术研究的历程,更可能有因袭剽掠的风险,何况往往欲速不达、致远恐泥。

话说回来,学术研究的起手式,必须针对学界目前的研究现况,进行述要与评论。述评的重点,是以研究构想为主轴,拿来与学界成果作比较,聚焦于有无、异同、显晦、详略、精粗、深浅、广窄、偏全、是非、得失各个层面上,进行较短量长的评论。这是学术论文写作的暖身功夫与当务之急。如果学界研究成果已很可观,阐说已淋漓尽致,论点精到而详尽,研讨深入而广博,层面周全而有得,学界推崇称道已成共识,这个课题可以不再做。或者学界研究成果大同小异,已无追新求异的拓展空间。述评结果若呈现如此,相较于自己所拟定的命题假说,如果真如辽东白豕、野人献曝,或陈腐、熟烂,或故步、平常,自惭形秽之余,自当宣告放弃,大可不必再做。以上,是研究成果"有无、异同"的检验,算是第一波的可行性评估。

目前打算研究的题目,跟学界已经发表的论著作比较,到底有没有人研究过?如果没有,那是陌生的课题,原则上可以尝试,但得追索乏人问津的原因:是太艰难复杂,还是探讨的价值不高?如果已经有人先驰得点了,也先别着急沮丧。如果你有信心与实力,可以写得比别人优秀的话,题目有人研究,不一定就要避开。姑且评估一下:这个论题,是否投入心血进行了探索?应当一一检验既有的研究成果,在显晦、详略、精粗、深浅、广窄、偏全、是非、得失各方面,体现的价值和层次各如何?这就得按部就班、实事求是地推演。于是,对于学界研究成果的述评,其程序与步骤,应该依如下所示进行:

显晦、详略、精粗、深浅的四项检验,是第二波可行性评估的焦点。某些核心重要的观念,学界阐发的成果,是否都已透彻?还是仍有暧而不明、郁而未发、模糊不清处？这是显与晦的甄别。学术专题相关的论证，既有的成果是否已经探讨详尽，还是存有简单、忽略、择焉而不精、语焉而不详的局限？这是详与略的判定。掌握相关领域的学术研究，评估目前的现况，成果是否精华纷披，成就辉煌，还是存在粗糙、肤浅、空泛、疏漏？这是精与粗的分野。学界相关议题，是否已经深究刻抉、鞭辟入里、层次深邃，还是表现肤浅、浮夸、虚倚、游离？这是有关成果深浅的度量。

接着，第三波可行性评估，涉及广窄、偏全、是非、得失四个方面的考察。研究领域涉及的层面，到底是宽广辽阔、大题小作，还是狭隘局促、小题大作？研究探讨的视角，是宏观、中观还是微观？这是广与窄的区划。见解是否偏枯、偏执、偏袒？论证是否偏激、偏离、偏差？或者是持论公正完美、例证饱满丰富？这是偏与全的断定。至于学界发表的论著，论点的是、非、曲、直，更是可行性评估的重点。论著体现的可取优点有哪些？存在的不足或缺陷，又是什么？厘清是非曲直，尤其重要。因为，问题意识的形成，往往借是非曲直之判读，而有所触发。试问：论著的是、非、曲、直，我们如何可以得知？

《文心雕龙·知音》称："凡操千曲而后晓声，观千剑而后识器。"[1] 论其诀窍，就在"操"与"观"二字，涉及实际的观看和操作。经验暗示我们：积学可以储宝，开卷一定有益！相关论著看多了，经由观摩比较、切磋琢磨，就不难看出是非得失、精粗偏全来。相关论著的是非得失、精粗深浅，如何看得出？虽说如人饮水，冷暖自知，然"不入虎穴，焉得虎子"。所以，唯有多方研读涉猎，才有可能掌握信息的虚实，建立所谓敌情观念。了解学术信息的虚实本末，然后才能出入纵横，从容应对进退。《文心雕龙》谈知音，称"操千曲""观千剑"，而后能晓声、可识器。在考察学界研究成果的时候，值得留心注意借镜。将来拟定论文纲要，投入论文写作时，才能持之有故，言之成理。

---

[1]〔南朝梁〕刘勰著,范文澜注：《文心雕龙注》（北京：人民文学出版社，1958、2014），卷十《知音第四十八》，页714。

针对学界既有的成果,进行系列的可行性评估,包括有无、异同、显晦、详略、精粗、深浅、广窄、偏全、是非、得失等,主要在检验初拟的"假说"能否成立。如果发现学术界现有成果对于相关议题的研发,已展现显豁、详尽、精致、深入的心得,具备广阔、全面、正确、创获的优长,那这个题目显然已开发殆尽,可以不必再做。因为同行前辈做得已经够好、够深、够精、够详了,留存再研发的空间已不太多。如果有人仍执意要做,在很难有空间发挥自己看法的局限下,若不搁笔,则抄袭剽窃难免。若美其名为"英雄所见略同",则不过是自欺欺人罢了!沦落至此,不仅浪费时间,也浪费了生命,更浪费了学术资源,毫无意义可言。此时,宣布放弃,另起炉灶,自是一种明智的抉择。

　　假设学术界研究成果已经很多,阐说已经很显著,论点很详尽,研讨很深入,涉猎极广博,层面甚周全,已获得学界普遍推崇认可,进而形成共识了。那么,当初打算要探究的命题、范围,只不过真是一种假说,已经确切证明不可行。就像野人献曝、辽东白豕一般,只是孤陋寡闻、少见多怪罢了。如果研究课题已经形成普通常识、一般知识,自己却当作宝贝来珍惜,煞有其事提出议题来研讨,这就触犯了学术研究的忌讳。既然研究题目陈、熟、故、常,属于耳熟能详的概念、观点,自当主动终止,宣告放弃,可以不必再做。如果执意去做,也没有多大意义与价值。

第三章　问题意识与研究之企图心

　　从事学术课题的探讨，从萌发研究构想，述评学界成果，到生发问题意识，进而确定理想选题，其中经历层层关卡，通过种种可行性评估，才算确认定案。学术企图心如是之强，选题定案若是之难，研究成果之突破创新，他日自较有望。

　　相形之下，前章开头提及所谓"学位体"，即"观念先行""先入为主"，尚未着手研究，就有了结论云云，就严谨之学术研究而言，偏差谬误之"学位体"，必须规过导正。童庆炳称："学术研究要有问题意识，要对问题进行正本清源的研究。"[1]日本浅见洋二亦云："问题意识很重要，理论不应该先于问题。"[2]问题意识清晰，促成理想选题之脱颖而出，两者关系，密切不可分割。

　　吴承学谈学术研究："不同时代的接受者由于视野不同，对传统话题有新的理解与阐释，用自己的思想与情怀和古人对话，从而获得渐次的推进。"[3]理解、阐释、对话、推进，这就是创新。何炳棣治史的特点，在于提出新问题，产生新观点，提供新理论，尝试新方法，发现新材料，这就是学术创新。[4]以上引述，对于选题推敲的指归，以及问题意识之促成，多具触发意义。

---

[1] 童庆炳、宋嫄：《治学要讲究精神与方法——童庆炳先生与青年学者谈心》，载《北京师范大学学报》2015 年第 4 期，页 148～156。

[2] 齐凯、浅见洋二：《古典文学研究的视野与方法》，载《长江学术》2020 年第 4 期，页 5～12。

[3] 吴承学：《我与我周旋久，宁作我！》，载《羊城晚报》2020 年 10 月 19 日。

[4] 李伯重：《"做第一流的学问"——浅谈何炳棣先生治史的特点（之二）》，载《文汇学人》2017 年 12 月 8 日。

一、发现学界研究的死角，开拓为理想选题

《论衡·谢短篇》称："知今而不知古，谓之盲瞽；知古而不知今，谓之陆沉。"[1] 研治文史哲之学术，必须通晓古今，兼融新旧。移作理想选题的前置作业——学界成果述评，同样不能"知今而不知古"或"知古而不知今"，其理亦然。此所谓"古"，专指前辈学人业已发表的研究论著，必须充分知晓，十足把握。唯有知病，才能对症下药；知晓不足，然后能拾遗补阙，发微阐幽，增益其所不能。知道"死角""罩门"，然后可量力而为，能知难而进。否则，昧于相关研究成果，师心自用，旁若无人，将有"闭暗不览古今"之缺失，将难逃"盲瞽""陆沉"之讥诮。

《老子》第七十一章："知不知，上；不知知，病。"又云："圣人不病，以其病病。夫唯病病，是以不病。"[2] 圣人之智能烛理，明能照物，视不知为病，视不明为病，故致力于知，尽心于明，因而病失寡少。研治学术之道，与《老子》所提"夫唯病病，是以不病"道理相通。成果述评的目的，就在诊断学界相关成果的利病得失：初以"知病"为第一步；继之以"病病"为驱动力，作为专题研究探讨的对象；终极目标，则在以智烛理，以明照物，而使该问题有所补充与发展，从此可以"不病"。从研究构想的历程，到理想选题的生成，不就是这样吗？

能发现学界研究的死角，开拓为理想选题，这媲美哥伦布发现新大陆。"哪壶不开提哪壶"这个俗谚，借用作学术研究，十分贴切！经过审慎之评估，设若学界研究成果阙如，或者虽有相关成果发表，但论述不多，甚或探索粗略、浅窄，论说偏颇、谬误，观点疏漏、瑕疵，核心关键问题暧而不明、郁而未发。总之，有所不足，难餍人意，多值得再探索、再开拓。借由研究

---

[1] 〔汉〕王充著，北京大学历史系注释小组注释：《论衡注释》（北京：中华书局，1979），第二册，卷十二《谢短篇》，页715。

[2] 〔三国〕王弼注，楼宇烈校释：《老子道德经注校释》（北京：中华书局，2008、2018），七十一章，页179。参考张松如：《老子说解》（高雄：丽文文化公司，1993），第七十一，页404。

成果的不完美,如"无、晦、略、粗、浅、窄、偏、非、失"诸不足,进而形成问题意识,进一步追求"有、显、详、精、深、广、全、是、得"的补充发展,以及"缜密、周赅、突破、创新"的进阶开拓。7-Eleven创办人铃木敏文,为日本新"经营之神",提倡"朝令夕改学"。曾言:"大家认为不行的地方,才有机会和价值。"[1] "无、晦、略、粗、浅、窄、偏、非、失",就是学界研究成果"不行的地方",就是"不开"的那一壶。吾人好自为之,将之拟订为理想的研究选题,确实充溢着机会和价值。

冯友兰提倡新理学,称道所谓新理学,"是'接着'宋明以来的理学讲底,而不是'照着'宋明以来的理学讲底"[2]。这两句话,很有启发意义。能跳脱"照着讲",而迈向"接着讲",此之谓新理学。"照着讲",相当于"述而不作"的"述"。"接着讲",则接近创造发明的"作"。致力于学术研究,最好以"接着讲"为标杆,追求卓越创新;不要只是"照着讲",故步自封,照本宣科。就前文所提"有无、显晦、详略、精粗、深浅、广窄、偏全、是非、得失"等议题概念来说,前人研究成果,已呈现"有、显、详、精、深、广、全、是、得"种种成果,若还执意撰写论文,举证论说将不得不"照着讲",要不抄袭剽窃很难。反之,若问题意识刻意追求新创,朝向"无、晦、略、粗、浅、窄、偏、非、失"诸不足进行探讨,那就是"接着讲",自有新异、创造、补充、发展之空间。犹如冯友兰提倡新理学,是接着宋明理学来讲一般,"新",就是价值,就是特色。照着讲,是重复别人的论点。接着讲,是就别人未及处、死角处,进行投入、挖掘、加工、补强、发扬、开拓。学术研究,永远像团体接力赛。接着讲,就是学术竞赛的接力战。能够接着讲,通过检验,增益其所不能,致力于开拓与发展,才是学术生命的延续。

研究的真谛,可二言以蔽之:一曰长善救失;二曰增益其所不能。长善救失,既述且作,关键在"长"与"救",自是"接着讲"。增益其所不能,更是"接着讲",已达到制造创发的境界。清顾炎武撰写《日知录》,标榜"古

---

[1] 林威利摘录:《铃木敏郎语录》,载《商业周刊》(总第1100期)2008年12月22日。

[2] 冯友兰:《冯友兰学术论著自选集》(北京:北京师范学院出版社,1992),《新理学·绪论》,页1。

人之所未及就,后世之所不可无"[1]。这"未及就""不可无",堪称理想选题追求之无上指南,其创发开拓,足为经典范式。凡此,皆所谓问题意识。凡所著作,有"接着讲"的自觉,有长善救失的自信,有增益其所不能的自得,若借此杜绝论文写作的抄袭剽窃,当然可以立竿见影。

  论文写作之初步,即是论文选题。论文选题是否审慎切实,影响到研究工作能否持续。问题意识的大概指向,以及议题探讨是否独到创新,堪称专题研究的奠基工程。选题一旦完成,则志趣的方向、研究的范围、形式的需要、资料的取舍、工程进度的安排,大致全有一定的依据。而且专题价值的高下是否把握,亦以选题为重要步骤。[2] 上文列举"有、显、详、精、深、广、全、是、得"九个正能量,若已见诸学界研究成果,则我的假说不可行,拟定的命题应该放弃。至于自我的研究,追求向上一路,欲创新独到,止于至善,自然亦以此为攻略指标。只要做到其中两三项,研究成果肯定对学术界有所贡献。

  投入学术探讨、课题研究,如果有"接着讲"的自觉,有长善救失的自信,有增益其所不能的自得,于是尽心于深淘,致力于细琢,辨疑正误,发微阐幽,致广大而尽精微,极高明而道中庸。论文写作如此,杜绝抄袭剽窃的恶习,当然可以行舟入港、剑及屦及。

二、问题意识的凸显与研究指向的表出

  北京大学历史学系邓小南,学广识卓,指点后生不遗余力。撰有《问题的提出》一文,强调问题意识对解决课题的推助作用,略谓:"问题意识,指研究者需要通过思考提出问题、把握问题、响应问题。突出问题意识,就

---

[1] 〔清〕顾炎武著,〔清〕黄汝成集释,栾保群、吕宗力校点:《日知录集释》(上海:上海古籍出版社,2006),卷十九《著书之难》,页1084。

[2] 详参王尔敏:《史学方法》(台北:东华书局,1983),第四章,第一节《选题》,页252～255。

要以直指中心的一系列问题来引导,并且组织自己的研究过程。"[1] 简言之,发现问题,进而提出解决方案,就叫作"问题意识"。论文写作必须先建立问题意识。问题意识,具体而微,是学术研究先发的雏形,以及后续的推动力。问题意识的形成与建立,其心路历程究竟如何?

问题意识,是学术研究的推进器、论文写作的领航者、研究者上下求索的指南针,是进退取舍的基准点,更是选题优劣可否的风向球。核心论述的阐发与聚焦,固然围绕着问题意识;研究成果的亮点重点,也多一一脉注绮交于问题意识。[2] 犹如行军作战运用兵法谋略,虽有奇正、虚实、离合的殊别,然而万变不离其宗,运用之妙存乎一心而已。将帅发号施令,必先知彼知己。落实成果述评,犹如知彼知己的功夫。唯有精确的敌情观念,方能杀敌致果,屡战不败。同理,唯有务实做好相关研究的成果述评,知道学术同行做了什么,借此形成明朗的问题意识,方有助于学术研究的借用与联结,进而突出成果的新创与自得。[3]

从问题意识的凸显,到选题指向的表出,犹如生命的孕育孵化,应该随时随地呵护关怀,必须一往情深地用心投入,加上念兹在兹的经营建构,才会见到一定的成效。学术研究的心路历程,犹如郑子产对子大叔问政所答:"政如农功,日夜思之,思其始而成其终,朝夕而行之。行无越思,如农之有畔,其过鲜矣。"[4] 有如农人从事农业生产,种植五谷杂粮,必须尽心致力投入:首先,发挥构想能力,用心于经营擘画,所谓"日夜思之,思其始而成其终"。推敲本末终始,斟酌有无虚实,焚膏继晷,夜以继日,进行种种沙盘推演。然后权衡利弊得失,择取其中可行者,落实作

---

[1] 邓小南:《祖宗之法——北宋前期政治述略》(北京:三联书店,2006),《序引:问题的提出》,页3。

[2] 张高评:《论文选题与研究创新》(台北:里仁书局,2013),第四章《问题意识与选题指向》,页125~130。

[3] 同上,页125~171。

[4] 〔春秋〕左丘明传,〔晋〕杜预注,〔唐〕孔颖达疏:《春秋左传注疏》(台北:艺文印书馆,1955,〔清〕阮元校勘《十三经注疏》本),卷三十六,"子大叔问政于子产",页17,总页625。

为行动指标，经过深思熟虑，而后推动施行。所思付诸施行，所行不出所思，于是思与行融合为一。以"日夜思之""行无越思"的心态从事农耕，从事政治，可以无往而不利。问题意识的凸显，选题指向的表出，学术研究又何尝不然！

发现学术同行研究的死角，可以开拓成为一个理想的选题。这个选题，也许是个题目，也许是个领域，从此成为个人独立执行的新创研究，一个令人雀跃的学术生长点。所谓死角，指别人尚未发现的学术角落、还未注意的学术特区。辛弃疾《青玉案》词："众里寻他千百度，蓦然回首，那人却在灯火阑珊处。"[1] 王国维《人间词话》谈理想追求，借用之为人生追求的第三境界。[2] 若借用辛弃疾《青玉案》比拟论文写作的历程，从落实文献述评，进行系列的可行性评估，到生发问题意识，到获得理想选题，其心路历程，则"众里寻他千百度"差堪比拟。寻找到"在灯火阑珊处"的"那人"之后，于是课题的问题意识凸显了，选题独到而新创的研究指向呼之欲出了。辛苦的选题追寻，没有白费，终于获得正果。

理想选题得来不易，必须经过研究述评的"述"之后，进行多方筛检，审慎地进行可行性评估，才可获得客观实况。就拟定的假设命题来说，评估目前的研究成果，如果乏人问津，或是论文虽有，但是相关的论点尚有开发空间，这就可以考虑投入研究。另外，若学界论著虽然有几篇，但探讨粗糙简略、肤浅狭窄，或是论说偏颇、谬误杂出，核心问题暧而不明，关键论证郁而未发。总之，虽有论文发表、著作出版，但某些观点仍有未足，难餍人意。那么，我们就应该针对欠缺的地方、不清楚的地方，以及简略、粗糙、肤浅、狭隘、偏颇、错误、漏略的地方，将这些"研究死角"一一

---

[1] 〔宋〕辛弃疾《青玉案·元夕》词："东风夜放花千树。更吹落、星如雨。宝马雕车香满路。凤箫声动，玉壶光转，一夜鱼龙舞。蛾儿雪柳黄金缕，笑语盈盈暗香去。众里寻他千百度。蓦然回首，那人却在，灯火阑珊处。"见唐圭璋编：《全宋词》（台北：洪氏出版社，1981），页1884。

[2] 王国维撰，彭玉平疏证：《人间词话疏证》（北京：中华书局，2011）："古今之成大事业、大学问者，罔不经过三种之境界：……'众里寻他千百度，回头蓦见，那人正在,灯火阑珊处。'此第三境界也。"卷上，第二则，页88～89。

寻觅出、爬梳出，然后进行翻转、突破、增益、新变，把这些"研究死角"，当作自我进阶研究的"活"角。

撰写一篇论文，提出著书计划，应该有解决问题的决心和信念。任何一篇学术论文，其原始动机，都以解决学术问题为目标。如果某个学术问题已经解决了，就必须宣布放弃，另起炉灶！不必再叠床架屋，枉费功夫。如果前辈学人，在相关议题的研究上有所不足，你有信心可以补充、深入、发明、拓展，既已形成解决问题的研究意识，那就可以投入研究。知道别人研究的死角，进一步追求的是向上一路，深信将来研究成果可以创新独到，体现"有、显、详、精、深、广、全、是、得"等正能量。譬如某个议题没有人写，我来撰写一篇；他人论文写得不够明晰，我可以把观念说得透彻些；他人写得粗糙，我有信心写得较精致；他人写得简略，我可以写得详细些。我有把握写得较深入、广博、全面，我的看法将较正确，架构将较为缜密，论点将较为周赅。

总之，必须有信心、有把握可以突破窠臼，进一步提出创新的看法，及独到的心得。写作心态必须如此，执行学术研究才有可能功德圆满。

三、理想选题的指归，着眼于长善救失、补充发展

现在大多数的高校，大学本科生必须撰写学年论文、毕业论文。硕士、博士生撰写报告、写作学术论文，更不在话下。我指导学术论文，首先要求提出研究构想。研究构想是正式撰写论文之前，必须逐步完成的标准程序或系列步骤。这个程序步骤，一定要按部就班、循序渐进走过。千万不可忽悠，不能省略。否则，事态严重。论文就算写出来了，可能了无新意、毫无价值可言。也许，这个题目，一年前、五年前、十年前，甚至二十年前，学界前辈早已写过了，就不得不撞题，难不成要复制成果？如果毫无所知，以为前无古人，这就犯了鲁莽草率、闭门造车的错误。假设未曾参考别人的著作，但使用的文献、得出的论点，却跟前人很相近。以先来后到的学术伦理裁夺之，发表在后者，难逃孤陋寡闻之讥。如果不是孤陋寡闻，只

是独学无友，自我感觉良好，也不可为训。因为闭门造车，有可能出不合辙。做学术研究，怎么可以旁若无人、妄自尊大，不参考同行的著作，不借鉴他人的优点长处呢？

正式撰写论文之前，有它既定的前置作业，必须切实遵照办理。好比游泳、跑步之前，必须要暖身、热身一般。汽车准备发动、飞机正式起飞之前，也都需要热车、热机。这些前置事项，必须脚踏实地，按部就班，循序完成，不可以跳脱摆落。论文写作，是一桩错综复杂的学术工程，是一趟探勘真理的心路历程，正式投入心力撰写的当下，准备功夫不可偷闲，前置作业不可短缺。所谓准备工夫、前置作业，就是草拟研究构想，然后持续自我反思，彻头彻尾作可行性评估：检验构想是否可行？评估成果是否有突破创新？研究构想是否出于实事求是的规划？"实事求是"很重要，可作为草拟研究构想的四字真言。

论文还没有正式撰写之前，应该像盖高楼、建大桥，建筑师必须先绘制设计蓝图。观看这个蓝图、构想，对于楼房桥梁的实体，不仅具体可感，而且可以评估未来落成启用后的效应。研究构想，也是如此。论文撰写虽然还没有动笔，但知道研究构想一旦落实，论文写完以后，将会获得怎样的成果，将会有怎样与众不同的创见，将可能生发哪些学术效益，或者说是具体贡献，这叫作成果评估。有人会说：论文都还没有撰写，怎么知道会生发什么成果？以为这个说法碍难成立！

如果建筑师说建筑材料都还没有运到，房子根本还没有建造，这栋楼房将来盖出来是什么模样，我怎么知道？那这样的建筑师，还能够被委托绘制设计蓝图吗？当然不能！房子虽然还没有盖，土地上连一块砖、一片瓦、一条钢筋都没有，但是设计蓝图已绘就：这栋房子一旦建成，相较于同类型建筑，有何独特风格，做什么用途，有什么功能，地面楼房有几层，地下停车场容纳多少个车位，绝对都已经一清二楚了。这就叫设计蓝图。

"维基百科"解说"设计"一词，谓即设想和计划。原意是"设置摆放其元素，并计量评估其效用"；"设想是目的，计划是过程安排，通常是指有目标和计划的创作行为及活动"。按图施工，以蓝图设计为基准，如期落成仰赖它指引，看见未来也得凭着它当标杆。研究构想之于论文写作，有其目标、有其计划，与设计之于作品的概念完全类似。所以，论文写作想顺利成功，也要有蓝图设计的概念。经由规划设计，具体落实，将来研究成果如何，就可以预作评估，甚至可以预见未来。

研究构想，若出于实事求是的规划，当如建筑物之有设计蓝图，不但具体而微，而且可以看见未来。规划设计的理想，贵在不落俗套、推陈出新；精益求精，后来居上。凡此所谓后来居上、看见未来，大多以既往的成果为触发、为踏垫、为凭借，进而转化创造，新变自得。童庆炳所谓"推进""补充"，很有提点意义：

> 学术研究，无非是在前人研究的基础上往前推进，或者是加以补充，不可能平地而起、凭空而作。[1]

"往前推进""加以补充"二语，当是学术研究的目标与价值。"推进"和"补充"，究竟以什么作为基准点？研究当下学界成果之虚实得失，即是进退可否的基准点。"述评"的结果，具体而客观，有助于基准线的明确画出。史蒂夫·乔布斯说："借用和联结，是创新的两个关键词。但大前提是：你得先知道别人做了什么！"[2] 学术研究贵在创造发明，但必须先知道学界"做了什么"，全盘了解研究成果的现况，才有利于推进和补充、创造与发明。总之，有助于长善救失。

规划设计的理想与落想，最主要在推陈出新，能够"长善救失"。别人引用的论证、研发的成果，仅供触发借鉴，作为补充、发展的触媒，尽可能不再复制重说。必须苦心孤诣，想办法找出新鲜的文献、陌生的视角、殊异

---

[1] 童庆炳、宋媛：《治学要讲究精神与方法——童庆炳先生与青年学者谈心》，载《北京师范大学学报》2015年第4期，页148～156。

[2] ［美］史蒂夫·乔布斯：《求知若饥，虚心若愚！贾伯斯的10句经典名言》，载《天下杂志》2011年10月6日。

的方法，以进行学术创新。[1] 由寻觅、求索、挖掘、发现，而生发问题意识，最终实现为理想选题，此中最可贵者，为怀疑精神和批判精神。童庆炳曾道出个中曲折：

> 别人研究过，留下问题，我抓住了，深入地研究它，然后我提出新的问题。问题是在质疑中提出来的，批判精神是学术研究应有之义。没有怀疑精神，没有批判精神，就没有学术研究。[2]

质疑和批判是促进学术研究的双翼，更是助长研究成果的双轨。问题意识在质疑中提出，更在批判中推动落实。怀疑精神闪亮登场，批判精神随后继之，于是理想选题华丽转身，磨砺为长善救失的研究成果。譬如针对杜甫诗歌之研究，两宋以降一千余年，一直是唐宋诗歌研究之显学。各类专著纷出、期刊论文迭见，似乎难有开拓空间。除非发现新鲜的文献，展示陌生的视角，运用殊异的方法，才可能学术创新，否则很难突破。

学术研究的怀疑精神，表现在发现问题、提出问题的层面上。至于批判问题、解决疑难，则牵涉到学养功力的展示。其中，独到的眼光、超常的学术敏感度，往往由跨际整合产生。譬如研究杜甫诗歌，自文学视角切入，从诗学专业解读，这是惯性思维。此类专著论文，两宋以降一千多年来，已汗牛充栋，犹方兴未艾。笔者研治杜甫诗歌，详人之所略，重人之所轻，而异人之所同，另辟蹊径，特从《春秋》书法视角切入，以诠释安史之乱前后杜甫所作"推见至隐"之"诗史"，及其乐府叙事歌行。系列相关论文，已发

---

[1] 张高评：《论文选题与研究创新》（台北：里仁书局，2013），第五章《理想选题之层面与规划：古人未及就，后世不可无》，页173～246。
[2] 童庆炳、宋媛：《治学要讲究精神与方法——童庆炳先生与青年学者谈心》，载《北京师范大学学报》2015年第4期，页148～156。

表三篇。[1] 怀疑精神，得自异场域的碰撞；批判精神，植基于跨际学术之会通。如是，对于杜诗学术之补充与发展，方有推助。

清顾炎武《日知录》所谓"古人之所未及就，后世之所不可无"，堪称理想选题的终极追求。如此，才能够发现新的学术生长点。唯有扬弃故步自封，致力精益求精，才能竞争超胜，进而有创新的成果、独到的心得，学术研究之路，才能持久而不懈怠。怎么样才算精益求精？举凡人家讲过的、陈腔滥调的、已经成为定论的、大家都已经认同的，就没有必要再重说复制。要自我期许：提出崭新的见解，殊异的观点。《礼记·学记》言"长善救失"[2]四个字，可作为研究构想的大方向，著书立说的超胜指标。救失，是基本要求。补充、发展，即是长善，堪称积极企图。

与本课题相关的研究成果，大体可分"善"和"失"两个分野。不妨自我反思：本研究课题的执行，能够救济学界现有的缺失吗？能够增长既有的优质论述吗？如果检验研究构想，无法有生新的成果，评估研究成果，不可能有更新创见的心得，那么，就必须毅然决然宣布放弃。因为，构想可能只是一种假说，经由检验评估，如果不可靠、不可行，自然应该淘汰搁置。如

---

[1] 杜甫，为杜预第十三代孙，三十岁时作《祭远祖当阳君文》称："《春秋》主解，稿隶躬亲。呜呼笔迹，流宕何人？……小子筑室首阳之下，不敢忘本，不敢违仁。"见〔唐〕杜甫撰，〔清〕仇兆鳌注：《杜诗详注》（北京：中华书局，1979），卷二十五，页2216～2217。〔唐〕孟启：《本事诗·高逸》载："杜逢禄山之难，流离陇蜀，毕陈于诗，推见至隐，殆无遗事。故当时号为'诗史'。"见丁福保编：《历代诗话续编》（北京：中华书局，1983），页15。《史记·司马相如列传》："太史公曰：《春秋》推见至隐。"见〔汉〕司马迁著，［日］泷川资言考证：《史记会注考证》（台北：万卷楼图书公司，1993），卷一百十七，页104，总页1264。参考张高评：《杜甫诗史与六义比兴——杜甫叙事歌行与中国叙事传统》，浙江大学中文系主办"杜甫研究高端论坛"，2019年11月8～10日。又，张高评：《杜甫诗史、叙事传统与〈春秋〉书法》，载香港浸会大学《人文中国学报》（第28期）2019年6月，页91～130。又，张高评：《杜甫诗史与〈春秋〉书法——以宋代诗话笔记之诠释为核心》，载香港浸会大学《人文中国学报》（第16期）2010年9月，页55～96。

[2] 〔清〕孙希旦：《礼记集解》（北京：中华书局，1989），卷三十六《学记》："人之学也，或失则多，或失则寡，或失则易，或失则止。此四者，心之莫同也。知其心，然后能救其失也。教也者，长善而救其失者也。"《集解》曰："多者，欲其至于会通。寡者，欲其进于笃实。易者，欲其精于所知。止者，欲其勉于所行。"页967。

果这个题目没有价值，证明计划不可行，难道还要死抱不放，继续探究吗？不！当机立断，必须舍得放弃，另起炉灶。

　　落实成果述评，可以检验假说能否成立。这"述评"两个字，非常重要。数十年来，本人审查众多的研究计划，察觉一种现象：研究述评写得经典的，大概10篇中不到3篇。研究述评做得好的，论文比较会有生新的发现，也往往较有创新的成果。如果研究述评敷衍了事，可能潜藏许多危机：第一，文章最忌随人后，这个课题学界已有丰硕成果，若重复探讨，只能拾人牙慧。第二，这个课题，别人都不做，会不会存在太大困难？或者根本毫无价值？由于没有进行检验的程序，缺乏评估的机制，从而触犯上述两个误区，可能就浑然不自知。这些，在正式投入课题研究时，都应该想办法避免。如何避免？一言以蔽之，落实学界研究成果述评而已矣！

四、结语

　　规划学术研究，是积学储宝的后续工程，而学思并重，为其中之不二法门。研究构想，是所学表现于所思，然后所思展现其所学的心路历程。首先，研究构想只是一种假说，检验假说能否成立，就必须进行可行性评估。了解学术场域的得失虚实，知古知今，知己知彼，犹如建立敌情观念，才有可能杀敌致果。

　　经过审慎的评估，设若学界研究成果阙如，或论述不多，或发现其探索粗略浅窄，论说偏颇谬误，观点疏漏瑕疵，核心关键问题暧而不明、郁而未发，总之，有所不足，难餍人意，就值得再开拓、再探索。知道研究成果的"无、晦、略、粗、浅、窄、偏、非、失"，从而形成问题意识，致力于"有、显、详、精、深、广、全、是、得"，尽心于缜密、周赅、突破、创新，积极追求向上一路，方是王道。《论语·为政》引孔子曰"温故而知新，可以为师矣"《老子》称"夫唯病病，是以不病"，可作成果述评的箴言。

　　有关论文的抄袭，所谓违反学术伦理的事件，海内外一直层出不穷。如何防范？其实不难！执行方法有二：其一，把研究述评的工作落实做好，就可以避免抄袭。系列的可行性评估，追求学术研究的推陈出新、独到创发。若评估研究结果已倾向于"有、显、详、精、深、广、全、是、得"，说明该研究领域业已有先行者，已捷足先登，耕耘开拓。作为一个后来者，就必须宣布放弃、另起炉灶，这是正本清源之道。

其二，切实凸显注释的功能，可以避免论文抄袭。将"述"与"作"的此疆彼界划分清楚：主客、人我的区隔，明引、暗用的分际，自我要求严谨，那么，论文抄袭事件自然减少。自己的申说论证，安放于各章各节的正文中。参考得自学界同行的相关见解，移往注释中表述。楚河汉界，开卷了然，不相淆乱，何来剽掠？[1]

问题意识，是发现问题的指南针，更是解决问题的驱动力，一旦凸显清晰了，理想选题的指向也就呼之欲出了。理想选题的规划，当以"长善救失""补充发展"八字，为其核心追求指标。简言之，发现学界研究的死角，可以作为活角，进行补充发展、阐扬开拓，增益其所不能，这就是理想的论文选题。

---

[1] 张高评：《论文注释与学术规范——学术论文为什么要用心于注释？》，载《国文天地》（第32卷第10期，总第382期）2017年3月，页59～70。已辑入本书内篇第十四章。

第四章 拟定论文大纲与体现问题意识

一般群众心理，趋同从众，缺乏主见。学术研究恰好相反，追求新异，离弃雷同，标榜自出新意，言必己出。《朱子语类》载："江西士风好为奇论，耻与人同，每立异以求胜。"[1]学术成果之追求，贵在好奇、耻同、求异，与宋代的江西士风深意相契。

时至今日，求异耻同、独立自主，已成为普遍的学术性格，学者的一种思维方式。复旦大学陈尚君曾言：

>一个学者的思维方式，更多的时候不是去求同，而是要去求异，要提出与一般看法不同的意见。[2]

清代章学诚《文史通义》谈孔子作《春秋》，其义昭乎笔削，所以成一家之言者，以为"必有详人之所略，异人之所同，重人之所轻，而忽人之所谨"云云。[3]孔子《春秋》，以述为作，虽参考"鲁史记"而为书，然其中多笔削书法，出于"丘窃取之矣"的别识心裁，等同于撰述，故其书已与"鲁史记"大不相同。学术研究，贵在"提出与一般看法不同的意见"，此犹酿米得酒、采花为蜜、食桑成丝，皆踵事以增华，变本而加厉。善用素材原料，升华为研究成果，亦当作如是观。

---

[1] 〔宋〕黎靖德编，王星贤点校：《朱子语类》（北京：中华书局，1986），卷一二四《陆氏》，引《可学录》，页2971。

[2] 见"复旦通识教育"微信公众号：《复旦通识教育：对话陈尚君》，2020年9月20日。

[3] 〔清〕章学诚著，叶瑛校注：《文史通义校注》（北京：中华书局，1985、2008），卷五《答客问上》，页470。参考余英时《历史与思想》（台北：联经出版公司，1977），《章实斋与柯灵乌的历史思想》，页188～199。

透过文字的表述，系统化传达研究者的理念、心得和创见，这就是论文写作。言与意的互动关系，十分复杂。《易·系辞上》云："书不尽言，言不尽意。"魏晋玄学，喜谈言意之辨。有言尽意、言不尽意、得意忘言诸说。学术论文，为一种知性、理性的文字，研究成果之发表，期待知无不言、言无不尽，与文学语言之有余不尽、哲学语言之得意忘言殊科。方苞（1668～1749）说义法，所谓"义以为经，而法纬之"。强调法以义起，法随义变。[1] 言与意之次第，犹法与义之先后。严谨之学术论文写作，以问题意识为主帅、为指针，而纲领章法随之，犹桐城义法所谓"义以为经，而法纬之"。因此，当恪守意在笔先、笔随意后之顺序。其实，文学与哲学语言之出言与立意之顺序，亦无不同。论者指出：

> 论文是科研成果的基本载体。在某种意义上来说，论文是研究成果的最终表述。如果说论文写作是一种"言"，那么科研成果就是一种"意"，科研和写作之间的关系就是言和意之间的关系。意在言先，首先要有意，然后才有意之所言。[2]

研究成果的发表，就是"言"与"意"的密切互动。意在笔先，言随意后，犹成竹在胸，意到笔随。的确，"首先要有意，然后才有意之所言"。论文所谓的"意"，应该是文献述评所得之问题意识，同时也指审慎阐发的核心概念、主轴思想。这与前章批评"学位体"之"观念先行""先入为主"，大异其趣，会当有别。

---

[1]〔清〕方苞：《方望溪先生全集》（台北：台湾商务印书馆，1979，《四部丛刊》初编本），《望溪先生文集》，卷二《读史·又书〈货殖传〉后》，页20，总页40。

[2] 陈兴良：《论文写作：一个写作者的讲述》，载《中外法学》2015年第1期，页13～21。

一、拟定论文大纲，必须凭材料、据实证

要做好一件事，就必须有万全的准备。若急就章，敷衍应付，肯定成不了好事。《礼记·中庸》称："凡事豫则立，不豫则废。言前定则不跲，事前定则不困，行前定则不疚，道前定则不穷。"[1] 诸事皆如此，论文写作亦然。钱穆先生之论学，强调论文写作前，须有"成竹在胸"之准备：

> 在撰写论文之前，须提纲挈领，有成竹在胸之准备。一气下笔，自然成章。[2]

钱穆论学，强调上述理念，言简意赅，值得参考。成竹在胸，是苏东坡引述表兄文同绘画墨竹的理论，在拿起画笔画竹子之前，所画竹子的意象，实已选定形成，此即所谓意在笔先、胸有成竹。[3] 唐杜甫题咏画山水，形容这个过程叫惨淡经营[4]，清方苞提倡古文义法，称作"义以为经，而法纬之"，其实可以相通。

拟定写作大纲，其实就是杜甫所说"意匠惨淡经营中"的过程，必须做种种推敲思考。就好像画家在画竹子之前，纵然如宋代名画家文同，已画竹成家，作画之前也必须经营思考。脑袋里面要先有完形而确定的蓝图，图绘竹子之前都已酝酿妥当，所以，拿起画笔才可能一挥而就。同理，虽然还没有动手写论文，但是论文的走向、论点、精华是什么，核心论述、研究亮点有哪些，都早已心知肚明，且已体现于论文大纲之中。虽然还未动笔，但多

---

[1]〔宋〕朱熹：《四书章句集注》（北京：中华书局，2012），其二《中庸章句》，页31。
[2] 余英时：《钱穆与中国文化》（上海：上海远东出版社，1994），《钱宾四先生论学》，页229。
[3]〔宋〕苏轼著，孔凡礼点校：《苏轼文集》（北京：中华书局，1986），卷十一《文与可画筼筜谷偃竹记》，页365～366。
[4]〔清〕仇兆鳌：《杜诗详注》（北京：中华书局，1979、1999），卷十三《丹青引·赠曹将军霸》，页1147～1151。参考张高评：《唐宋题画诗及其流韵》（台北：万卷楼图书公司，2016），第二章《杜甫题画诗与诗学典范》，"以画法为诗法"，页19～20。

已成竹在胸。论文构想一旦成竹在胸，提炼成写作大纲，怡然理顺，自然就容易顺势而为，以意念为导航、为指针，可以迈向茫茫之学海，不必担心迷航或触礁，不难写出论文。

从杜甫、苏轼、文同、方苞、钱穆之说画、谈文、论学，现身说法、金针度人，诀窍已明白提示。对于创作文学、艺术，从事治学、撰写论文，成竹在胸的准备很重要。唯有成竹在胸，才有可能"一气下笔，自然成章"，所谓谋定而后动。否则，任意随兴，将流于杂乱无序。成竹在胸、谋定而后动，《礼记·中庸》中叫作"前定"，所谓"凡事豫则立，不豫则废"。撰写论文，拟定大纲，都可以奉"前定"为座右铭。

自我主体的表现，往往有赖于客观要素的加持，才能功德圆满，成就大业。就像赤壁之战，要火攻曹操，若"万事俱备，只欠东风"，势必也不能成事。巧妇难为无米之炊，大厨难为无肴之馈。采买、洗切、料理、调配，先求步步到位。素材备妥，只待煎、煮、炒、炸。论文写作之准备工夫，贵在万事俱备，历程并无不同。待万事俱备之后，才能草拟论文大纲；大纲调适之后，再来撰写论文。盈科而后进如此，写作才会顺理成章。

其中，研究素材的张罗搜集，是学术研究的先发工程。胡适治学，提倡实证主义，所谓上天下地寻资料，动手动脚找东西，就是期待搜罗完备，论证说服不虞匮乏。语云"巧妇难为无米之炊"，再厉害的五星级餐厅厨师，如果没有丰富食材提供调配，也将煮不出像样的菜肴，何况一般人。武汉大学尚永亮谈治学方法，言及凭材料、据实证的话，十分警醒：

> 所谓实证，就是凭材料、证据说话，就是借实事以求是，通过对材料的搜集、梳理、分析，以探寻历史的真相，发现事物间的内在联系和发展规律。[1]

实事求是，探求真相，发现规律。问君何能尔？凭材料、据实证，自是

---

[1] 尚永亮：《方法与创新——以文学研究为中心》，载《中文论坛》（总第5辑）2017年第1辑。

说服力十足。于是铁案如山，不可移易。研治学术，提交成果，固然凭借材料，讲究实证；追溯原初，拟定写作大纲时，想必亦凭材料、据实证，然后勾勒出章节项目。南朝梁刘勰《文心雕龙·章句》称："篇之彪炳，章无疵也；章之明靡，句无玷也；句之清英，字不妄也。振本而末从，知一而万毕矣。"[1] 此之谓乎！否则，材料短缺，实证薄弱，取信他人将大不易，何况说服、传播与接受？收足材料，备齐证据，自是拟定大纲之入门阶梯。

论文写作有一套严密的流程，不可或缺的准备工夫。不能临时起意，不能急就章，不可能一步到位，必须按部就班。一般的学术报告为什么写不出来？学位论文、职称论文为什么迟迟不提？就是忽略了客观条件的营造和准备。有些人写论文时，地板上、桌子上、床铺上，到处摆了翻一半的书。开始撰写论文时，东看一本、西看一部，来回穿梭，随机取样，徘徊犹豫，六神无主，未有成竹在胸，未作"前定"准备，这样写论文绝对写不好。论文进行写作时，写作大纲应该已经拟定，大纲凭什么拟定？是否从掌握的原典文献归纳起来形成项目？项目归纳起来变成一节，节再变成章？就好像食材都已经到位了，只剩如何料理、调配、烹煮。论文要写得顺、写得快、写得好，也是这样，道理是相通的。

2000～2003年，我当系主任；2004～2007年，任文学院院长。虽然系主任、院长工作忙碌繁重，又逢成功大学执行"五年五百亿计划"，校长盯文学院盯得很紧，我身为院长，尽管分身乏术，但是研讨会仍然参加，论文照样发表。我没有比任何一位文学院老师论文发表量少，怎么做到的？研究文本平常就搜罗齐全，梳理妥当，类聚群分，打印就绪。文本既已掌握，就像冰箱里有丰富的食材，即便是第一次下厨，好好把这些菜排列组合一下，经过煎、煮、炒、炸一番，就可以享受美食。懂得掌握这个诀窍，只要研究文本大多到位了，保证论文一定写得出来，至于好坏是另一回事。总之，不至于交不了卷。也许在忙碌中，写得不是很满意，但学术会议之后可以再修

---

[1] 〔南朝梁〕刘勰著，范文澜注：《文心雕龙注》（北京：人民文学出版社，1958、2014），卷七《章句等三十四》，页570。

订。每次期末要求学生交报告,就好像要同学的命一样,写篇报告有这么难吗?如果能充分掌握征引的研究文本,梳理好参考的学理依据,就好像冰箱里有琳琅满目的食材,就不至于煮不出饭菜。开始撰写论文之前,所有要引用的资料都已经到位;甚至将来撰写论文时要引用几百则材料、几十首诗,都已经就绪。打算参考的近人研究成果、学理依据、研究方法,也已经掌握了,就可以着手研究。准备工夫周全如此,当然论文写作就又快又好,因为已经通盘掌握,《中庸》所谓"事前定,则不困"。的确,为学做事,事先有万全的准备,就可以从容不迫,应付裕如,不但不会遭遇困穷,而且容易成功。

《左传》叙说战争,提示兵法谋略,常常强调"有备无患"。从料敌机先,到谋定而后动,到有备无患,其中有本末先后、轻重缓急,必须整体推敲,通盘考虑,才有较大的胜算。《孙子兵法·计》说:"多算胜,少算不胜,何况无算乎?"如何盘算?发挥系统思维,宏观调控全局,值得撰写学术论文者参考:从拟定大纲,到实际操作,到终底完成,必须善用策略和要领。将帅指挥军队如此,经理人执掌企业如此,工程师规划设计楼房桥梁,中西医师调配方剂,要皆没有例外。领导统御、兵法谋略、规划设计、调配方剂之系统思维,从拟定大纲,到论文撰写,很值得参考借鉴。

二、大纲拟定前的准备工夫

何炳松《历史研究法》谈"编比",提到读书、怀抱、见解、领会,以及材料之去取从违等,与论文大纲拟定之历程相近,足资借镜:

> 读书渐多,怀抱渐变。狭者广之,谬者正之,见解既与凤昔不同,领会亦较先时为敏。取材既博,轻重益明。或详前所略,或异前所同,或重前所轻,或忽前所谨。史材既备,去取既竟,乃作为大纲,为最后之审定焉。[1]

---

[1] 何炳松:《何炳松文集》(北京:商务印书馆,1997),第四卷《历史研究法》,第八章《编比》,页55。

积学储宝，不仅可以益广大、正谬误，见解领会亦与时俱进，较先前灵敏。涉猎既广博，认知又正确，于是对于文献之详略、异同、重轻、忽谨，取舍从违之际，自有其别识心裁。循此治学脉络，以之形成问题意识，以之拟定论文大纲，自然水到渠成，深造有得。

搜罗整理资料，钩稽筛选文献，引用取舍之际，重轻详略之间，问题意识隐然已发挥作用：为引导，为指针。否则，无指向，无目的，将彷徨游移、准的无依。由此可见，问题意识，是拟定写作大纲的指南针，是论文写作的导航器。文献资料搜罗的范围、方向、性质，文献钩稽、筛选、整理之原则、规准、方法，大抵多以问题意识作为取舍与定调。甚至研究素材的类聚群分，研究思路的进程与目标，论文亮点的提出与表现，也都以问题意识作为领导统御的指标，马首是瞻的决策标准。所以说问题意识若已明朗无疑，草拟大纲以及写作论文有此引领指示，掌握方向感，富有目的性，当然就具体可行，不难心想事成了。

知识的海洋，辽阔而渊深，如何从中搜罗到可供论证的素材，筛选出相互发明的珍贵文献？从搜罗到筛选，应该发挥创意思维，不当使用垂直思考、惯性思维。有位硕士研究生，指导教授给的论文题目是"先秦说话术研究"。他很苦恼、很彷徨，因为搜集论文资料，采用垂直思考、惯性思维，直接针对"说话术"寻找材料，结果很不理想，坐困愁城。当时，我建议他，何妨换个角度思考问题：古代既无录音工具，所谓"说话"术，自然无从留传。古人说话，经由文字润饰，书之于简帛，大多变成语录或文章，不妨运用发散思维找材料，另从说服术、文学技巧、文章作法着手，也许可行。一语惊醒梦中人，资料搜罗有了方向，他很快就完成了论文，而且研究成果评价不错。可见，搜罗筛选资料，横向旁出的创意思维，自有触发之功。

有一位博士研究生，指导教授指定研究明人所编之谶纬汇纂，多为前贤论说，未见编著案语，将如何考索编者之谶纬学？此犹唐人选唐诗、宋人选宋诗、宋人选唐诗，编者大多未出案语，将如何研究？北宋阮阅《诗话总龟》、南宋胡仔《苕溪渔隐丛话》、魏庆之《诗人玉屑》，亦有类似之问题。《诗话总龟》胪列北宋诗话、笔记、语录、文集、日记，编者未有案语；《诗人玉屑》亦集南北宋以来诗话笔记之大成，亦未有编者案断；《苕溪渔隐丛话》

除有一百多则"苕溪渔隐曰"为胡仔案语外,其他大多条举诸家之说而已,作者之诗学观念隐而不彰。试问:能否就诗话文本,梳理出阮阅、魏庆之或胡仔之诗学观?当然可行。文学、思想,有述有作,或述而不作,或既述且作,或以述为作,或自出己意而不述。前文所列研究文本,除《苕溪渔隐丛话》有述有作外,其他多以述为作。考察入选文献之笔削、作者之取舍、作品之质量、内容之指向、原典之偏全,与原始文献做比较,和当代同行做对照,如此钩稽梳理文献,问题意识将可以呼之欲出。

钱存训提倡印刷文化史之研究,笔者深以为然,决定探讨宋代雕版印刷的传媒效应。[1] 翻检《宋会要辑稿》《续资治通鉴长编》《宋朝诸臣奏议》《皇宋事实类苑》《建炎以来系年要录》《建炎以来朝野杂记》《宋名臣言行录》《宋史》《全宋文》《全宋诗》,甚至《全宋笔记》《宋代文话全编》及宋人诗话,但见征存的印刷文献,九成多以上多集中载录朝廷对印本之监控、禁毁,藏书志、艺文志亦止叙录版本内容、卷第多少而已。至于印本"易成、难毁、节费、便藏"的传播效应如何,两宋相关文献载录极少。文献不足征,将如何开展议题之研究?不得已,只得运用发散思维、侧向思维,辗转参考15世纪欧洲的约翰·古腾堡(Johannes Gutenberg,1398～1468)发明活字版印刷,如何引发宗教革命、如何促成文艺复兴的效应。活字版印刷术发明之后,无远弗届、无时或已之传播,改变了中古时期欧洲的阅读环境,影响了读者的接受反应,降低书价、普及知识,加速变革,重组文学领域,催生创新文类,形成商品经济,同时征存传播了更多更好的传统典籍。[2] 时代早于约翰·古腾堡四个世纪的东方宋朝,钞(抄)本变为印本,卷轴变为书册,图书复制量大质高,阅读接受不限时空环境,传播迅速,流通便捷,加以朝廷"右文崇儒",科举取士之推波助澜,必然影响文风士习、学术与创作。

---

[1] 钱存训:《中国纸和印刷文化史》(桂林:广西师范大学出版社,2004),第一章《绪论》,页21。参考张高评:《印刷传媒与宋诗特色——兼论图书传播与诗分唐宋》(台北:里仁书局,2008)。

[2] 张高评:《〈诗人玉屑〉与宋代诗学》(台北:新文丰出版公司,2012),第二章《〈诗人玉屑〉之编印与宋代诗学之传播》,"二、活字印刷、雕版印刷:变革之推手",页21～36。

由于东土相关文献不足征，只得借镜西方之印刷术，进行模拟、触发，这又是活用创意思维，搜罗资料，钩稽筛选文献，以丰富研究素材的另一策略。

司马迁著《史记》，鲁迅推为"史家之绝唱，无韵之《离骚》"[1]。其叙事传统、古文义法，影响后世之史传与散文既深且远。司马迁除长于古文叙事外，于西汉亦是辞赋作家，有《士不遇赋》作品传世，堪作《史记》为"无韵之《离骚》"的见证。研究《史记》，司马迁辞赋之专长表现，似乎未得学界应有之关注。梳理《史记》文献，除屈原、贾谊、司马相如列传录存部分辞赋外，若加钩稽梳理，发现《太史公自序》一问一答固然传承自屈原《卜居》《渔父》之设问；至于《滑稽列传》《货殖列传》《张仪列传》《苏秦列传》《乐毅列传》《范雎蔡泽列传》《留侯世家》《淮阴侯列传》诸篇，雄辩滔滔，分层剖析，面面俱到，以及辞令曲终奏雅者，要皆司马迁"以辞赋为文"之运用。基本文献资料既已掌握如此，于是草拟"以赋为文与《史记》之叙事艺术——以《滑稽列传》《货殖列传》《太史公自序》为例"之写作大纲，应非难事。[2] 叙事、讽谕、劝谏、说服、论说，往往为辞赋之运用，不止供"模山范水"而已。"辞赋与古代叙事法"，可作为另一个论文选题。问题意识已明朗，研究思路亦清楚，研究进程有方向、有目的，就可以试作。

苏轼的道教信仰，学界研究向来较少。譬如论文题目拟定"苏东坡的养生要领"，研究是否可行，取决于资料搜集是否齐全，文献筛选是否审慎，文本素材是否丰富，问题意识是否明朗。东坡注重养生，从哪个时期开始？养生的内涵除了草药疗病外，《道藏》养生理论，气功调息，美食补身等，是否亦包含在内？就《苏轼全集》而言，有哪几篇谈及养生？跟阅读《道藏》有关吗？起先动念是为了因应迁谪之瘴疠吗？必须要有文本佐证，提出来的论文大纲、假设命题才能成立。苏轼的文学思想、佛学禅宗、道家道教都有

---

[1] 鲁迅著，顾农讲评：《汉文学史纲要》（南京：凤凰出版社，2009），第十篇《司马相如与司马迁》，页73。

[2] 张高评：《以赋为文与〈史记〉之叙事艺术——以〈滑稽列传〉〈货殖列传〉〈太史公自序〉为例》，中山大学中文系、北京大学中文系主办"第六届中国文体学研讨会"，2019年11月22～24日，页1～13。

人探究，唯兼具儒家思想被视为当然，学界缺少关注。苏轼参加科举考试，前后撰写50余篇策论（包含对策），堪称青年苏轼之儒学理念，亦是从一而终之主体思想。若针对《应诏集》中50余篇策论文章进行钩稽梳理，形成儒学思想与创意美学之研究思路，从而生发问题意识，持续考论湖州、杭州、黄州、密州、惠州、儋州、常州各期之儒学体现。一则呼应青年时期策论之儒学论述，再则检验儒学在佛禅、老庄、道教兼容之下，苏轼如何持续坚持与发想体现。其他，如蜀学之风格特质，亦不妨类及并观。资料文献若掌握充足，则不妨试写，也许可以成事。

能不能把《本草纲目》上的药草，用微纳米进行研究？纳米金（gold nanoparticles，AuNPs）[1]，有许多独特的性质，可应用在医学检测上。近来许多科学家纷纷用纳米科技研究黄金。根据《本草纲目》记载，黄金掺杂在食物里面，会有安心定神的作用，但我们不能够直接吃黄金，要经过一种微纳米的处理，才能服用。学界能不能用纳米技术来处理其他《本草纲目》的问题？应该可以，研究方法值得借镜参考。所以，必须要有佐证、有前验，才能本立而道生。基本文献都掌握了，研究方法已确认可行了，资料佐证没有问题，那论说、诠释、解读，甚至成果获取才会顺理成章。读书思考要能够发现问题，产生问题意识，进而解决问题。这些，都要靠平常的自我成长和敏感度训练。本来，问题意识是从文献佐证萃取提炼出来的；其后，再辗转反馈印证到文本文献上。转相灌输，交互发明，自是论文写作之心路历程。

集腋可以成裘，聚沙可以成塔，文献佐证丰富，犹铁案如山、信据确凿，所谓有本有源、有理有据。朱熹《观书有感》所谓"问渠那得清如许？为有

---

[1] 因为黄金有良好的生物兼容性，而且纳米化的黄金表面具有特殊效应，容易与硫氢基结合，所以纳米金常用于生物医学上的检测、疾病诊断及基因侦测。详参严鸿仁、徐善慧：《纳米科技与生物医学：纳米金与银的妙用》，载《科学发展》（总第431期）2008年11月10日，页28~33。

源头活水来"[1]，源头活水如此充实完满，故本立而道生，可以盈科而后进，容易水到而渠成。

总之，拟定写作大纲前，先完成资料搜罗整理，做好文献钩稽筛选。研究素材已类聚群分，丰富而多元；问题意识已明朗无疑，具体可行。研究思路已指出方向感、目的性。准备工夫如此，论文写作就胜任愉快。

三、论文大纲，必须体现思维亮点

论文写作，是一项触手纷纶的学术工程，必须突出思维的亮点。草拟大纲，犹土木建筑之有设计蓝图，规划设计必须妥善而周到，凸显亮点和特色，这是大纲拟定的要领和策略。论文写作，必须突出思维亮点；而思维亮点，往往安排在论文大纲的章节上。学术论文都分章、节、项、目，都各有标题文字。标题文字，是高度浓缩的叙事，可以设计成思维的亮点。晋陆机《文赋》，提及"一篇之警策"，即是思维的亮点。如：

> 或文繁理富，而意不指适；极无两致，尽不可益。立片言而居要，乃一篇之警策；虽众辞之有条，必待兹而效绩。[2]

很多人不重视标题，自信粗服乱头，仍然不掩国色。不过，稍做打扮修饰，不是更能凸显优雅气质？就算写一篇报告，总得分章分节，何况一部专书。标题文字之制作，当如陆机《文赋》所云："立片言以居要，乃一篇之警策。"李善"注"："以文喻马也。马因警策而益骏，以喻文资片言而益明。"章节标题，就是一篇之警策，所以它必须是思维的亮点，要很醒目、很吸睛，让人眼睛一亮。王汎森关心治学方法，曾说："写论文要能够掌握大概，解

---

[1] 〔宋〕朱熹著，郭齐、尹波点校：《朱熹集》（成都：四川教育出版社，1996），卷二《观书有感二首·其一》，页90。

[2] 〔晋〕陆机著，张少康集释：《文赋集释》（北京：人民文学出版社，2002），页145。

决一个核心的问题。"[1] 所谓"核心的问题",往往就是一篇警策之所在。

论文打算解决什么问题,问题意识应该在章节标题项目中呈现出来。研究的主体概念是什么,章节文字也必须有所体现。再说,论文的诠释系统是什么,用什么方法来解读、说明、诠释、引申发挥,研究的创见心得,务必彰显,变成标题。既然是独到创见、研究心得,当然是前所未有,开后无穷。指导教授以及相关领域的行家惊鸿一瞥,也都赞不绝口,这就是吸睛的地方。既然是创见,篇章论证所占篇幅一定不小,行家可能不及细看;高度浓缩之后,成为章节的标题,就很容易一目了然。"标题,是高度浓缩的叙事"[2]。叙事学者如是说,很有几分道理。

每一章的标题,最好在十个字左右。一般来说,用两句表达比较恰当。有些人喜欢咬文嚼字,将标题文字修饰得很匀称,就像撰写骈文或对联一般,这样削足适履,没有必要。标题设计,以能够精确无误、表情达意为第一考虑。句式齐当不齐当、辞藻漂亮不漂亮,倒在其次。当写完一章二三万字,从头到尾读一遍,脑海里会浮现精彩的创见、得意的重点,这就是文章的核心关键。读过数遍之后,就进行高度归纳,成为一两个关键词。把关键词记下之后,再去造句、组装、连缀,这样比较实事求是。如果懒得阅读,但凭直觉猜想,重要概念可能会漏失不见,岂不可惜?只要专注阅读数过,就容易归纳出最大公约数,这就是章节标题的文字。行家一看,既能够纲举目张,又能够望文生义,更有思维亮点,富于指引作用。论文中要谈什么观念,不要让读者猜测。猜谜语通常猜不准,何况学术论文,怎么可能猜对?猜错了,不但枉费一片苦心,也对作者不利。何况,读者发现所写内容跟标题不合时,将会质疑作者表达能力有问题,这些都是要尽量避免的。

总之,问题意识是论文写作的指南针,主体概念是万山磅礴必有的主峰,诠释系统使论证圆融无碍,创见心得使成果精彩生色,都将是未来论文写作

---

[1] 王汎森:《研究学问的一些心得、反省》,本文引自微信公众号"近现代史研究信息"2019 年 10 月 5 日推文。

[2] 傅修延:《中国叙事学》(北京:北京大学出版社,2015),第七章,"三、孟姜女哭长城",页 178。

中的焦点、关键和强项。因此，论文完成后，皆当于大纲目次中有所呈现。拟定大纲时，只能有个隐约的雏形，预存一个模糊的身影。待论文正式完成，回环往复，再进行提炼、萃取、加工、体现。来回数番，不难成事。由此观之，清方苞说"义法"，所谓"义以为经，而法纬之"，堪称草拟大纲、写作论文的指南。

方苞论古文义法，所谓"义以为经，而法纬之"。义，就是概念，就是创发、卓识，就是问题意识、主体概念、诠释系统、独到心得。"义以为经"的"经"，《说文解字》说是"织纵丝"。段玉裁解释说：一匹布的组织，有经有纬，经是纵丝，纬是横丝。织布时，先织经线，然后再织纬线。所以经是开头，是主导，是坐标。方苞说"义以为经"，借用为论文大纲的拟定，就是强调主体意识、思维亮点等独到创获，当作大纲拟定之指南，论文写作念兹在兹的开始。或作先发，或为首务，或当坐标，时时处处引领论文写作的方向和目的。其他各章各节的阐说论证，都是根据这个理念来开展的。

古文义法所谓"义以为经，而法纬之"，追本溯源，是从《春秋》书法借镜转化过来的。方苞研究《春秋》学，有《春秋通论》《春秋直解》等著作，特别着重笔削去取、属辞比事诸书法。[1] 孔子作《春秋》，都不说破，往往言外有义；后人研治《春秋》，主要在探讨孔子借《春秋》表达了什么微辞隐义。《礼记·经解》所谓"属辞比事，《春秋》教"，即是解读破译《春秋》书法的金锁匙。孔子《春秋》的旨义既不道破，后人诠释《春秋》，常用三种方法：其一，排比史事，前后相形，可以推寻《春秋》之义。其二，连属辞文，考察修辞，可以求得《春秋》旨义。其三，原始要终，张本继末，通全书而观之，可以明了《春秋》之微辞隐义。换言之，比其事，属其辞，终始本末之叙事，为"如何书"之"法"；孔子微言大义之指向，为"何以书"之"义"。前者形而下，后者形而上，朱熹说："《春秋》以形而下者，说

---

[1] 参考张高评：《比事属辞与古文义法——方苞"经术兼文章"考论》（台北：新文丰出版公司，2016），第三、四、五、六、七、八章，页75～441。

上那形而上者去。"[1]换言之，即是以属辞与比事形而下之"法"，解说那"丘窃取之"形而上之"义"。

《春秋》透过比事与属辞以求索旨义，犹《易》即器以求道，绘画借形以传神，都是因"形而下，说上那形而上"。孔子作《春秋》如此，左丘明著《左传》、司马迁成《史记》，要亦如此。推而广之，一切史传、叙事、小说、戏曲，亦不例外。反观论文写作之心路历程，时时处处通过形而下之"言"，以表述形而上之"意"，即上文所谓问题意识、主体概念、诠释系统、独到心得。举凡一切思维亮点，未尝不是"形而上"的旨义？如何完善而成功体现这些思维亮点，当然要仰赖大纲的拟定、文献的运用、论题的开展、议题的写作、章节的推敲，以及技术的讲究。林林总总，论文撰写的历程，所进行的几乎都是"形而下"的方法。因此，方苞说义法，所谓"义以为经，而法纬之"，值得作为撰写论文的金玉良言。

《礼记·大学》有言："物有本末，事有终始。知所先后，则近道矣。"从问题意识的形成，到文献的搜罗梳理，到论文大纲的拟定，到论文写作的历程，都得分清本末、明白终始。孰先孰后，事关成败，不可紊乱失序。方苞说义法，除揭示"义以为经，而法纬之"外，更标榜"言有物""言有序"。凡此，皆可作大纲拟定、论文写作的参考和指南。

要而言之，举凡问题意识、主体概念、诠释系统、创见心得，一切思维亮点，皆当于大纲中具体呈现。易言之，研究者之创发与卓识，都应当"杂然赋流形"于大纲之中。

四、问题意识明晰，推助大纲拟定、论文撰写

学术研究的可贵，在于发现问题，进而解决问题。这是研究的神圣使命，更是学术的无上价值。论文写作，正是完成使命、展现价值的美好印记。从

---

[1] 〔宋〕黎靖德编，王星贤点校：《朱子语类》（北京：中华书局，1986），卷六十七《〈易〉三·纲领下》，页1673。

发现问题,到利用方法,到解决问题,构成一连串的知性探索之旅。如何因应？有何对策？古人的宝贵经验值得借镜。汉董仲舒（前179～前104）著有《春秋繁露》一书,谈说《春秋》旨义,有所谓"十指",前三指对于论文写作,颇有启发：

  举事变,见有重焉,一指也。见事变之所至者,一指也。因其所以至者而治之,一指也。[1]

  学术的探索之旅,大抵是这样的：首先,发现重大的问题,这需要"见有重焉"的学术敏感度。其次,厘清问题的真相,追索问题的发展和结果,可从"见所至"而建构问题意识。最后,"因其所以至者而治之",是实事求是,顺藤摸瓜,找对方法来解决问题。董仲舒所提三指,作为《春秋》诠释之方法,堪称具体可行。今借用转移为论文写作之方法,亦顺理成章。尤其运用在大纲拟定与问题意识共存共荣、贯彻始终方面。
  清金圣叹（1608～1661）批《西厢》,评《水浒》,不忘揭示读书之方法。往往三言两语,启益良多。如提示《水浒传》读法,有所谓"缘故"说,其言曰：

  看来作文,全要胸中先有缘故。若有缘故时,便随手所触,都成妙笔；若无缘故时,直是无动手处。便作得来,也是嚼蜡。[2]

  就论文写作而言,所谓"先有缘故",指先有问题意识、核心概念、关键主轴,行文才能聚焦,章节方有脉络,始能"外文绮交,内义脉注"。反之,"若无缘故",则如浮花浪蕊,准的无依,甚至无病呻吟,味同嚼蜡。所以,金圣叹说："看来作文,全要胸中先有缘故。"施耐庵撰写《水浒传》如此,

---

[1] 〔汉〕董仲舒著,〔清〕苏舆注：《春秋繁露义证》（台北：河洛图书出版公司,1975）,卷五《十指第十二》,页9,总页101。

[2] 〔清〕金圣叹著,陆林辑校整理：《金圣叹全集》（南京：凤凰出版社,2008）,第三册《第五才子书施耐庵〈水浒传〉》,《读第五才子书（〈水浒传〉）法》,页32。

吾人写作论文，亦不例外。

古往今来，能成大功、立大业者，大多能独具慧眼，具有过人的胆识。独具只眼，从积学储宝、荟萃诸家，到辨章学术、考镜源流，所谓别生眼目，孤怀特识。胡适之提倡"大胆假设，小心求证"，刘知幾、章学诚先后强调史识，指为史家三长或四长之一。学术论文为文章学之一，会通文史哲而取其优长，实为作者之能事。

由此看来，大纲拟定的同时，已提炼研究之问题意识。有了明确之问题意识，加上取舍丰富之文献佐证，于是铁案如山，信度高、说服力足。同时，独具只眼创见之生发，能言敢言之胸中胆识体现。若无问题意识为指南、为坐标，亦将如浮光掠影、一鳞半爪，由于无法聚焦，将不成系统。

总之，有明晰的问题意识，拟定大纲、写作论文方能独具只眼，胸生胆识。于是可以评骘诸家，臧否前贤。否则，随世俯仰，为人驱役，论文难有价值。

第五章　论文写作之规划与商榷

丁肇中博士（1936～），1976年诺贝尔物理学奖得主。曾说："基本的知识，是别人给的。要学会推开书本，向前走！"老师所传授，论文专著所揭示，都是"基本的知识"。想要"推开书本，向前走"，舍学术研究、论文发表之外，似乎没有其他快捷方式。

朱熹《鹅湖寺和陆子寿》："旧学商量加邃密，新知培养转深沉。"[1] 论文写作的规划，固然以"新知培养"为优先，然诠释解读、论证辨疑，却往往以"旧学商量"为触发、作商榷。十分期待学术研究，能够因"旧学商量"而"加邃密"，缘"新知培养"而"转深沉"。

草拟大纲，好比航道规划、路径指引。未下笔之前，大纲只是学术研究的大方向，必须反复论证，持续推敲。一旦发现偏差出入，有待商榷，就当毅然决然修正与调整。阐说如下：

一、治学功夫与论文写作

博学、审问、慎思、明辨、笃行，《中庸》提示为学五大功夫，可作草拟大纲、撰写论文的准则和门径。

专心投入，用心思考，是研习知识、写作论文的必要态度，关系研习成效、写作的优劣。孔子曾言："学而不思则罔，思而不学则殆。"所以学与思必须相辅相成，兼顾并重。《礼记·中庸》曾提示为学之功夫，为"博学之、审问之、慎思之、明辨之、笃行之"，朱熹于《白鹿洞书院学规》加以凸显

---

[1]〔宋〕朱熹著，郭齐、尹波点校：《朱熹集》（成都：四川教育出版社，1996），卷四《鹅湖寺和陆子寿》，页185。

呼应，《四书集注》《朱子语类》中亦多所阐释发明，堪称研习知识之指针、读书治学之金针，可以度己度人，作为奉行的纲领与津筏。今借用《中庸》所提示，经转化应用，联结到草拟大纲和论文撰写上，亦怡然理顺，堪作遵行的准则和循序渐进的指南。

  为什么要撰写论文？就研习知识来说，是为了发表成果，分享心得。心得识见如灵光乍现，若未经条理化表述，未经系统化钩稽，未经逻辑化提出，将只是片羽吉光、一鳞半爪，存留于内心深处而已。论文发表，与学界交流切磋，于是学养的深浅广狭、思辨的正误高下，可以展露无遗。为了发表成果，提供学界检验，于是学、问、思、辨四者，作为论文写作之心路历程，遂成为茫茫学海中的导航与津筏。学识追求是否广博，疑问推敲是否详审，思维判断是否谨慎，辨析疑似是否明确，就论文写作的心路历程而言，可谓随时检验，荣辱与共。从文献述评，到生发问题意识，中经选择研究方法，到提出理想选择，固然离不开学、问、思、辨的功夫；接续的研究历程，如拟定写作大纲，撰写学术论文，方方面面，无一不需博学、审问、慎思、明辨之实事求是之功夫。作为指南与津筏，谁曰不宜？

  学已博矣，问已审矣，思既慎，辨亦明，治学功夫如此，是所谓深造有得，容易斐然成章。孔门勉励弟子敏于言而笃于行，于是发而为文，知行合一，学用兼顾，是所提倡。就学养深厚、深造有得之学者而言，成果发表、心得分享，不仅自然而然，而且有"箭在弦上，不得不发"之兴致。一般研究生撰写论文，虽然大多有所为而为，但也是"不得不发"。境界高下有别，而学、问、思、辨的功夫，切实身体力行的表现，初学入门或老学宿儒并无不同。而且古代、今日、东土、西方，也是殊途而同归、百虑而一致的。因此，致力于学、问、思、辨的沉潜积渐功夫，体现在笃实力行的草拟大纲，在论文撰写方面，是值得提倡与推广的。

  文献资料若未尝研读，支撑论点的有几条佐证？如果都没能把握，因陋就简，是绝对不能撰成论文的。所以，要从资料文献出发，诠释解读文献，方能提供有力佐证。动笔写作之前，要进行全方位之构思，这就要回归到论文主题上。论文主题，非无的放矢、凭空想象的。观念先行，产生不了研究主题的。是已经掌握了 20 条、50 条文献资料，或是看了一部或数本书，从中提炼、审慎归纳出来的。譬如翻读宋人文集，发现宋人"好和作《归去来辞》"，苏轼、苏辙兄弟外，如秦观、晁补之、陈瓘、释惠洪、李纲、汪大猷、曹勋、胡铨、杨万里、王十朋、王质、喻良能、柴望、家铉翁、陈普、陈仁子，都先后投入"和作"，多达数十篇。上述文献既已确实掌握，才可以进一步选择：要研究"和陶与传播接受"，还是"唱和与模拟创造"？主题值不值得探讨，要看学术研究的主题，学界同行探讨的虚实和短长。

如果人家都研究过了，有结论、有定论了，甚至变成一般常识了，那就不必再费笔墨。所以，正式写作研究前的文献筛选功夫，对于研究成果的评估、叙述、回顾十分重要。研究主题是资料提炼出来，进行思考推敲，从资料中来，又反馈到资料中去，这样周而复始地反复推敲思考，然后从资料中提炼出一个核心论旨，作为论文写作的泰山北斗。可见，核心论旨作为论文的坐标，不是凭空杜撰、无中生有的，是以文献资料为佐证，进行提炼、萃取出来的。从资料提炼出核心论旨，将来写作时再反馈到资料本身去，交相辉映，论点佐证就不会落空，也不至于薄弱，就不会陷入说服力不足的窘境。论点既经提炼萃取，就可以当作核心论旨、全文主干、中心思想，于是举证论说有了基准、确定了坐标。无论以发散思维作辐射申说，或采收敛思维作为辐辏聚焦，就会有本有源、有理有据。朱熹《观书有感》称："问渠那得清如许？为有源头活水来。"文献资料，是学术研究的础石。从资料文献提炼核心论旨，有本有源，充沛可靠而又不虞匮乏。写作论文如此，就不至断流绝港、陷入困穷。

蜂采百花而成蜂蜜，蚕食桑叶而成蚕丝，人酿五谷百果而成美酒，都是提炼萃取精华而成大用。阿拉斯加、加纳淘金客筛选了成百上千吨的沙石，可能只得数两黄金；破铜烂铁堆积如山，也可能冶炼不出 10 斤精钢。由此可见，萃取、淘洗、冶炼的功夫，或万中取一，或百中取一，过程繁忙辛苦，而代价却是可贵而美好的。下笔之前，经由深思熟虑提炼出的核心论旨、全文主干，形成了论文的主结构、思维的大亮点。它的原始素材，也都像花卉、谷果、沙石、烂铁一般，杂然赋形，精粗交糅，璞玉无分。待问题意识确立，核心论旨形成，据此指引以搜罗资料、筛选文献，于是经过淘洗、剥除、刻抉、挑择，精益求精、萃取精华，文献取用遂有如蜂酿蜜、桑成丝、米成酒、沙成金，或百取其一，或十取其一。文献素材经由汰滓存精、提炼萃取，转相反馈挹注，自然成为论文之核心或骨干。

二、核心论旨与论文大纲

叶燮（1627～1703），为清代乾嘉间宗宋派的诗论家，著有《原诗》内外篇四卷。其书虽论诗学，然诗学原理有与论文写作相通相融处。其中提及著作自命、独具只眼云云，不妨转化为论文写作时，凸显核心论旨之参考。叶燮云：

> 夫人以著作自命，将进退古人，次第前哲，必具有只眼而后泰然有自居之地。倘议论是非聋瞽于中心，而随世人之影响而附会之，终日以其言语笔墨为人使令驱役，不亦愚乎？[1]

有只眼独具的眼光，方能烛照幽微，辨章学术，见人所未尝见，进而言人之所不能言。就论文写作而言，问题意识明晰，方能凸出问题、把握问题、响应问题、解决问题。胸中有识，犹《大学》所谓"知止而后有定"，而后能定、静、安、虑、得。于是面对疑难，可以从容不迫，沉着稳定。因为"吾心有主，可以应天地万物之变"。大纲拟定、论文写作既有主脑，自然可作权衡之准则，轩轾之据依，故持此可以"进退古人，次第前哲"。这"泰然有自居之地"者，就是讨论问题时的独具只眼，是一篇论文富有创见与心得的起点。叶燮又云：

> 且夫胸中无识之人，即终日勤于学，而亦无益，俗谚谓为"两脚书橱"。记诵日多，多益为累。及伸纸落笔时，胸如乱丝，头绪既纷，无从割择。

---

[1] 〔清〕叶燮著，蒋寅笺注：《原诗笺注》（上海：上海古籍出版社，2014），《内篇下》，页159。

中且馁而胆愈怯，欲言而不能言，或能言而不敢言，矜持于铢两尺矱之中，既恐不合于古人，又恐贻讥于今人。[1]

只眼独具眼光之发用，促成言人所不能言；有识见、有胆量，体现为勇于突破，能言人所不敢言。慧眼与胆识，大抵与问题意识相生相发，体用不二。大纲拟定与论文写作假如缺乏问题意识，或问题指向暧昧不明，就贸然下笔行文，将有两大缺失：其一，茫然无知，人云亦云。"议论是非聋瞽于中心，而随世人之影响而附会之"，诚如叶燮《原诗》所云。其二，心乱绪纷，无所适从。叶燮《原诗》所谓："伸纸落笔时，胸如乱丝，头绪既纷，无从割择。中且馁而胆愈怯，欲言而不能言，或能言而不敢言。"无论随俗附会，为人奴仆，或心绪纷乱，定夺无方，总缘胸中无识，故左支右绌，手忙脚乱。此本论诗，大可通于大纲拟定及论文写作之参酌。

何炳松著《历史研究法》，以为"学者之责，以学为先；而研究之功，重在贡献"。尤其现身说法，特提"学问之道，纲领为先"。其观点卓识，亦可供论文写作之借镜。如：

> 著作特点，贵能贯通。……不特当研究之际，须将题目在胸；即至著作之时，亦应毋忘纲要。学问之道，纲领为先。研究进程，此为关键。若书无纲领，则纵有心裁别识，亦将如用武无地之英雄。[2]

论文写作是一项触手纷纶的学术工程。从积学储宝到辨章学术，从深造有得到著书立说，时时处处都讲究贯通。而贯通之道，即是"题目在胸""毋忘纲要"二语。题目、纲要、纲领，三者异名同实，都指核心论旨，即中心思想、问题意识。有了核心论旨，无论临笔写作，或解读诠释，已然成竹在胸，才能顺水推舟，胜任愉快。诚如何炳松所言："若书无纲领，则纵有

---

[1] 〔清〕叶燮著，蒋寅笺注：《原诗笺注》（上海：上海古籍出版社，2014），《内篇下》，页165。
[2] 何炳松：《何炳松文集》（北京：商务印书馆，1997），第四卷《历史研究法》，第九章《著作》，页64～65。

心裁别识，亦将如用武无地之英雄。"故曰："学问之道，纲领为先。"核心论旨之谓也。

所谓核心论旨，是论著的精华和重点，全文的灵魂和骨干。从文献资料中提炼出来，再反馈到论文的构思和章节的设计上。复旦大学李剑鸣说：

> 动笔写作之前，通常要就"构思"下一番功夫。围绕论文的主体，进行全方位的思考：从资料中提炼出一个核心论旨，作为全文的主干，进而形成大致的结构安排。拽住了核心论旨的提炼，就抓住了构思的关键。[1]

积学以储宝，审问以求真，是治学的基本功夫。慎思，统合博学与审问而斟酌商榷之，探索学问再深一层。语所谓"意在笔先"，苏轼所云"胸有成竹"，都是经由审慎态度得出的理念和构思。这理念和构思，最初表现在大纲的草拟上，之后必然落实到论文的写作上。李剑鸣谈论文写作问题，关注构思功夫，所云"论文主体""核心论旨""全文主干"，就是笔者所说的"思维亮点"。是从原典文献提炼出来的精华，从问题意识梳理出来的纲领。

这些精华和纲领，未来皆将交织互见于论文的骨架结构之中，而血肉脉络更时时有所体现。所谓"拽住了核心论旨的提炼，就抓住了构思的关键"。杜甫（712～770）诗"挽弓当挽强，擒贼先擒王"，可作绝妙诠释。语云："万山磅礴必有主峰，龙衮九章但挈一领。"核心关键就是主峰纲领，论文构思掌握了主峰纲领，其他章节项目之推阐论证，都将会顺理成章，水到渠成。《孟子》云："先立其大者，则小者不能夺也！"核心论旨的掌握，可谓"先立其大者"。

三、假设指向与大纲拟定

所谓大纲，最初多出于假设指向，可能缘于直观率意。能否成立，但看

---

[1] 李剑鸣：《历史学家的修养和技艺》（上海：三联书店，2007），第十二章《写作与表述·成文的步骤》，页419。

文献佐证之充足与否。切忌先入为主、观念先行、武断绝对、自以为是。如果观念先行，以文献为附庸，那么，先掌握之概念将排挤异类，从而对新概念表现出傲慢与偏见。

凡成为学者专家，多已走过孤独、寂寞、辛苦、漫长的学术旅程，自然储备深厚的学养经验。所以，可以从这些经验学养出发，作为基础，进行大纲拟定。到了学者的境界，大概掌握六七成素材，就可以着手研究、推估、论证，成果多比较能够成立。假如还是研究生，学养经验还不是很丰富，研究方法操作还不是很纯熟，其他主观条件和客观因缘，都还有待加强，建议不要凭直观任意、惯性反应去拟定大纲。因为，这个大纲无异于捕风捉影，通常是不能成立的。大纲看起来四平八稳，非常漂亮，但是经不起文献的推敲、佐证的检验，是无法说服人的。浮沙建塔，空中楼阁，找不到确实证据去印证它，大纲写得再漂亮，也无济于事。

大纲之拟定，若出于凭空想象、向壁虚造，假设命题就无法成立。或者观念先行、先入为主而锁定其一，排除其余，不待研究而已知结论，等于不劳论证，立马确认假设之真确。其实，写作大纲，最初只是论文命题的假设，由于还没有开始撰写，充其量只是论文写作方向的一种大胆假设罢了。大纲能否成立？大纲要不要修改调整？选题会不会大而无当？会不会太小而捉襟见肘？上述问题，需看大纲拟定之前，是否已充分掌握研究素材，是否已通读二手资料，评估研究可行性。总之，要看有没有述评研究成果，有无丰富的文献佐证。简言之，不管大师还是初学，大纲能不能成立，纯粹以证据说话，就可佐证断定。

凭材料、据实证，是人文学研究的通则。治学态度如此，拟定论文写作大纲，当然必须恪守，所谓"结论，从文献中来"！千万不要随兴任意，凭直觉、靠主观拟定大纲。更不可罔顾证据浅薄，无视文献短缺，却仍然旁若无人、目不斜视地武断前进，空无依傍地拟定大纲。闭门造车如此，当然出不合辙。问题意识的产生，是基于丰富多元的文献素材，再经主观的评估优劣，断定可否。一经确定，然后可以成为学海之指针。由此观之，问题意识，与一厢情愿的信念、先入为主的成见、随兴任意的动念，生成方式不同，学术效用更有天壤之别。

《金刚经》有段话很有启示性，对于大纲拟定、写作论文多有触发之功："不应住色生心，不应住声、香、味、触法生心，应无所住而生其心。"《金刚经》要我们放下执着，一切随缘自在。每一个人都有先验定见，生命历程愈长久，学术历练愈丰富，执着坚持就相对愈强烈而明显。这种坚持，一半来自学养，一半由于经验，学者专家的自信往往如此。于是学养、经验形成自信，自信表现为惯性思维。对于新议题，往往陷入专业联想的障碍，判断失准而不自觉。是其所是，而非其所非，往往而有。

王夔院士《我的科学思维观》中提醒我们："先掌握的概念，会排挤异类，从而使人们对新概念表现出傲慢与偏见。"[1]要避免先入为主产生的谬误，《金刚经》所提"住色生心"，是对知识的自信自满，因而产生的傲慢与偏见。那么，进阶入门研究生的先入为主，显然是另一个层次：也许无知不学，以致捕风捉影；也许师心自用自专，流于穿凿附会。要之，远离文献素材而奢谈研究，于是不得不向壁虚造，结果也不得不穿凿附会，是其所同。其实，先入为主，是常人通病，入主则出奴，往往认定其一，排除其余。专家学者固然不能有此病，初学入门的研究生也应该引以为戒，见不贤而内自省。"答案不只一个，请思考！"[2]日本著名经济、管理学者大前研一《创新者的思考》中所提，就是《金刚经》所谓"应无所住而生其心"，两者都值得参考。

由此可见，论文大纲只是当下之认知领会，以之形成的假设指向，常因佐证材料的多寡而有所增删改易。因此，切忌先入为主，不可刻舟求剑，不能执着迁就，不必一往情深。否则，犹如先射箭后画靶，流于形式，毫无意义可言。

在撰写论文之前，不管准备多久，毕竟还没开始撰写。虽然还没正式撰写论文，但必须规划研究方向。就好像打算去台北，先要规划走高速公路，

---

[1] 王夔：《我的科学思维观》，见卢嘉锡等主编：《院士思维·中国科学院院士卷》（合肥：安徽教育出版社，2003），卷一，页142。

[2] ［日］大前研一著，谢育容译：《创新者的思考》（台北：商周出版社，2006），第二章《答案不只一个，请思考》，页79～121。

还是坐高铁或巴士，在还没有付诸行动之前，就要进行妥善规划。当下的认知和领会，也许这样比较好，但是不是最好，就得进行规划、检验、评估。既然是当下的判定，那充其量只是一种可能，只是一种设定的方向，千万不要执着错认，以为定则定矣，不想改变。根据这样的认知领会，形成这样的假设指向，研究方向是什么，研究重点是什么，要探讨哪些领域，要研究哪些概念，都是当下的假设。在广泛接触文献，摸清状况之后，预先之假设想象将接受现实检验，若发现行不通，观点不能成立，自己就得推翻假设，不能知错不改，一意孤行，这过程叫作小心求证。常常因为材料的佐证不足，我们会删掉或者改变大纲，甚至放弃既定的论文选题。

如果写作大纲的标题拟订得太大，大到资料无法佐助印证，那就有两个选择：第一，修改题目，把标题的涵盖面缩小些，这最简单易行。修改题目，呼应已经掌握的文献材料，以便能够跟文献佐证相得益彰。第二，标题不改，扩大文献佐证质量。打算探索这么大的范围，但光凭三四十条的资料是不够的。何况，还没开始写论文，这些资料未必都可靠可用，都可以拿来做印证。也许误判了，也许看走眼了，到时候这三四十条征引文献，剩下不到二十则，能够写成一章吗？显然有问题。就算要写成一章，也要扩大资料搜索的范围，可以挑精拣肥，使之文献足征。如果面对最坏的结果，本章文献不足征，那就不妨宣告作废。至于相关文献资料，可以合并到其他章节中，也是一种权宜救济的方法。

所以，拟定写作大纲，当如相体裁衣，量身定做。首先，"结论，从文献中来"，回归原典文献，提炼萃取学术信息，类聚群分精华要义，作为建置大纲架构之利基。草拟之历程，必须与时俱进，就像修身养性一般，"过则无惮改"。千万不要先入为主，不可刻舟求剑，不应穿凿附会，不能执着迁就，不必一往情深。大纲之拟定，大抵实事求是，要看资料佐证，要看证据说话，切忌私心自用，不宜自由心证。

其次，谈二手资料的取舍利用。已经读了一本 A 书，知道大概，再去翻一本 B 书。当发现 B 的观点和 A 不一样时，就会主动调整原来的认知，将 A 得来的心得概念，和 B 的新知互相论证。如果再读更多书，甚至听了一场演讲、上了一学期的课，都有可能因旧闻和新知碰撞，而让旧经验翻转变异。一般而言，经过比较综合，就会知道哪一个说法比较精确。不要只看一两本书，或单看一两篇论文，就以为已经可以开始研究了。常言道：不要听一面之词，这叫作偏听。如果只看一本书，就会觉得讲得真好，简直是真理，这叫作偏看、片面之词。继续看第二、第三本书，将会发现和第一本所说不一样。谁对谁错，不好分别。没关系，再继续看第四本、第五本、第六本，看多以后，精粗美恶了然于胸，就可以投入论文写作了。

哪一本书详尽，哪一本书可信，优劣得失经由比较，心知肚明，自然生发自我裁判的能力。书看得愈来愈多，思考愈来愈广博深入，见解就会越来越精湛高明。何炳松《历史研究法·编比》，所谓"随翻他籍，随改旧闻"（详下），此一原则值得信守。若能够看遍海内外的研究成果，充分掌握相关的学术信息，反复推证，不厌其详，知晓其短长虚实，搜罗资料赅备无遗，方可以投入某个课题的开发或研究。

四、写作大纲必须反复推证，与时俱进

何炳松《历史研究法》之《编比》章谈比事属辞之道。现身说法，论述史事编比，"本可当着手之际，立即进行"。学术论文写作，与历史编纂之学相近相通[1]，今借镜作为写作大纲之拟定、学术论文之写作，亦怡然理顺，相悦以解。何炳松云：

> 既读一书，略知梗概，随翻他籍，随改旧闻。必使旧闻随新证而改观，史事得新见而愈确。反复推证，不厌其详。必搜罗史料，先能赅备无遗，然后笔之于书，方可永垂不朽。[2]

---

[1] 参考本书外篇第二章《〈春秋〉笔削书法、历史编纂与叙事传统》。
[2] 何炳松：《何炳松文集》（北京：商务印书馆，1997），第四卷《历史研究法》，第八章《编比》，页53。

有刺激就会有反应，所以古人说"开卷有益"，即是就接受反应来说的。为了避免孤陋寡闻，就要广博涉猎，多方阅读。有阅读就会引起触发激荡，反思检点。旧闻新知一经折冲，于是就可能"随改旧闻"，论说因而"随新证而改观"，甚至"得新见而愈确"。若拟定大纲、论文写作，能够反复推证，与时俱进如此，于是笔之于书，不敢说一定就"永垂不朽"，起码四平八稳，瑕疵不多。话说回来，要有如此卓荦的成果，必然是建立在"搜罗史料，先能赅备无遗"的厚实基础上。文献赅备，有本有源，本立而道生，大纲据此拟定，论文写作自然顺理成章。

所谓"随翻他籍，随改旧闻"，历史编纂学如此提倡，管理学院教授亦主张持续不断查阅文献，调整研究方向。成功大学前校长高强博士说：

> 一项研究，必须持续不断地进行文献查阅之工作。遇到新的文献出现，所载内容和目前所进行者类似，就必须调整研究方向。

高强校长所谓"内容类似"，所谓"调整研究方向"，含义所指大概有三：其一是研究文献基本相似，必须放弃原题，另起炉灶；其二是研究方法相当；其三是研究视角接近。皆所谓英雄所见略同，可以调整研究方法，修正研究角度来因应。文献素材，是一切研究的根基，掌握的根基相似，结论很难有不同。新文献既已发表在先，如果仍然坚持不放弃，即有剽窃因袭之嫌疑。运用不同的方法，转换殊异的视角，就会获得独特而崭新的研究成果，故文献查阅工作宜持续不断。一旦遇到新文献出现，就得当机立断，进行恰如其分的响应，审慎评估调整研究之方向。

所谓"一项研究必须持续不断地进行文献查阅之工作"，这句话堪做检验写作大纲之试金石，任何学院都不例外。文学院的论文，常常犯一个毛病，好像我是盘古开天以来第一个研究这论题的人。在第一章绪论，理应针对同行、海内外学者相关的研究成果做个述评，而知其得失优劣，以便作借镜取舍。也许你天分高，也许你态度认真，但若不关心别人研究些什么、获得哪些结论、提出哪些创见、凸显哪些心得，那写出来的成果会不会英雄所见略同？当然有可能！中南民族大学王兆鹏教授攻读博士班的时候，曾进行一项实验：他非常喜爱李清照的词，心有所得，打算撰写论文。1989年以前的中国学者，包括指导教授唐圭璋所发表过的李清照论著，他都故意不看，而写了四篇关于李清照词研究的论文。他越写越得意，觉得已完成旷世之杰作。放在抽屉里面，暂时不去投稿。回过头来，再反向去读别人的专著，看别人的论文。结果非常沮丧，他赫然发现：自认为创见、发明、心得、独到的见解，人家老早说过了、发表了。如果你还去投稿，学界会有两种看法：第一，你抄袭别人的著作，剽窃别人观点，不注明出处。即使澄清自己是独立研究，也不会有人相信。第二，如果相信你的人格，没有剽窃，那也难逃学术研究孤陋寡闻的指控。做学问能够独学无友、孤陋寡闻吗？这两罪必有一罚。王兆鹏教授的亲身经历告诉我们，做研究之前，一定要进行文献查阅、述评的工作。

史蒂夫·乔布斯有一句经典名言，谈到有关创意。他说："创意有两个关键词，借用与联结。"创意的先决条件，是必须"先知道别人做了什么"。已经知道别人做了些什么，了解其中的利弊得失、优劣高下，才能够去借用参考。《礼记·学记》称："学，然后知不足。"知不足，然后能自反；能自反，然后能增益其所不能，才能借用他人的观点、优点、长处、心得，联结到我们的研究上来。如果一无所知，就无法借用联结，就难有触发、创造、发明。高强校长所提到的，各个院系都一样的："遇到新的文献出现，所载内容和目前所进行者类似，就必须调整研究方向。"其中提示，犹如暮鼓晨钟，发人深省。

论文大纲的拟定，必须与时俱进。所谓与时俱进，即何炳松所云"旧闻随新证而改观"，高强校长所谓随时"调整研究方向"。大纲拟定与论文撰写，可谓虚实相生，共始共终。在搜集资料时，就阅读所得，拟定几个关键词，再将关键词萃取缀合，就可成为整体概念。等到正式撰写时，有可能跟阅读思考时观点不一样，就该随时调整、更动。甚至在论文完成以后，进行整体观照，把全书全文论点审慎推敲，就会发现题目是不是定得太大或太小，或者内容偏向疏离，论述出入没有聚焦主题。将来书稿完成后，章节项目的标题，就是高度浓缩的叙事，就是当下的写作大纲。大纲是与时俱进，可以随时调整的。跟随研究情况，适度修饰调整。尤其警策的亮点，应随时加入写作大纲。

假设发现最近所想比较正确，比较详尽，比较有创意，比较有卖点，甚至是很好的亮点，那为什么不翻转昨天的设定呢？前日的大纲写成那样，最近书看多了，想得更深入了，何妨就推翻前面的意见，来支撑今天的主张。《金刚经》有一句话"因无所住而生其心"，可以当作拟定写作大纲的共同原则。文字浓缩，就是"无住生心"。住，就是坚持己见，无住即不要太固执、执着。《论语·子罕》载孔子之言，强调"毋意、毋必、毋固、毋我"，提示不宜臆测、不宜绝对、不宜固执、不宜自我，跟《金刚经》所开示，可以相互发明。因为大纲之拟定，只是阅读思考时某个暂定观念，何必太坚持？既有新的证据发现，就应该从善如流，因应调整，无须坚持不改。如果执着坚持，不就等于刻舟求剑吗？《金刚经》说："若见诸相非相，即见如来！"愿共勉之。

大纲的拟定，几乎是跟论文写作共始共终，共存共荣。甚至撰写完成之后，由于再检验数遍，可以再调整大纲。即便到出书之前，也可以再依写定的最新内容，去调整大纲、修改题目。如果题目文字不理想，就修改题目，务求和内容有绝妙呼应。内容写些什么，必须呈现在标题上。故曰：标题，就是浓缩的叙事。章节写些什么，浓缩起来就是标题文字。内容的宽窄多寡，要跟题目的大小相呼应，有如相体裁衣，这样才合适。万一不合，建议调整论文题目，最是简单不过。

如果题目与内容有所出入，就得适度修改：其一，题目太大，当初打算探讨的问题，视野比较开阔，素材比较丰富，后来因为种种原因，缩小范围，那就得修改题目，以求大小适中。其二，当初野心不大，只想小题大作，后来接受指导教授建议，或是因应某种机缘触发，扩大研究范围和领域，于是论文大开大阖，规模宏伟，篇幅重大。相形之下，回顾题目仍然那么小巧玲珑，如果坚持不改题目，就得调整内容。否则，就成了大人穿童装，别扭可笑、不伦不类。假如题目太小，又想维持不变，不妨忍痛割爱，把多出来的内容删掉，以符合题目的涵盖面。如果原本题目很大，完成的文稿只有题目的四分之三，那就得增添论点、备列佐证，以便题文与篇章相呼应。一部专书如此，一篇论文亦然。

陶渊明《归去来兮辞》称："悟已往之不谏,知来者之可追。实迷途其未远,觉今是而昨非。"对于出处行藏的转变,有极清楚的告白。铃木敏文(1932～)创办 7-Eleven,为"日本新经营之神",提倡"朝令夕改学"。曾说:"抛开经验污染,才能有新的思考。"又云:"大家认为不行的地方,才有机会和价值。"论文大纲的拟定,几与论文写作共存共荣、共始共终,陶渊明和铃木敏文的提点,很值得我们三复斯言。

总之,论文大纲之拟定,必须与时俱进,不妨随俗婵娟,随翻他籍,随改旧闻。所谓"觉今是而昨非"以及"应无所住而生其心"。朝令而夕改,又有何不可?因此,大纲之拟定,浮动随宜,几与论文写作共始终。

第六章　绪论撰写之要领与偏失

学术文章之绪论，犹如小说之引子、戏曲之楔子、相声之垫话，是经过设计的开场白，作用在于引发读者的关注与兴味。同时，作为后文的伏笔，全书各章节的张本，犹如古典诗文起承转合的"起"。若将"凤头、猪肚、豹尾"六字法（详下），比拟学术论文写作，则绪论之作用，期待能如凤头一般，闪亮登场，悦目吸睛，增强第一印象。

清刘熙载《艺概·经义概》云："起、承、转、合四字，起者，起下也，连合亦起在内；合者，合上也，连起亦合在内；中间用承用转，皆兼顾起合也。"[1]绪论一章，为论著之开场，起于篇前，与本书各章节之间，在组织架构上，自有承、转、合（阖）之兼顾贯串关系。论文，亦文章作法之一，其中之起、承、转、合，正如《文心雕龙·章句》所云"外文绮交，内义脉注"，即《艺概》所谓起下合上，承转兼顾起合。

陶宗仪《南村辍耕录》称："作乐府亦有法，曰凤头、猪肚、豹尾六字是也。大致起要美丽，中要浩荡，结要响亮。尤贵在首尾贯穿，意思清新。"[2]创作乐府诗如此，撰写论文，亦道通为一。绪论位居论著之冠冕，行文宜俊美精彩，吸引目光，像凤头般漂亮、生动吸睛，令人爱赏，此所谓"起要美丽"。而且，绪论与结论亦应"首尾贯穿，意思清新"，"外文绮交，内义脉注"，乐府诗写作与章句经营，并无不同。

---

[1]〔清〕刘熙载著，徐中玉、萧华荣校点：《刘熙载论艺六种》（成都：巴蜀书社，1990），卷六《艺概·经义概》，页168。

[2]〔明〕陶宗仪：《南村辍耕录》（北京：中华书局，1959、1997），卷八《作今乐府法》，页103。

一、绪论写作的要领与层面

《孝经》首章，称为"开宗明义"，揭示《孝经》的纲领，开陈《孝经》的宗旨，堪称文章写作之范式。文章如何起手才算好的开始，这涉及开头的性质、功能和作用。清曹宫《文法心传》把文章开头称为"前面"，定位为"题之来路"，而且列出许多异名同实的指称，如：

> 前面者，题之来路也。又曰题脉，如地理之来脉也。又曰题源，如水之来源也。又曰题根，如树之有根也。又曰题母，如子之有母也。又曰题脑，如头之有脑也。又曰题髓，如骨之有髓也。又曰题珠，如龙之有珠也。又曰题线，如绣之引线也。而总之曰"前面"。一题到手，必思前面如何说下。[1]

对于文章的开宗明义，为"题之来路"，通俗易懂。于是能近取譬，条列出"题脉、题源、题根、题母、题脑、题髓、题珠、题线"八种指称，而总称为"前面"。述说"题之来路"，选用根脉、母源、脑髓、珠线八字，皆形象性语言，具体可感，有助于望文生义。绪论，作为论文写作，虽然千头万绪，三言两语很难说明如何开头。不过，观曹宫《文法心传》之比况，或多或少不无启发意义。

汉许慎《说文解字》称："绪，丝端也。"清段玉裁《注》："端者，草木初生之题也；因为凡首之称。抽丝者，得绪而可引。"[2]绪，本义为丝端、丝头，俗云头绪者是。治丝必先理出头绪，故绪字有开端、开头之义，如言端绪者是。绪言、绪论、引言，今指学术论著之前言，置于篇首、开头，用

---

[1] 〔清〕曹宫：《文法心传》，卷上《文章八面·前面》，见王水照编：《历代文话》（上海：复旦大学出版社，2007），第六册，页5315。

[2] 〔汉〕许慎著，〔清〕段玉裁注：《说文解字注》（台北：洪叶文化公司，1998），卷十三上，系部，"绪"字，页1，总页650。

来概述全书主旨，或介绍写作意图。置于卷首，清曹宫《文法心传》指为"题之来路"，所谓"一题到手，必思前面如何说下"。

绪言，又指已发而未尽之言论。《庄子·渔父》称"先生有绪言而去"，唐成玄英《疏》云："绪言，余论也。"言未毕，有不尽之言，谓之绪言。《昭明文选》收有刘孝标《重答刘秣陵沼书》亦云："绪言余论，蕴而莫传。"或同音通假，误作"序言""序章""序论"，其本字皆当作"端绪"之绪。由此观之，开端、篇首、前言、引论，举凡已发而未尽、含蕴而莫传者，皆是绪言之旨义。

就开端、篇首、前言而言，每一本专著之卷首，每一篇论文的前头，都有一篇开卷语，通常叫作绪论，又称为序章、引言、绪言、导言、前言、弁言，相当于一书之张本、研究之企图，有根、脉之作用，脑、髓之价值，珠、线之要领。位置虽然摆在论著的最前端，就写作之心路历程而言，序章居于压轴地位。就整个学术论文的主体工程来说，这部分之文章撰写应该在最后。就传媒效应言之，好比精彩预告。就引论、已发而未尽、蕴而莫传诸意言之，避就留余，引而不发，自是绪论之行文风格。

《天下》篇，是《庄子》内、外、杂篇的序文。《太史公自序》，为司马迁《史记》一百三十篇的序文。杜预《春秋序》之于《春秋经传集解》，刘勰《序志》之于《文心雕龙》，皆是一书之导言，可作专著之序章。就撰写程序来说，必定是整部论著大致竣工了，作意之叙说、旨趣之概括、别裁之发明、特识之凸显、企图之究竟，才能娓娓道来、如数家珍。假如序文完成于草创之初，书稿未完成之时，何以能具体指陈若是？

绪论，肩负引导、指示、预告、提点、说服、营销之作用。作者先确认问题意识，已隐然成竹在胸。论文各章节均已次第完成之后，其中之重点、精华、方向、特色、心得，已呼之欲出。于是著作之表里、精粗、详略、重轻、异同、得失、短长、心得，如在指掌之中。据此而写成绪论或导言，读其文而著作可知。

二、绪论的功能与撰写时机

论著（文）的第一章，用"绪论"或"导言"两个字，比较切合章节之属性。因为，第一章的任务，主要在引导读者，快速而正确地进入论文的世界。为接引读者，引人入胜，导言、绪论确为不可或缺的章节。一篇报告、论文，是为了解决问题而作，这是问题意识。本论文已经解决哪些问题？已经突破何种困难？回首来时路，对于各章节之重点、精华、方向、特色、创发，细心提炼归纳，次第萃取揭示，用蜻蜓点水式的陈述，给读者一个提点和大凡。读者鸟瞰提点，掌握大凡，于是略知著作之表里、精粗、详略、重轻，以及异同、得失、短长、心得。

绪论至少肩负四种功能：第一，**引导进入**。本论文的"企图心"何在？这部论著的方向、重点、亮点、特色、方法、价值是什么？引导认知，甚有必要。第二，**发踪指示**。萧何长于"发踪指示"，刘邦以为"功第一"。[1] 投入研究，发现问题踪迹，指示追寻探究，绝对攸关成败。第三，**鸟瞰观照**。为引导指示，而重新审视。鸟瞰资料、方法之运用，观照创见、突破之体现，可以助人利己。第四，**检验构想**。原初的研究构想成为论文大纲，只是研究之蓝图，一旦探讨结束，与研究构想的期待是否一致，是否需要微调，借由绪论撰写，可作反思。

论文进行过程中，往往因为诸多主客观因素，而促使研究结果与预期不相一致。整个著作的表里精粗，必须等待全文完稿才能知晓。如果刚开始就写绪论，那这预告、提示，十之八九都会失准。论著开宗明义，就错误引导，混乱指示，这应该极力避免。《礼记·学记》称"学不躐等"，论文撰写自有其内在理路，若躐等乱序，自是忌讳。《孟子·离娄下》："源泉混混，不舍昼夜，盈科而后进。"盈科而后进，当以泉水为师。

---

[1] 高帝曰："夫猎，追杀兽兔者，狗也；而发踪指示兽处者，人也。今诸君徒能得走兽耳，功，狗也。至如萧何，发踪指示，功，人也。"语见〔汉〕司马迁著，〔日〕泷川资言考证：《史记会注考证》（台北：万卷楼图书公司，1993），卷五十三《萧相国世家》，页6，总页795。

话说回来，绪论虽然是最后才写，但开始撰写各章的时候，每章的重点、精华、方向、特色、心得，几乎多已心知肚明，最少也十不离七八。知道归知道，行文时应该留有余地，稍作提示即可，不必急于在第一章绪论中就发挥太多。等到全文完稿，再做宏观的勾勒，条理的前导，核心的指示，明确的预告，以及精准的提点。此时，不妨一并检验：绪论之避就留余，与全书之观点论调，是否可以前呼后应，脉络一贯？

由此观之，如果全文（书）尚未完成，绪论就抢先撰写，将无从进行勾勒，无法作为前导，又能如何指示，如何提点？程序紊乱，自是论文的大忌。《礼记·大学》称："知所先后，则近道矣！"斯言有理。

三、绪论写作的层面与方法

参观博物馆时，有导览；参加旅行团时，有导游。研读学术著作时，有绪论、序章，是带领读者进入论文主题的引导性文字。就功能而言，与导览、导游可以比拟。作为学术论文，率先闪亮登场的，是绪论，重在理出头绪。序列在首在前，叙说"题之来路"，因称前言、弁言、序章。带风向，领思路，进行精彩预告，故称引言、导言、导论。

绪论，像仪仗排场，容易窥见格局大小；又像先锋部队，可以领略军容强弱、士气高低。绪论，是读者的第一类接触。读者初来乍到，难免先入为主。绪论导言，就是带领读者进入作者心路的绝佳导览，论文主题的优质导游。

理想的导览导游，能在有限的空间、极短的时间内，进行重点、亮点、核心、关键、风格、特色的引导和观览，让读者对论著能有具体而微的概略认知、粗枝大叶的掌握。

绪论，肩负引导、指示、预告、提点、说服、营销之作用。

基于上述认知，绪论写作大抵有六个面向：其一，问题意识；其二，文献述评；其三，探讨范围；其四，研究方法；其五，价值预估；其六，困难解决。分论如下：

（一）问题意识

问题意识，就初心与本意而言，称为研究动机；就构想而言，可称为问题之提出。它是学术研究的原始动能、起心动念的推手，是解决问题的动力、贯彻始终的指南。我们为什么要写论文？主要在解决疑问，提出看法。是什么机缘、什么诱因，怎样的风云际会，怎样的雄心壮志，导致今天想探讨这个课题。这好比把背景和现况、宿缘和因果做个有机的连接、适当的铺陈。本书第二章[1]，已论述甚详，不赘。

以"问题意识"来取代研究动机、问题提出，是我一贯的主张。因为，问题意识从文献述评得出，学界相关研究成果之优劣得失、高下偏全已充分掌握。换言之，敌情观念非常明朗具体，在知彼知己的情况下，学界相关研究成果的精粗、高下、浅深、是非、有无、偏全，已了如指掌。于是本课题如何重人之所轻，详人之所略，异人之所同，忽人之所谨，问题意识就比较显豁坚定。问题意识是理性、知性的，不容编造、不许乱谈。若称为"研究动机"，较可能杜撰情境、附会因缘。若称为"问题提出"，则解决疑难即其潜台词，却不说破，留存言外之意。作为学术语言，未免模糊空泛，不够精确。

成功大学医学院有三位教授，翻译了一本书叫作《研究的艺术》（*The Craft of Research*）。这本译作，提到"导言"有三项要素，其一为构成脉络的背景（contextualizing background），它在读者与作者之间，建立了有关作者所提出议题的共同理解。[2] 这个概念，和"研究动机"相通。研究背景有两个：一是对于这个研究课题，过往有没有基础研究的经验，这是自我告白，如果有，曾写过一两篇文章，意犹未尽，所以接力续作，这就很有说服力；

---

[1] 亦参见张高评：《研究构想与学界成果述评——从问题意识到理想选题的心路历程》（一、二、三），原刊《国文天地》（第36卷第2、3、4期，总第422、423、424期）2020年7月～9月，页103～10、页88～92、页110～114。

[2] ［美］韦恩·C·布斯、格雷戈里·G·卡洛姆、约瑟夫·M·威廉姆斯著，陈美霞、徐毕卿、许甘霖译：《研究的艺术》（台北：巨流图书公司，2010），"导言与结论"，页250～251。

二是他人的心得、成果，我受教过、研读过，触发许多想法，导出若干领会，想要百尺竿头更进一步探论，这也是研究背景。导言的写作，构成脉络背景的，若比较优劣，前者自胜于后者。

（二）文献述评

针对学界相关之研究成果进行"述评"，是论文写作不容忽视的前置作业。所谓"文献述评"，可以分为"述"与"评"两大部分。"述"，叙述简要即可。"评"，涉及评价案断，当审慎评论其优劣得失，作为补充发展之"左券"，宜强调其创新成果，作为持续探讨之借鉴。无论"述"或"评"，对象皆指具有代表性而且值得述评之重要文献。

"述"，类聚群分，就重点、核心、关键、特色，综述相关研究之成果，文字尽可能言简意赅、不蔓不枝。"评"，指评判论文之优劣、高下、是非、得失。这是学界研究成果检讨的焦点，循此以推，很容易因学界成果之有无、异同、详略、深浅、精粗、偏全，论文价值之是非、异同、优劣、得失，进一步凸出问题意识，生发研究动机。套用元代赵汸说《春秋》、论孔子"笔削以行权"之言："以其所书，推见其所不书；以其所不书，推见其所书。"[1]所书、所不书，互发其蕴，互显其义，而论著之问题意识遂呼之欲出。

文献述评，又称为研究成果检讨，明指当下之前海内外学界有关本研究之学术成果述评。一般研究计划、学位论文、升等专著，进行"成果述评"时，"述"与"评"之比重往往失衡：大多重"述"而轻"评"，详"述"而略"评"。文字篇幅，亦"述"多而"评"少。影响所及有二：其一，只见分散的个别细述，相关成果优劣得失之大凡，却未有着墨。其二，漠视"述评"为先期学术工程之意义，忽略治学历程之检验。换言之，介绍文献、叙述论著，只为敷衍、交代、应付、随俗附和而已。文献述评的主要用意，在借此生发问题意识，进而获取理想选题，或者判定研究课题是否可行。今跳脱此一学术检验，逃避心路历程之洗礼，其缺失遗憾，诚如《庄子·天下》所谓"不

---

[1]〔元〕赵汸：《春秋属辞》（台北：大通书局，1970，《通志堂经解》本），卷八《假笔削以行权第二》，页1，总页14801。

见天地之纯，古人之大体"。

通观图书馆典藏及网络流传的研究论著，大抵分为三个等级：最上者，能见人所未见，而发人所未发，属于成果独到、研究创新之论著。所谓"创前未有，开后无穷"者，为数不多，最为难能可贵。退而求其次，若能补强未备、充实不足、拓展规模、开发遗妍者，学术贡献亦有可观。等而下之者，为粗制滥造、无所用心、陈陈相因、滥竽充数者。文献述评之目的，系针对学界既有之成果，品评高下，厘定精粗，以便作为研究之触发与借鉴。基于上述认知"文献述评"之撰写要领有二：其一，"述"，即择精选要，进行分类综述。其二，"评"，即彰显是非得失，品评优劣高下。论说如下：

其一，"述"，当择精选要，进行分类综述。相关领域、邻近课题所发表之成果是否可取，宜审慎评估。首先，经过研读比较，遴选上文所言第一、第二级之论著（可称为"重要文献"，可免混淆），作为择精选要的成果代表。其次，将入选之论著，进行分门别类。最后，再据门类，撰写综合论述。分类综述，容易看出研究所表现之前瞻、风格、脉络，以及趋势；研究成果经由模拟、对比，其中之优劣得失，亦呼之欲出。另外，依重轻详略之原则，"述"相较于"评"，良非核心关键，故简述每项论著，宜求简要，以不超过四句（60个字左右）为原则，不必词冗。

其二，"评"，彰显是非得失，品评优劣高下，这才是"文献述评"写作的"重中之重"。首先，研读代表性之研究成果，比较不同论著之短长是非、高下得失。优劣之评价确定，即可作为研究者进退取舍之准据，所谓"彼此相形，而得失见；前后相絜，而是非昭"[1]，此本说《春秋》书法，何妨移作论之品评！月旦人物、品评论著，应该持平客观，实事求是。何况面对学界先进、同行前辈？"理直而气和，义正而辞婉"二语，为散文家陈之藩教授所提倡，不妨作为品评学术论著之箴言与座右铭。

入围述评之论著，大抵经由学、问、思、辨，汰渣存精得来，有一定之

---

[1]〔清〕姜炳璋：《读左补义》（台北：文海出版社，1968），卷首《纲领下·属辞比事》，页8，总页106。

代表性，堪称本课题之重要文献。必也如此，文献述评之最主要目的，在由此而生发问题意识，进而获得理想选题，方有可能落实。因此，我主张用"文献述评"来替代"文献回顾""研究现况（状）""成果检讨"，笔者专著《论文选题与研究创新》第三章《论文选题的试金石：文献评鉴》，有较详尽的论说。[1]

中国、日本、韩国乃至欧美汉学界，所作之相关论著，都是成果检讨、文献评述的对象。成果文献一一研读之后，检讨他们的优点、缺点各在哪里；创见、不足各在何处，乃至错失、争议所在，都必须要了解掌握。如果别人写得比较肤浅，我有信心可以写得比较深入；别人写得比较狭隘，我有信心可以写得比较宽广；前人对某问题有很多争议，莫衷一是，我有办法平息争议，提出坚实可靠的论证。检讨别人的研究成果，就是为了进一步为自己的研究作借镜参考。重要之文献述评如此，方有意义与作用。论文写作，在绪论一章，堪称重中之重，必须用心卖力撰写，故详说细论如此。

（三）探讨范围

学术研究的探讨范围，有广狭之分，也有偏全之别，更有跨学科、跨领域、跨文化之差异。是历时性考察，还是共时性探讨？是基础研究，还是进阶诠释？是专家研究，还是群体考察？是分期流变研究，还是某期的因革讨论？确定选择哪一类，就会有或大或小、或深或浅的文献范围和探讨层次。

研究范围的大小、多寡、深浅、广狭，理当斟酌研究者的位阶、学养、能力、时间、空间，再决定课题的规模。资深教授论文和副教授位阶不同，助理教授和研究生学养、能力也都有差别。时间充裕与否，研究所在地为都会或僻乡、为域外或本土，都可能影响研究范围、学术领域的选定。在确定论文题目、安排研究方向的同时，学术研究的探讨范围，也应该一并确认。

---

[1] 张高评：《论文选题与研究创新》（台北：里仁书局，2013），第三章《论文选题的试金石：文献评鉴》，页59～123。

（四）研究方法

研究方法，对于论文写作、成果提出影响极大，甚至可以决定论著之成败得失。笛卡尔（René Descartes，1596～1650）曾说："要认识真理，必须运用正确的方法。"徒法不能以自行，而方法学运用之妙，正存乎其人其心。

就论文写作的历程而言，方法学必须时时讲究运用，从课题的设想假定，到考察演绎，到举证推理，到归纳总结，从而提出研究发现，获得学术成果。其中，固然使用许多工具利器，也运用若干方法、策略，调整一些研究视角，确定某些诠释系统，甚至援引参照特定理论模型，具体进行分析、综合、归纳、演绎、分类、比较。[1]

要解决问题，就必须乐用方法、善用方法、常用方法，以及用对方法。治学懂得方法，有助于解决疑难、提升研究之成效。

（五）价值预估

研究价值的预估，指本论文的研究意义，课题的学术贡献。大抵就精粗、深浅、详略、异同、有无、得失、优劣、广狭各层面，与同行做比较、相竞争、相参照得来。所谓研究价值、学术贡献，是以当下的学术现况为基准，将本研究课题与同行、前辈之成果相互较量，得出的预期评估。台湾科技事务主管部门"专题研究计划"申请书，其中有"对于学术研究……及其他应用方面预期之贡献"一字段，即指本研究的价值预估。

相互比较，再经审慎评估，若得出精、深、详、异、广、全以及新创、突破、超胜之研究成果，则谓之有价值、有意义。这是衡量论文水平的指标之一，更是驱动论文写作的内在诱因。自我评估本论文写作有价值、有意义，所以就会一鼓作气，全力以赴，以求使命必达。

学术研究旷日废时，论文写作经年累月，所以能奋战不懈、持之以恒者，全在研究价值的掘发，课题意义的提出。研究动机、问题意识，好比春

---

[1] 参考颜昆阳：《中文学门的研究如何撰写多年期计划》，载《人文社会科学简讯》（第8卷第3期）2007年6月，页77～83。

华，令人期待；价值的掘发、贡献的提出，如同秋实，则是进一步的完成、贯彻与收获。

（六）困难解决

陈美霞、徐毕卿、许甘霖译《研究的艺术》，谈及导言写作，有三项要素：（1）构成脉络的背景（contextualizing background）；（2）有关难题的陈述（statement）；（3）对难题的回应（response）。[1] 构成脉络的背景，已详前述。台湾科技事务主管部门"专题研究计划"申请书，有"预计可能遭遇之困难及解决途径"，即相当于难题的陈述、难题的响应。[2]

首先，是有关难题的陈述。虽未开始撰写，应该评估执行本课题在研究历程中将会遇到哪些困难。其一，文本文献的资料，攸关结论的获取，容不容易取得？研究的善本孤本，可能庋藏在日本、韩国，可能典藏在北京、上海。研究出土文献，譬如清华大学藏战国竹简，尚未出齐，竹简又不开放观览。如果文献资料取得困难，如何解决？假设无法解决，那么选题再好、价值再高，也不得不宣告放弃。

其二，对难题的回应。文献资料虽然远在日本、法国、英国，除了空间阻隔，自有渠道和信心，可以翻阅到文本，这就解决了难题。譬如执行研究计划，申请移地研究、出国现地访书等等。假设研究涉及专业，如《春秋》及《左传》，牵涉到天文学、历法学；研究说话术，运用《鬼谷子》、说服术；研究《楚辞》九歌，旁通到楚文化、神话学；研究道教炼丹术，牵涉到《道藏》、医药化学；研究墨子学说，牵涉到光影学、几何学；研究唐传奇小说，牵涉到史传叙事模式；研究苏轼贬谪时期诗、词、文、赋，牵涉到佛禅、老庄、道教、儒学，以及文学的破体与出位。诸如此类难题，能否面对处理，如何妥善解决？是自力救济，寻求突破，还是请教良师，旁听课程，借进修之精进，

---

[1] ［美］韦恩·C·布斯、格雷戈里·G·卡洛姆、约瑟夫·M·威廉姆斯著，陈美霞、徐毕卿、许甘霖译：《研究的艺术》（台北：巨流图书公司，2010）。

[2] 张高评：《论文选题与研究创新》（台北：里仁书局，2013），第十章《执行专题计划：推动研究选题》，页543～545。

获得解决？这些都须有明确的回应。

总之，导言绪论的写作，撰写研究价值的预估，着重论文的研究意义、课题的学术贡献。顺带涉及可能遭遇之困难及解决途径，亦当预做评估，设想解决方案。

《左传·隐公五年》君子曰："不备不虞，不可以师。"《礼记·中庸》云："凡事豫则立，不豫则废。"论文写作，其理亦然！

四、绪论写作的偏向与误会

绪论写作，对于初学入门来说，往往由于经验不足，或认知偏差，容易重心失衡，所言不合论文规范。关键在于，"绪论"的"绪"字，如何理解？本文伊始，曾引《说文解字》及相关典籍，得"绪"之训解，有"开端、篇首、前言、引论、已发而未尽、含蕴而莫传"诸义。释疑辨惑，请循其本，此中自有真解。前文谈卷头语撰写，亦言及"题脉、题源、题根、题母、题脑、题髓、题珠、题线"八种"前面"之指称意涵，亦值得关注。

以"开端、篇首、前言"作为绪论的浅层含义，为"一题到手，必思前面如何说下"之课题。看作论文目次的第一篇，这容易了解。"开端、篇首"的写法，在破解题目字面之意义，其功能犹如八股文的"破题"，也大概明白。至于绪论更深层的意蕴，为"引论"、为"已发而未尽"、为"含蕴而莫传"，则或茫然无所知。

"引""未尽""蕴而莫传"三组词语，可称为绪论写作之关键词。引，引导触发后文之详尽论述。未尽，不可好话说尽，要避就留余，留给后面章节申说发挥。"含蕴而莫传"，蕴藏精华，简要叙述即可，不可说尽，有如伏笔，如草蛇灰线，无须发挥，不劳论证。简言之，"引而未发，避就留余"八字诀，即是绪论一章撰写的要领。韩愈《雉带箭》所谓"将军欲以巧伏人，盘马弯弓惜不发"，差堪比拟。又好比观赏影片之精彩预告，即是点到为止。行文掌握这个要领，"绪论"的属性已明，于是偏向可以导正，误会可以澄清。

至于绪论与题目、全文之关系，清曹宫《文法心传》之揭示，周全而赅备，清晰而切实。尤其列举"题脉、题源、题根、题母、题脑、题髓、题珠、题线"诸名目，亦甚有意味。题目，为研究论文之凝练与浓缩；而绪论、引论，置于"前面"，摆明本章所言，指向有四：一、就发始言，为母、为源；二、就架构言，为根、为脉；三、就功能言，为脑、为髓；四、就照应言，为珠、为线。绪论写作，不妨一并考虑如上之指涉。

笔者审理研究计划、升等论著、学位论文，发现绪论之写作，迷思和误区大抵有四：一、错乱章法，率先撰稿；二、研究动机，杜撰造情；三、文献述评，颠倒重轻详略；四、研究方法，误为步骤进度。分别论说如下，姑作防患：

（一）错乱章法，率先撰稿

戏剧的最后一出，称为大轴。大轴前一出，称为压轴。大轴、压轴，借以比喻质量高，表演最精彩、最引人注目的节目或事件。摘要与绪论，堪称论文写作的压轴工程。确切一点说，摘要，犹戏剧演出的最后一出。绪论，则为倒数第二出。被称为压轴者，须追求精彩，要引人注目。换言之，绪论既列为压轴，就不可一马当先，率先撰稿。否则，不但章法错乱，还将导致空言、漫语、乱谈。

无论写作大纲之拟定，还是论文目次之排序，绪论永远被设定为第一章，但这是论著完稿之后，呈现在眼前之面目。换言之，目次所见章节的排序，不必然就是撰稿先后的次第。绪论写作涉及问题意识、文献述评、探讨范围、研究方法、价值预估、困难解决六个面向。一部著作的各个章节，必须逐一完稿杀青，上述六个面向，才有可能具体指陈，贴切论述。就算问题意识已清晰，研究文献已到位，诠释方法已确认，一切似乎胸有成竹，也不可以率性作为，贸然超前撰写绪论。

因为论著之重要章节尚未动工撰写，如果贸然率先撰稿，则从研究构想出发，将理念落实为各章节之文字，其间既有隔阂，所得自有落差。于是捕风捉影者有之，徒托空言者有之，言不及义者有之。待论文指标议题执行，重要章节完成，试与绪论所言进行比对，前后龃龉者，甚至自相矛盾者，必不在少。《礼记·大学篇》："知所先后，则近道矣。""知所先后"一语，堪称绪论撰写之警语与指南。

（二）研究动机，杜撰造情

绪论中谈到研究缘起，有些论著喜欢冠上"研究动机"或"问题提出"等标题。标题使用"研究动机"，论述重心似在"动机"，不在"研究"。于是思维空间较自由、宽泛，可以出于知性，也可以发乎感性，充其量只在交代研究活动之机缘而已。既以主观引导发言，遂无法以客观检验虚实真伪。所以，因文造情者有之，虚构杜撰者有之，皆不符学术语言之规范。

绪论之撰写，开宗明义之标题，有使用"问题提出"者，曾引领风潮，流行一时。"问题提出"，当是问题意识之雏形，已凸显"问题"二字，作为探论之聚焦。与"研究动机"之疏离研究相比较，"问题提出"似较优胜。不过，所谓"问题提出"，语意亦混沌含糊，未能确定指实。"问题"之指涉为何，如何"提出"？"提出"之后，又如何？对于初学入门者，一时恐怕不好掌握。

今主张使用"问题意识"之标题，作为绪论写作之开宗明义。至于如何认知"问题意识"，研究进程如何，已详本书第二章《研究构想与成果述评》，不赘。

（三）文献述评，颠倒重轻详略

绪论，为论文的第一章，大抵简述问题意识、文献述评、探讨范围、研究方法、价值预估、困难解决六个面向。以博士论文而言，绪论章总字数，宜加严格管控，大约以 6000 字为原则，上限以 8000 字为宜。不过，一般多远远超过这个标准。上述六个绪论的面向，最不容易掌控的莫过于文献述评。曾经口试博士论文，有写 20000 字的，甚至有多达 40000 余字的。这些超标的绪论，在处理"文献述评"时，大抵未明本末、不辨精粗、无分优劣，进而罔顾重轻、颠倒详略。写作不得要领，放浪无归若是，故有此缺失。

学术论文写作的初心，在于补充、发展前人研究的业绩。因此，学界同行相关领域的研究成果应必须掌握，其原委虚实则务必娴熟，于是才设置"文献述评",以发挥其效用。"文献述评"的撰写,须先掌握林林总总的研究成果,然后明察本末、探索源流、辨别精粗、分析优劣,经由抉择裁汰,最终梳理出原创、精进、殊胜、优越之代表作。"文献述评",即以这些"重要书目"为对象,进行分类之综述,重点之介绍,详尽之品评。原则上,评述文献,以评为主,当重点详说其创发拓展;述,则当轻言略述成果之观点与结论。述评重要文献,每项以6~8句为原则,每句10个字左右。如此规范,篇幅可以精简许多。

相关之研究书目,有人云亦云、陈陈相因者,显然纯受他人影响,未有主见,这是末流,价值较低。这类文章,述评可以阙如。另外,内容粗制滥造,凡俗低劣,难登大雅之堂者,当然拒绝往来。其他,是非、疑似之间,狂言怪说,亦当搁置屏弃。如此一来,可作述评之论著,相对减省许多。然后重要之研究文献,富于创始、新异、推拓、超胜之精彩著作,就可以择精语详进行述评,以便作为本论著补充与发展之凭借。筛选文献,犹如月旦人物,须具备卓识、心裁,自是另类之学术眼光。

(四)研究方法,误作步骤进度

"研究方法、进行步骤及执行进度",为台湾科技事务主管部门"专题研究计划"申请书规范下的栏目。有些计划或论文,将"研究方法""进行步骤""执行进度"平列,三者显然属性不同,功能各异,此固不待辨而自明。不过,仍然有人粗心不察,将"研究方法"看作是"进行步骤""执行进度",显然是天大的误会,不能不辨。

材料排比和论点陈述,是学术论文的两大要素。材料如何取得?全文如何组织?文本如何进行诠释?论点铺陈如何能顺理成章、圆满周到?这些都涉及方法学的问题。颜昆阳更以为:研究计划之方法学,整体而言,应该包括主体之理解、诠释境域的揭示。[1]在专著之绪论中,谈论方法学,不妨借镜参考。

---

[1] 颜昆阳:《中文学门的研究如何撰写多年期计划》,载《人文社会科学简讯》(第8卷第3期)2007年6月,页79~80。

至于研究方法，涉及六大层面：如何设计课题？如何选择对象？如何进行操作？如何得出结论？运用哪些方法？实行哪些策略？[1] 绪论写作中，"研究方法"一节，必须针对上述问题多作说明，最好具体呈现。一般论著，耳熟能详、操作最多的，大抵是"运用哪些方法"一项。如比较、统计、假设、分析、综合、归纳、演绎、文献考证、二重证据、抒情传统、叙事传统、印刷传媒等，都是常用的方法。其他如接受美学、结构主义、心理批评、原型批评、现象学、诠释学、信息论、系统论、控制论等西方学说，不一而足，亦间有实行。

新方法运用于文学研究，南京大学程千帆先生建议："新奇，要落实到对作品的深入理解与开拓上。不然，它就代替不了旧的。"[2] 新的方法，要能发掘出新的内容，或者对旧方法有所补充。否则，何必喜新厌旧，挟洋炫奇！总之，方法无论新旧，学理不分西东，凡是能解决疑难、提出新创结论的，都是好方法。[3]

---

[1] 张高评：《论文选题与研究创新》（台北：里仁书局，2013），第十章《执行专题计划：推动研究选题》，页537～543。

[2] 张伯伟：《程千帆先生的诗学研究——"访程千帆先生"》，见莫砺锋主编：《程千帆全集》（石家庄：河北教育出版社，2001），第十五卷，页282。

[3] 张高评：《论文选题与研究创新》（台北：里仁书局，2013），第六章《研究方法之讲求》，页247～323。又，张高评：《研究方法与学术创新》（一～四），载《古典文学知识》（总第164～169期）2012年9月～2013年7月，页22～29、页13～19、页22～29、页14～18。

第七章　章节之调控与大纲之拟定

清代章学诚说历史编纂学,将"史家铨次群言"比拟为工师度材,建为巨室;名医炮炙,制成方剂。史家处理文献材料,而成一部史著,其功当不异于工师与名医:

> 工师之为巨室,度材比于燮理阴阳;名医之制方剂,炮炙通乎鬼神造化。史家铨次群言,亦若是焉已尔。是故文献未集,则搜罗咨访不易为功。……及其纷然杂陈,则贵决择去取。[1]

学术论文安排措置文献,与铨次群言、燮理阴阳、调制方剂,自有相通相融之处。研究文献既已汇集,章学诚提示:"及其纷然杂陈,则贵决择去取。"文献之"决择去取",自然影响到"章节之调控"与"大纲之拟定"。

素材的分配、文献的安排,必须通盘考虑,全方位斟酌。大抵发挥系统思维,进行宏观调控,才能上下匀称,不遗不漏,参差错落,前后咸宜。日本遍照金刚《文镜秘府论·论体》称:

> 然文无定方,思容通变,下可易之于上,前得回之于后。(若语在句末,得易之于句首;或在前言,可移于后句也。)研寻吟咏,足以安之;守而不逸,则多不合矣。[2]

---

[1] 〔清〕章学诚:《章氏遗书》(台北:汉声出版社,1973),卷十四《方志略例一·与陈观民工部论史学》,页280。

[2] 〔日〕遍照金刚著,卢盛江校考:《文镜秘府论汇校汇考》(北京:中华书局,2015),下册,南卷《论体》,页1393。

下上、前后，位次可以互易；句末、句首，前言、后句，可以移易。此之谓文无定方。然"前后措注，各有所当"[1]，此即是方苞所谓古文义法。指涉所及，不止字句，亦包括项目章节。就论文写作而言，自是归本于问题意识之宏观调控，良非自由任意，无所为而为。

清毛宗岗《读〈三国志〉法》称："《三国》一书，有添丝补锦、移针匀绣之妙。"可作文献取舍措置，章节前后安排之参考。近似遍照金刚《文镜秘府论·论体》所言，前后辉映，可以相互发明。如云：

> 凡叙事之法，此篇所阙者，补之于彼篇；上卷所多者，匀之于下卷。不但使前文不拖沓，而亦使后文不寂寞；不但使前事无遗漏，而又使后事增渲染，此史家妙品也。[2]

纷然杂陈之文献，临文下笔之际，如何"决择去取"？笔者以为：宏观调控，统筹分配，可作为原则。上下之间，多少匀称；彼此之际，阙此补彼。如此调控、分配，于是文章不拖沓、不寂寞、无遗漏、增渲染。此一宏观调控，统筹分配之道，值得论文写作借镜。

宏观调控，统筹分配之法，《三国志通俗演义》于刘备、曹操、孙权三国主要人物安排登场之章回，已作参差错综之设计。如：

> 刘备、曹操，于第一回出名，而孙权则于第七回方出名。曹氏之定许都，在第十一回；孙氏之定江东，在第十二回；而刘氏之取西川，则在第六十回后。假令今人作稗官，欲平空拟一三国之事，势必劈头便叙三人，三人便各据一国。有如是之绕乎其前，出乎其后，多方以盘旋乎

---

[1] 〔清〕方苞：《方望溪先生全集》（台北：台湾商务印书馆，1979，《四部丛刊》初编本），《望溪先生文集》，卷二《读史·又书〈货殖传〉后》，页20，总页40。

[2] 〔清〕毛宗岗：《读〈三国志〉法》，见《三国演义会评本》（北京：北京大学出版社，1986），卷首，页16。

其左右者哉？[1]

《三国志通俗演义》演述魏、蜀、吴三国鼎立故事，章回情节之设计，并非"劈头便叙三人，三人便各据一国"。刘备、曹操，于第一回登场；孙权，则迟至第七回方出名。魏之定都，在第十一回；吴之定都，在第十二回；蜀汉之取西川，已在第六十回后。绕前出后，盘旋左右，参差错落如此，跳脱惯性思维之外，故蔚为小说名著。

一、中日传统典籍论文章之布局

拟定论文的大纲，有其程序与步骤，要领在于发挥系统思维，综观鸟瞰、拟想结果、看到未来，与章回小说设计人物情节有异曲同工之妙。核心论旨，必须设宅置位，才能条理表述；问题意识，必须务总纲领，才能言之有序。中心思想、创见精华，有必要设章分节，立项列目，经由附辞会义，娓娓道出。

《孟子·告子上》称："先立乎其大者，则其小者弗能夺也。"问题意识清楚、核心论旨明白，等同于成竹在胸，知止而有定，设章分节有所依据，是所谓"先立乎其大者"。章节既据此设立，则"众理虽繁，群言虽多"，亦不至于乖违纷乱。据全文之结构，作总体之设计。再针对文献材料，进行合适而充实的安排。此之谓布置或布局。拟定章节，参考布置或布局之概念，确有必要。

日本僧人遍照金刚著有《文镜秘府论》六卷。南卷有《定位》一篇，言文章布置、布局之理。以为"凡制于文，先布其位，犹夫行陈之有次，阶梯之有依也"。《文镜秘府论》所提层次、依托之"布位"概念，对于论文大纲之拟定，甚至章节项目之安排，自有参考价值。如：

> 先看将作之文，体有大小；又看所为之事，理或多少。体大而理多者，

---

[1] 〔清〕毛宗岗：《读〈三国志〉法》，见《三国演义会评本》（北京：北京大学出版社，1986），卷首，页7。

定制宜弘；体小而理少者，置辞必局。须以此义，用意准之，随所作文，量为定限。既已定限，次乃分位，位之所据，义别为科。（虽主一事为文，皆须次第陈叙，就理分配，义别成科。）[1]

文章如何"定位"、布局，应视规模与内容而定。《文镜秘府论》勾勒出考虑的面向，步骤次序有四：其一，"须以此义，用意准之，随所作文，量为定限"。意在笔先，成竹在胸，亦方苞说义法，所谓"义以为经，而法纬之"之论。其二，"就理分配，义别成科"，以义理异同，作为此疆彼界的分类标准。其三，就"体有大小，理或多少"，作为衡量的准则。其四，"体大而理多者，定制宜弘；体小而理少者，置辞必局"。规模的宏大或偏狭，取决于体制的大小、事理的多少。论文大纲的拟定，设章分节的考虑，事例论说的比重，乃至实际写作论文时，亦多如《文镜秘府论·定位》所云"皆须次第陈叙，就理分配，义别成科"。要之，"位之所据，义别成科""就理分配，次第陈叙"，即是遍照金刚定位布局之法。

就论文写作而言，所谓布置或布局，系运用系统思维，进行宏观之调控。主要在统括首尾整体，对章节项目进行适宜之安排措置。宋姜夔《白石道人诗说》："作大篇，尤当布置；首尾匀停，腰腹肥满。"[2] 大篇，指鸿篇巨制，内容宜充实丰富，姜夔所谓"腰腹肥满"。而首尾终始，文字宜精简匀称，详参本书第六章专说绪论，第十二章专说结论。陶宗仪《南村辍耕录》所云"凤头、猪肚、豹尾"六字法[3]，与《白石诗说》十分接近，皆章节比重调配匀称之说，盖就系统思维、综观鸟瞰而言之。

宋范温《潜溪诗眼》称："山谷言文章，必谨布置。杜子美《赠韦见素》诗，前贤录为压卷，盖布置最得正体。如官府、甲第、厅堂、房室，各有定

---

[1]〔日〕遍照金刚著，卢盛江校考：《文镜秘府论汇校汇考》（北京：中华书局，2015），下册，南卷《定位》，页1401。

[2]〔宋〕姜夔：《白石道人诗说》，见〔清〕何文焕编：《历代诗话》（北京：人民文学出版社，1982），页680。

[3]〔明〕陶宗仪：《南村辍耕录》（北京：中华书局，1997），卷八《作今乐府法》，页103。

处,不可乱也。"[1] 以为"布置得体"之道,在于"各有定处"。要而言之,此即南朝梁刘勰《文心雕龙·章句》篇所谓"设情有宅,置言有位",《附会》篇称"附辞会义,务总纲领"[2],方苞《又书〈货殖传〉后》所谓"前后措注,又各有所当如此,是之谓'言有序'"[3]。

清刘熙载《艺概·经义概》则云:"昔人论布局,有原、反、正、推四法。原以引题端,反以作题势,正以还题位,推以阐题蕴。"[4] 原、反、正、推之布局安排,犹言起、承、转、合之四法。大至全书,小至章节,以及大纲之拟定,"引题端、作题势、还题位、阐题蕴"诸布局、布置,可谓无所不在,无时不在。

刘师培《汉魏六朝专家文研究》之《论谋篇之术》称:"文章构成,须历命意、谋篇、用笔、选词、炼句五级。必先树意以定篇,始可安章而宅句。若术不素定,而委心逐辞,异端丛至,骈赘必多。"[5] "必先树意以定篇,始可安章而宅句"二语,说言与意之先后与互动,与《文心雕龙·附会》《风骨》《章句》所言,方苞所说"义法",多可以相互发明。詹锳《文心雕龙义证》称:"大而一篇之中各章之后先,小而一句之中各字之次第,皆有天然之秩序。"[6] 后先、次第,自有其内在之理路与秩序。所谓文章布局、定位,不过顺应理路秩序而为之。而论文大纲之拟定,实即文章布局之理性规划而已。

论文的写作大纲,犹如建筑工程的设计蓝图。针对建案,设想计虑;因

---

[1] 〔宋〕范温:《潜溪诗眼》,"山谷言诗法",见郭绍虞编:《宋诗话辑佚》(台北:文泉阁出版社,1972),页399～400。

[2] 〔南朝梁〕刘勰著,范文澜注:《文心雕龙注》(北京:人民文学出版社,1958、2014),卷七《章句第三十四》,页570;卷九《附会第四十三》,页651。

[3] 〔清〕方苞:《方望溪先生全集》(台北:台湾商务印书馆,1979,《四部丛刊》初编本),《望溪先生文集》,卷二《读史·又书〈货殖传〉后》,页20,总页40。

[4] 〔清〕刘熙载著,徐中玉、萧华荣校点:《刘熙载论艺六种》(成都:巴蜀书社,1990),卷六《艺概·经义概》,页168。

[5] 刘师培讲述:《汉魏六朝专家文研究》(台北:台湾中华书局,1976),四《论谋篇之术》,页14。

[6] 〔南朝梁〕刘勰著,詹锳义证:《文心雕龙义证》(上海:上海古籍出版社,1989),引《校释》,页1261。

应主客观条件,量身定制;通过系统思维,做方方面面的精算,然后可以施为写作。又如宋代文同画竹,"必先得成竹于胸中。执笔熟视,乃见其所欲画者;振笔直遂,以追其所思"[1]。绘画尚未落笔,当先有布局与发想;中经临笔之审视可否,逐渐构图成形。观者但见振笔疾书,一挥而就,实则"先得成竹于胸中"。吾人所见振笔直遂,只不过"追其所思"表现为具体形象而已。论文大纲之于论文写作,性质与过程皆与成竹在胸相近,可以模拟。

笔者著有《论文选题与研究创新》一书,强调"遵循程序,方能踏实筑梦"。此一概念,无论大纲拟定或论文写作,都必须确实遵守:

> 从萌生研究念头,到进行文献述评,到提炼问题意识,到确定理想选题,其间有其既定之步骤,必须遵循程序,方能踏实筑梦。谋定而后动,即其不二之教战守则。

写论文、写报告跟写一般的作文不同,必须有比较长时间的热身运动,也就是所谓前置作业。从萌生研究念头,到生发问题意识,这是研究的初步。《礼记·中庸》强调行事、言谈,要讲究"前定",要先确定核心是什么,紧接着第一段、第二段、第三段重点写些什么,程序步骤都得先行确定,作文才有方向。清方苞说义法,宣称"义以为经,而法纬之",意在笔先,成竹在胸,法随义起,义定而后法成。堪称写文章、作论文的金玉良言。

学术研究,成果追求创新独造。论文写作追随之,对于素材、方法、观点、视角各方面,亦多有所讲究,如:

> 素材之生新、方法之讲求、观点之转换、视角之开拓,为研究独到之要领,学术创新之层面。多方尽心致力,可以有功。

---

[1] 〔宋〕苏轼著,孔凡礼点校:《苏轼文集》(北京:中华书局,1986),卷十一《文与可画筼筜谷偃竹记》,页 365 ~ 366。

研究成果怎样才能够独到创新？我在《论文选题与研究创新》专书中，提出三点建议：第一，研究的文本素材必须要陌生而且新鲜，也就是没有人做过。第二，研究方法要十分讲究，他人用过的视角和方法，最好避开。尝试用新的研究方法，调整新的研究视角，就能够产生新的成果。第三，观点转换，他人从正面探讨，我们不妨从旁面、侧面、反面研究，观点不一样，研究成果就会跟人家不同。[1]

学术研究，从素材、方法、观点、视角各方面，追求补充、拓展、创新、独到，此一惨淡经营之历程，于论点布局与大纲设计之际，宜作适度之凸显，如实之呈现。

二、论点布局与写作大纲之设计

论文大纲之拟定，原则上与论文写作共始终。初始，研究者掌握文献佐证，勾勒出研究方向，指引出研究重点，草拟出写作大纲。继之，则参酌写作大纲，逐章逐节开展论题。其间，或因文献解读，而改变初衷；或为交相辩证，而生发异议；或因见闻广狭，而改易规模；或悟昨非今是，而更动章节项目。等到写作告一段落，又可能因为时间、涉猎、学养、方法、才能所限，无法完成原初规划，于是又得改弦更张，修饰大纲。

写作论文之前，假定有关前置作业已完成，当然就已经读了很多图书、思考了很多问题，还有已做若干的取舍斟酌，更重要的是，业已形成问题意识。如果还没熟读文本，相关论文也没看几篇，就贸然草拟写作大纲，这肯定是向壁虚造、无的放矢。没有前置作业的准备，就算写作大纲勉强拼凑出来，也大多是空中楼阁，不切实际。写作大纲就如同设计蓝图。设计蓝图画出来以后，建筑工程师不必到现场，只要把设计图交给工地负责人员，就可以按图施工。何况写作大纲是自己设计的蓝图，由作者本人施作。假设你已读过

---

[1] 有关视角的开拓，可以参考拙作，发表在《书目季刊》41卷、42卷、45卷的论文。南京的凤凰出版社《古典文学知识》，从2010年第149期开始，连载相关论文十几期，更值得阅读。

很多书，思考过很多问题，跟老师讨论过好几遍，然后形成了许多具体的概念，这时才可以着手拟定写作大纲。

拟定写作大纲，最应关注之层面有四，论说如下：

(一) 研究之点线面体，即是论文之章节项目

论文之项目、节、章、篇，与之相对应的，即是研究之点、线、面、体。刘勰《文心雕龙·章句》称："篇之彪炳，章无疵也；章之明靡，句无玷也；句之清英，字不妄也。振本而末从，知一而万毕矣。"文章之字、句、章、篇之概念，相当于数学之点、线、面、体。彼此关系，诚如刘勰所言："振本而末从，知一而万毕。"知乎此，则对论文大纲之拟定，自有启益。

引文，为论文的最小单位，等于数学上点、线的概念。举例征引文献，是为了印证某个概念，或佐助某个观点。列举五个以上的引文，作为论点的征信，类聚群分，就成了项目、节次。再类聚群分，持续如此推衍拓广，进行"就理分配，次第陈叙"这样的定位布局，于是篇章之规模逐渐显现。《文心雕龙·附会》所谓"附辞会义，务总纲领"，确是论文设章分节之指南针。

引用文献，主要是为了印证，取信于学界。譬如拟研究"苏轼黄州时期的道家思想"，《赤壁赋》"客亦知夫水与月乎"一段谈变与不变，必然征引，这是发想的基石，是论文写作最基本的单位。苏东坡的辞赋有20多篇：这些辞赋都有道家思想吗？除了《赤壁赋》的最后一段可作佐证外，是否还有其他？若只有两三篇，就不足以凑足一章或一篇。所以，研究苏东坡贬谪黄州时期的老庄思想，不能只谈辞赋，必须扩大文类，将诗、词、文与赋一起考虑，作为文本研究来讨论。文献自点而线、由面而体的搜集法，像海底捞针，若只选择其一，而排除其余，可能徒劳无功，我比较不赞成。

搜罗研究之文本，我主张先通读诗、词、文、赋、诗话、笔记之文献，可以同时关注儒、释、道、法四家之学，在苏轼各期作品中呈现的样貌和频率。苏轼对四家学术兼容并受之大凡，可以概见。如此，最后可能只抉择佛禅一家，然同时也掌握了有关儒学、老庄与道教文献之梗概。何况，三教会通，自中唐已然。到了宋代，很多观念已融合一处，难分彼此。同时关注，可以一举

四得。预存研究课题、治学功夫，犹如攻略天下，朱元璋之"高筑墙、广积粮、缓称王"[1]，可为座右铭。

论文写作必须明确研究范围，而明定的范围，必须经由持续不断的检验，或修正，或扩充，或缩小。不到最后，不能拍板定案。于是，研读梳理苏轼黄州时期的诗、词、文、赋，从这些研究文本分出若干大项，从若干大项目再进行归纳，变成论文中的一节；汇集了两三节，就变成论文的一章；集合了五、六章，就变成了自成系统的一部专书。有几分证据，就讲几分话。这样，文本的佐证得以优先到位。若文本文献缺乏不足，证据薄弱，就当搁置，以免空言乱谈。

《王直方诗话》教人作诗，有所谓"作诗如做杂剧"。我想，写论文也和戏剧扮演一样。戏剧演出之前，演员早已知道上台的次序。上台以后，要站在什么位置，要说哪些话，还没有上台之前都已确定了。一流的表演，绝对不容许临时起意，即兴演出[2]。论文写作也是如此，论文还没有开始写，文献征引打算摆在哪个位置，大抵已经确定了。毕竟，所谓"定位""布局"，就是超前布署。某个文献诠释解读哪个问题，在还没有写作之前，大致都已经衡量过了。如果文献不足，就该再补强一些。拟定大纲，千万不可凭空设想，向壁虚造。因为闭门造车，往往出不合辙。一旦缺乏文献佐证、空言无据，论文撰写势必搁浅，就像巧妇难为无米之炊。

论文的章、节、项、目，有点像数学的体、面、线、点。集合很多的点，会变成一条线；集合很多条线，会变成一个面；集合很多面，就会变成一个体。如果先有这个观念，拟定大纲的时候，就要问：凭什么拟定这个章节项目？所拟定的每一个小项，用来佐证的资料有几则？如果说不出来，那写作大纲就不能成立。一般来说，用来佐证项目的文献，每一章最好要有二十几条。为什么？因为初始研读文献，可能看走眼，会误判。还没开始研究，认

---

[1] 〔清〕张廷玉、万斯同、王鸿绪等纂修：《明史》（台北：艺文印书馆，1958，《二十五史》本），卷一三六《朱升传》。

[2] 张高评：《宋诗之新变与代雄》（台北：洪叶文化事业公司，1995），七《杂剧艺术对宋诗之启示》，页376～393。

知还不是很精确。若初始打算引用的原始文献、文本资料，总共有二十几条，就算眼光再不高明，经过筛选，有一半错误，还有十条正确可以使用。有正确的十条文献可供征引，就可以开展议题。如果那二十条文献都极正确呢？那更好，就可以挑精拣肥，选择最经典的、最能够阐发标题的、最具代表性的，进行征引。如此操作，将有助于论证之可信度。

如果文献零星，不成片段，可以用来夹叙夹议。经典文献加上片羽吉光的论述，那就更有分量，更具说服力。只有这样做，论文才写得出来。如果缺乏佐证，无征不信，如何撰写论文？《礼记·中庸》云："无征不信，不信民弗从。"斯言有理。

（二）章节项目当如常山之蛇，首尾呼应

章、节、项、目看似各立山头，其实，彼此之间，就像常山之蛇，宛转回环，首尾呼应，触及其一，通体皆灵。陈善《扪虱新话》以八阵图、常山蛇势，比况作文之道：

> 桓温见《八阵图》曰："此常山蛇势也！击其首，则尾应；击其尾，则首应；击其中，则首尾俱应。"予谓："此非特兵法，亦文章法也。文章亦要宛转回复，首尾相应，乃为尽善。"[1]

以兵法比拟文法，宋代笔记、诗话多见。黄庭坚论文示后学，主张"须曲折三致意，乃可成章"[2]。陈善指出："此亦常山蛇势。"自桓温指《八阵图》为"常山蛇势"，由于比况生动，于是唐杜牧作诗附和之，黄庭坚说诗，宋王直方、胡仔、陈善、何汶之诗话笔记，前后援引之，咸以为"此非特兵法，亦文章法也"。兵法谋略所谈的常山蛇阵，即是文章作法的联络照应。论文

---

[1] 〔宋〕陈善：《扪虱新话》，《下集》卷二。见〔宋〕俞鼎孙、俞经编：《儒学警悟》（香港：龙门书店，1967年），卷三十七，页6，总页204。

[2] 〔宋〕胡仔纂集，廖德明校点：《苕溪渔隐丛话》（北京：人民文学出版社，1981），《前集》卷第四十七"山谷上"，页320。〔宋〕何汶《竹庄诗话》卷一、〔宋〕王直方《王直方诗话》亦引之。

写作强调绪论、结论，以及中幅各章节间，皆需"宛转回复，首尾俱应"，理无二致。尤其是博士论文，写作时间通常两三年，后面的论点和前面写的往往互有出入，甚至自相矛盾。所以，有必要瞻前顾后，回环往复，辗转反思，交相论证，如常山蛇、八阵图。

假如前后论点不一，通常后端比较精确，所谓后出转精。但也不必然如此。总之，前后的论点如果不一致，经由确认，就要回头去修改调整，所谓"过者勿惮改"。务必使前后论点贯通无碍，不致偏差出入。因为同一篇文章，或者同一本书，所有脉络关键，应该要转相挹注，环环相扣。文献征引，是论文的基本单位，每条引文隶属于某个项目，记得扣紧项目的标题，详加申论阐发。如果无法阐发申论，甚至扞格难入，那就表示定位偏差了，布局错乱了。换句话说，这条引文不该出现在这个项目之下，甚至不属于这个章节。否则，何以不能阐发项目的意蕴？

标题，是意涵高度浓缩的叙事文字。因此，论文写作之道，以扣紧项目标题，进行意蕴的发挥为首要。其次，项目隶属某一节次下，节次的文字标题，代表某一个意蕴指向，也必须转相挹注，环环相扣。换言之，所有引文，都必须扣紧每章、每节、每项目的标题，加以申论。譬如现在正在撰写第五章第三节，既然这一节从属于第五章，阐说发论就得扣紧这个专章的主题。能这样联结，这条引文就有很多层面的话可说，而且是首尾呼应。从最基本的引文，到项目、节次、章篇，都像万水朝宗，都能如"常山之蛇，首尾呼应"；论文中的脉络关键，也都能转相挹注，环环相扣"论文的结构就紧凑绵密，不至于结构脱节、章节松散。再强调一次：如果引文不能够扣紧项、目、节、章，似乎格格不入，这就表示引文的位次不对，不应该出现在这个项目底下。既然定位错置，解决之道，或者搬家，或者删除，这就是论文写作的结构检验。总之，首尾呼应，内外谐和，是设章、分节、立项的基本要求。

（三）议题设定宜有侧重，文献征引避免雷同

项目、章节之安排，宜运用系统思维，进行宏观调控，或移位、或合并、或分离、或增删，盖万变不离其宗，一切回归文本之理与义。日本遍照金刚《文

镜秘府论·定位》所谓"就理分配,义别成科",可作为或分或合之定则。

就整体规划而言,项、目、章、节的安排,应该要运用系统思维,就局部和整体、结构和功能,进行宏观调控。撰写论文,要有一个比重原则。不管是写一篇论文,或是写一本专书,不能某一节内容特别臃肿,字数特别多;也不能哪一章特别萎缩,字数特别不足。以20万字的学位论文或专书来说,绪论、结论之外,大概正文有六章,每一章应该3万字左右。如果字数有出入,以不要超过加减2000字为原则。譬如某一章是3万字,多一点,不要超过32000字;少一点,不能低于28000字。这样,最多和最少的篇章,就相差4000字了,所以字数不可相差太悬殊。

撰写报告或学位论文时,也不必太自我设限。收集资料时,如果对某个议题认识比较深入、了解比较透彻、概念非常明朗,收罗的文献就比较丰富、精确。如果某一章资料丰富、佐证坚实,那就放手去写,先不要管字数多少。等写出来以后,发现不合比例原则,再来调控。怎么调?应该进行系统思维,整体观照。首先确认:整部论文题目的核心论述是什么?其次,再看每一章、每一节的征引文献,是不是确实切合了题目的内涵。如果发现某一章材料特别多,可以有三种处理方式:第一,高度浓缩,精益求精。不过,这样做很辛苦,一般人都不愿意,因为都已经写出来了,何苦瘦身?第二,移位搬家,支持别章,或者跟其他章节合并。如果论点太薄弱,不能独撑大局,不能独立成章,就得依附其他章节,或者干脆删除作废。第三,类聚群分,析为两章。平常一个章节3万字,结果这章5万多字。那就表示本章理念内容丰富,概念不单纯,不妨尝试分为两章。拆分出来的新章节,也许证据比较薄弱、论点比较不足,那就再集思广益,搜集更多资料,来增加说服性。经过统整,进行文献移位补强,可以获得改善。这样,论点顺理成章就可以一分为二。所以,论文大纲不是凭空想象就好,要在写出来以后,进一步做整体系统性的宏观调控。

总之,前面所说的浓缩、移位、分离、合并、增删,都遵循一个原则,就是以文本解读为基础。没有文本文献,人文学科就无所谓研究。征引的文献,全文(书)最好只出现一次,显示针对切实,无可取代。在不同的章节,切忌重复引用。除非，从不同侧面、殊异视角诠释，足以相得益彰；否则，不得犯重。每一章节既然有所侧重，议题设定就不能太过雷同。

（四）假设与求证相互制约，可以避免武断

假设，是一种重要的创造活动。拟定大纲，是假设性的学术工程。因为撰写还未开始，还不知道实际情形如何，还不知道困难在哪里。但是论文写作大纲的拟定，非进行假设不可。因为有了假设，研究才会有方向，所以不妨大胆假设。这是一种演绎式的论文大纲拟定法，跟前文所言偏向归纳式的方法，大有不同。顾颉刚研究古史，提出"古史的层累"说[1]；日本京都学派内藤湖南、宫崎市定，探讨中国历史分期，提出"唐宋变革"论、"宋代近世"说[2]；也是未经论证的命题，故称"内藤假说"。自然科学探索不可知的天文、宇宙、生命起源，也往往运用假设。因此，大胆假设，配合小心求证，自然也是论文大纲拟定方法之一。殷海光说：

> "假设"，是一种重要的创造活动，与想象不可分。"大胆假设"，是向前开辟新境界的探求；"小心求证"，是约制大胆开辟，以便获致可靠果实的一种程序。我们与其武断，不如小心。[3]

假设，不妨大胆；求证，一定小心。如果搜求证据，发现论点不能成立，就要推翻假设，放弃命题。千万不能执着己见、知错不改，明知假设不能成立，仍盲目执行。其实，大胆假设，犹如导航或指南，可作茫茫学海中的指引，可以引导方向、触发思考，有助于搜集资料、选择素材、拟定论文大纲。如果文献佐证发现假设不切实际，不符合全面客观之信证，那就要毅然决然放弃假设，这才是小心求证的真谛。"大胆假设"和"小心求证"，又好比

---

[1] 顾颉刚：《与钱玄同先生论古史书》，《民国丛书》（上海：上海书店，1992，影印1933年朴社版），第四编，第65册，《古史辨》，页95。

[2] 参考王水照：《鳞爪文辑》（西安：陕西人民出版社，2008），《重提"内藤命题"》，页173～178。

[3] 殷海光：《思想与方法》（上海：上海三联书店，2004），《论大胆假设小心求证》，页158。

物理学上的离心力与向心力，彼此牵扯，相互制衡。大胆假设往往天马行空、自由驰骋、不可思议、匪夷所思，好比脱缰的野马、离心的云霄飞车。"小心谨慎"，则是制约大胆的假设，犹物理学上之向心力，制衡自由任意、胆大武断，使其回归到规矩绳墨、小心而保守的轨道上来。唐代名医孙思邈说："胆欲大而心欲小，智欲圆而行欲方。《诗》曰'如临深渊，如履薄冰'，谓小心也。'赳赳武夫，公侯干城'，谓大胆也。"[1]虽说医术，可移为治学。

总之，"大胆假设"，是向前开辟新境界。"小心求证"，是约制大胆开辟，以便获致可靠果实的一种程序。两者交相制约，有助于真理的发现，及创新之开拓。

三、大纲拟定，可作研究进程，可见别识心裁

何炳松《历史研究法》之《著作》篇，十分重视纲领、纲要，以为可以"使览者如振衣得领，张网挈纲"。若从读者接受之视角言之，论文大纲之于读者之接受反应，又何尝不然？何炳松云：

> 明定范围，提示纲领，然后分述详情，表明特点。务使览者如振衣得领，张网挈纲。……不特当研究之际，须将题目在胸，即至著作之时，亦应毋忘纲要。学问之道，纲领为先，研究进程，此为关键。若书无纲领，则纵有心裁别识，亦将如用武无地之英雄。[2]

无论"研究之际"还是"著作之时"，须"题目在胸"，应"毋忘纲要"。

---

[1] 〔唐〕刘肃：《大唐新语》，卷十引孙思邈曰。详见于周勋初主编：《唐人轶事汇编》（上海：上海古籍出版社，1995年），卷六《孙思邈》，页302引《大唐新语》卷十及《太平广记》卷二一八。

[2] 何炳松：《何炳松文集》（北京：商务印书馆，1997），第四卷《历史研究法》，第九章《著作》，页64～65。

因此，"学问之道，纲领为先。研究进程，此为关键"。"若书无纲领，则纵有心裁别识，亦将如用武无地之英雄。"上述话语，移以称述大纲拟定，以及论文写作，亦十分贴切。《文心雕龙·附会》论文章，所谓"附辞会义，务总纲领"，即此之谓。

写作的范围，就是研究的领域。首先，开始拟定大纲，就必须明确划定。如果范围还没圈定，大纲的规模就很难勾画出来。到底要研究一本书，还是十部书？要进行断代研究、通代研究，还是流变研究？是专家考论，还是群体探究？论文规模之大小，取决于选题范围之宽窄。如果范围尚未决定，如何草拟写作大纲？譬如打算研究苏东坡诗，这是范围。但苏东坡诗2700多首，各期风格不同，究竟打算研究杭州、黄州、惠州、儋州哪一期？如果是贬官黄州时期，就得掌握这时期的诗篇数量。苏东坡在黄州，不只作诗，还写古文、写赋、填词，这些要不要参考借镜？所以范围要说清楚，讲明白。就像一位工程师设计建筑蓝图，必须要知道房子的地坪与建坪有多大，不能向壁虚造。如果面积很宽敞，空间却设计狭窄，或者设计宽敞，实际地坪却不够广大，这等于闭门造车，出不合辙。

其次，所谓写作大纲，就是论文纲领、纲要，也就是作业要领。要提纲挈领，将来论文写作才能够分论详说。唯有提纲挈领，研究的特色亮点才会凸显出来。所谓特色不特色，是经过比较的。何谓特点？是不是发现新资料，有新观点？还是应用新的研究方法？这些都要展示凸显，呈现在每个标题上面。大纲标题，含金量极高，等于是高度浓缩的叙事，用简要的文字体现出来。这里面，有千言万语，可以写2万字、3万字，甚至更多。不要小看这些字，其中有无限的含义和蓬勃的生机。论文写作的当下，需要成竹在胸。大纲拟定些什么，在论文写作的时候，是要具体扣紧、切实呼应的。就好像建筑的设计蓝图，楼阁如何美轮美奂，工程师是可以预见的，他看得到未来。建案既已精算，审核业已通过，建商就应该按图施工，完成匠心理念。换言之，设计蓝图不是参考用的而已，施工建造必须如实地体现设计构想。

论文的研究方向是什么、研究重点何在，在进行论文写作时，应该念兹在兹。换言之，不可疏离论文大纲的重要内涵和主体方向。这好比房屋桥梁工程施作时，设计理念的体现应该无所不在。研究的过程中，随时随地要掌握大纲。包括收集资料、构思、剪裁、解读、诠释，一切思考都必须要有解决问题的概念，这叫作问题意识。显豁的问题意识，常在我心，才能够酝酿形成论文大纲，拙著《论文选题与研究创新》这部书里头，有专章讨论，可以参考。所以何炳松说："学问之道，纲领为先。"做学问的方法，先要提纲挈领。何炳松非常强调写作大纲的重要性，以为"研究进程，此为关键"；甚至认为，"若书无纲领，则纵有心裁别识，亦将如用武无地之英雄"。同理可知，如果论文写作大纲规划不周、设计不当、聚焦不够、体现不足、亮点不明，那作者的独到心得、学术创见，将无所附丽，无处凸显。语云"万山磅礴必有主峰，龙衮九章但挈一领"，写作大纲似之。

工商企业界谈规划设计、经营管理，往往运用系统思维，进行宏观掌握，强调洞察时势，看见未来。其实在优秀的中国传统文化中，系统思维已多所运用，如八卦、中医、火药、活字印刷、都江堰水利工程，都是显例。所谓系统思维，指系统可分解为要素，要素集结起来构成系统。系统与要素，整体与局部的关系，是系统方法的基本点。系统思维着重从整体上掌握事物，关注事物的结构和功能。[1]由此观之，系统思维、宏观掌握，对于拟定写作大纲，进行论文写作而言，是很重要的方法和策略，值得提倡和推广。

由此可知，写作大纲就是问题意识的具体勾勒、如实体现，主体论述的思维亮点。同时，更是未来论文的重点、方向、特色的分列指陈。在收集资料、推敲问题的时候，甚至在撰写论文的当下，都必须随时随地掌握，不可疏忽遗忘。诚如何炳松所言："若书无纲领，则纵有心裁别识，亦将如用武无地之英雄。"信然！

---

[1] 刘长林：《中国系统思维》（北京：中国社会科学出版社，1997），页 534～537、565。

第八章　资料之取舍与议题之开展

议题的开展,是跟文献取舍共始终的。从原典文献的鉴定、征引,到学界成果的斟酌、可否,到立论的依违、述作,到探论的择精语详,时时处处面对抉择与取舍。清代章学诚《与陈观民工部论史学》云:"文献未集,则搜罗咨访不易为功。及其纷然杂陈,则贵决择去取。"[1]诚哉斯言!

身处知识爆炸的时代,时时面对很多文献,只要够认真、够努力,想要多少资料,都可以从网络上找得到。面对浩如烟海的文献,怎样做取舍,哪些要、哪些不要,趋避取舍之际,大抵是以问题意识为依归。抉择去取,正是议题开展后的复杂学术工程。或取或舍,攸关眼界识见,更关联学养和裁断。

一、方法论的三大任务

无论治学或写作,都必须讲究方法论。方法正确,可以爱日惜力,效率昭著。假如方法偏差,甚或昧于方法,将会事倍功半,陷于迷思。劳思光提示治学的方法论有三大任务,论文写作尤当在意:

> 确定语词之义界,考察命题之真伪,达成推理之明确,为方法论之三大任务。[2]

第一任务,确定语词之义界,名列方法论的首要任务。台湾大学文学院前院长侯健,翻译《柏拉图理想国》,在译者序中,谈到"苏格拉底的坚持":

---

[1] 〔清〕章学诚:《章氏遗书》(台北:汉声出版社,1973),卷十四《方志略例一·与陈观民工部论史学》,页280。
[2] 劳思光:《思想方法五讲》(香港:中文大学出版社,1998),第二、第三讲,页11～32。

发言者所用的一般名词,一定要"先加严格的界说",犹如孔子的正名[1],这就是"确定语词之义界"。西方治学的特色,就是源自这里的。他说:

> 《柏拉图理想国》(Plato and Politeia Republics)中,采对话体,行辩证法,苏格拉底坚持:发言者一定要把所用的一般名词(general terms),也就是抽象观念如是非、善恶、专制、民主一类的字眼,先加严格的界说,或者说是如孔子所要求的正名,俾能对这类名词,在事先获致共同的理解,以免各说各话,葫芦丝瓜缠绕不休。他是绝不肯接受诐辞遁辞的。这种抽丝剥茧,着眼大而下手小的辩法,正是西方治学的特色。[2]

发言、行文涉及抽象观念,例如是非、善恶、专制、民主等等,以及专业术语,如风格、创意、笔削、兴寄、印刷传媒、传播效应、属辞比事、《春秋》书法等等,都得"先加严格的界说",事先获得共识,就可以避免自由解读,各说各话。东方谈思想,谈哲学,深受西方影响;而西方哲学之源头活水,则是对话录《理想国》。劳思光《思想方法五讲》,大谈方法论,首提"确定语词的义界",不仅言之有据,而且理所当然。严羽《沧浪诗话》开宗明义称"入门须正,立志须高",很有启示性。

讨论问题,通常会牵涉到学术术语,譬如谈到文学,会提到风格,就要对风格两个字做一个界定。风格是什么?不同的文体有不同的风格,诗有诗的风格,词有词的风格,古文有古文的风格,小说有小说的风格,就算同样是诗歌,绝句、律诗、古诗、乐府,彼此风格也不一样。另外,不同的作者,

---

[1] 子路曰:"卫君待子而为政,子将奚先?"子曰:"必也正名乎!"子路曰:"有是哉?子之迂也!奚其正?"子曰:"野哉由也!君子于其所不知,盖阙如也。名不正,则言不顺;言不顺,则事不成;事不成,则礼乐不兴;礼乐不兴,则刑罚不中;刑罚不中,则民无所措手足。故君子名之必可言也,言之必可行也。君子于其言,无所苟而已矣。"〔宋〕朱熹:《四书章句集注》(北京:中华书局,2012),其三《论语集注》,卷七《子路第十三》,页142～143。

[2] 柏拉图(Plato)著,侯健译:《柏拉图理想国》(台北:联经出版事业公司,1979),译者序,页6。

也会有不同的风格。就算同一个作者,青年、壮年、晚年的风格也不一样。还有学派,不同学派有不同的风格,不同地域也会有不同风格,譬如浙东、浙西、桐城、扬州。可见风格的指涉,包括文体、作者、学派、地理等等内涵。可以单指其一,也可能指涉多元。所以,到底所谓的风格指什么,要先做一个界定,才不会引发认知争议。此即所谓"着眼大,而下手小的辩法"。

确定语词的义界,中文学界向来很忽略,研讨会中经常被提出来检讨。讨论学术,态度如此含糊,的确要不得!假如想研究某某人的文学风格,如果连"风格"语词的义界,作者都搞不清楚,那举例说明会精确吗?举例面向会没有遗漏吗?举例说明有所遗漏,那章节安排会完备无缺吗?这都是有关系的。确定语词之义界,是小问题、大关键,千万不可等闲视之。所以首先要对涉及的语词,做一个界定。譬如研究《春秋》书法,"属辞比事"既是诠释解读的一大利器,就要对"属辞"和"比事"分别作界定。属辞比事连在一起,又是什么意思?要弄个一清二楚。

因此说,方法论的第一大任务,就是确定语词的义界。这是"着眼大而下手小"的一种办法,不弄清楚,底下的举例、论证、推拓都会有问题。"正名"很重要,诚如孔子所云:"名不正,则言不顺;言不顺,则事不成。"在研讨会上产生的争议,只是论文中疏忽了"正名"的程序,造成彼此的想法不一致,致纷歧,有落差。譬如何谓宋诗特色,这涉及专业,当明加界定。专攻唐诗的,先入为主,认知就不一样。若拿唐诗的概念看待宋诗,往往就很不对盘。宋诗与唐诗、唐音与宋调,风格特色不同,就像杜甫诗和李白诗,风格特色很难一致。诚如孔子所言:"名不正,则言不顺;言不顺,则事不成。"确定语词的义界,可以避免各说各话。所以讨论问题之前,为文中之语词,尤其是专业术语,下一个定义,进行"正名",自是当务之急。

域外汉籍研究,视角不同,往往可以从周边看中国。近数十年来,南京大学成立研究中心,发行学术刊物。何谓域外汉籍?张伯伟之说,十分清楚,已确定语词之义界,如:

> 所谓"汉籍",就是以汉字撰写的文献,而"域外"则指禹域(也

就是中国）之外。所以，"域外汉籍"指的是存在于中国之外的二十世纪之前用汉文撰写的各类典籍文献。具体说来，包含以下三方面内容：一是历史上域外文人用汉字书写的文献；二是中国典籍的域外刊本、抄本以及众多域外人士对中国典籍的选本、注本或评本；三是流失在域外的中国古籍（包括残卷）。作为其主体，就是域外文人写作的汉文献。[1]

《礼记·经解》："属辞比事，《春秋》教也。"自"三传"以下，多持"属辞比事"诠释解读《春秋》经。何谓"属辞比事"？王夫之、孙希旦、毛奇龄、姜炳璋，以及章学诚、钟文烝、张应昌、日本竹添光鸿八家，解说较具代表性。笔者综合诸家之见，确定"属辞比事"之语词义界：

> 属辞比事，所以为解读《春秋》书法之津梁者，指载事之参伍悬远者，当比次类及之；辞文之散漶横梗者，宜统合连属之。此事与彼事相提并论，此辞与彼辞相合而观，或事同而辞异，或辞同而事异，于是考求其事、其辞，而予夺显，褒贬见。易言之，持宏观之视野，用系统之思维，模拟对比相近相反之史事，连属上下前后之文辞，合数十年积渐之时势而通观考索之，可以求得《春秋》不说破之"言外之意"，此之谓比事属辞。[2]

方法论的第二任务，是考察命题的真伪。设定的命题，不可以是个假议题，事实上不存在、不能成立，那论述将如浮沙建塔，徒劳无功。譬如深信《左传》为西汉末期刘歆所伪作，那么，持以印证传世文献，就会左支右绌，不能圆融通达。像《左传》所载天文学文献，如日食、彗星、流星雨、地震之精确，

---

[1] 张伯伟：《从新材料、新问题到新方法——域外汉籍研究的回顾与前瞻》，见刘跃进主编：《古代文学前沿与评论（第一辑）》（北京：社会科学文献出版社，2018），页 55～70。
[2] 张高评：《比事属辞与古文义法——方苞"经术兼文章"考论》（台北：新文丰出版公司，2016），第三章《比事属辞与无传而著》，页 78～79。

若非身经目历，无由推想。[1] 战国出土文献无数，作为二重证据，多以《左传》为上古史可资征信之"信史"，可以知之。征存文献，当先确定真伪。若作者为伪、时代为伪、内容为伪，则当扬弃不用，以免影响推论的合理，命题的真确。

论著引用的文献到底可靠不可靠，有所谓的古书真伪的考辨，这在清朝乾嘉以来到近代学者，都做了不少的考据功夫。如清姚际恒《古今伪书考》、梁启超《古书真伪及其年代》、张心澂《伪书通考》、郑良树《续伪书通考》都值得参考利用。哪些书确定是伪书，哪些书确定是后人所编造的，必须要了解清楚。否则，将影响成果的信度。譬如研究汉代的学术，却采用六朝唐代以后编纂而成的书，不但缺乏说服力，而且时代错乱。所以，引用文献本身，要确定真实、无误、可信、可靠。

考辨功夫，不必为了某个课题，专程投入研究，大可发挥"借用与联结"的功能。譬如研究《史记》，哪些是褚少孙补的篇章，哪些是司马迁、司马谈写的，难道为了要研究《史记》，特地研究一遍吗？不必，因为这些研究成果，论文已发表，成果已出版，网络不难找到，图书馆也能翻查出。只要认真，多花时间，可以借镜别人的研究成果，用简单扼要的四句话写出来，后面加上注释，引用的文献真伪，就解决了。

方法论的第三任务，要达成推理之明确。三十年来，在台湾各大学的课程设计上，逻辑学开授并不普遍。逻辑的推演，有助于论辩正确，不致出错。既然学校没开这个课，只好自力救济，自己研读一些逻辑学、理则学的书，自有助于推理得明白、正确。完成一部专著、一本博士论文，通常旷日废时，前后时间拖得很长，少则三四年，多则八九年。首尾间隔时间如此之长，断断续续写作，很有可能产生前后论点纷歧、观点不一的问题。达成推理的明确，是一种温馨的提示。

写一篇论文，一般的同学大概花一个月左右。写一本硕士学位论文，可

---

[1] 孙关龙：《〈春秋〉科学考》（深圳：海天出版社，2015），第二章《开创系统的天象记录》，日食、陨石、流星雨、彗星之记载，页21～45。

能要花一年两年甚至更多到五年、六年。文科的博士论文，因为兼职关系，日升月恒，往往长达八九年。从起手写到完工，旷日废时，时间拉得很长，所以对问题的看法可能前后不一，甚至相反相左，认知之深浅以及成熟度也不同。研究伊始，比较生疏，论点可能较有问题；积渐力久，由生疏而娴熟，有些疑惑就迎刃而解了。前后论点不一致，甚至自相矛盾，这很自然，并不意外。怎么办呢？其实，这不难处理。

一篇论文完成以后，在脑筋最清楚的时候（通常是一大早睡醒之后），把论文从头到尾看上一遍、两遍、三遍，就会发现前后龃龉不一的地方，到底哪个比较对呢？依常情判断，后面的推论可能比较正确。最近才完成的篇章，因为已经投入很多心力，接触很多问题，掌握很多文献，写出来的论点应该比较成熟可靠。一本书、一篇文章，在完成以后，论点信据得做后续的检验，自己化身为第三者，从严审查，看看里面有没有破绽，有没有缺陷，有没有矛盾。如此施为，呈现出的论文，推理可望比较正确。

二、材料取舍和文献筛选

（一）征引材料，当关注真伪、主从、重轻、生熟、精粗、得失

有关材料真伪的鉴定，已见上述，不赘。接下来第二步，要判断所用材料是主要还是次要。如果是主要的，最好做个记号。材料搜集，琳琅满目，更要做足功夫。譬如重要的材料，研读后特别给 A 的编号，如 A1、A2、A3。觉得还不错，有参考价值，就编号 B。这样，就很容易分出主次。重要的文本和佐证，尔后必须重点强调，深入剖析，详尽讨论。至于次要的，聊备一说的、添枝加叶的，甚至可有可无的，不妨轻描淡写，简略交代就行。每个资料并非一样重要，没必要等量齐观。有些论文显然抄袭，缺乏独到创见，可以屏弃不用。所以，当下就要分别主从、权衡重轻、判定优劣，这涉及学术眼光。《文心雕龙·知音》称："凡操千曲而后晓声，观千剑而后识器。"吾于文献判读、材料取舍，亦云。

研究经验告诉我们，经过博观厚积，就可以评断哪个有创见，哪个论说精辟完整。看得多，想得多，比较得多，自然养就判断力。至于斟酌生熟，对于材料取舍尤其重要。生，是陌生；熟，即熟悉，眼熟、耳熟，就是人云亦云，欠缺新创。可贵的是陌生罕见奇崛独特、有新鲜感的材料，这是必须积极掌握的。材料耳熟能详，表示论点未超越认知范围，犹如孙悟空的本领，未能跳脱如来佛的手掌心。材料眼熟、似曾相识，不是同行写过，就是自己读过，或者是学界发表过。材料未经人用过则新，立意未经人说过则新，唯有新颖独特，才具备参考价值、借镜意义。

　　厘清精粗，更是筛选材料、决定征引与否的试金石。材料是精致还是粗糙，只要经过比较，就能够见出真章。有的精致细腻，鞭辟入里；有的粗枝大叶，空洞无物。考察每篇论文的优劣得失，鉴别论文的精粗高下，是征引文献的首发工程。很少有论文是十全十美的，除非是大师的著作。论文既然刊载在学报期刊上，原则上都通过严审严评，都应有其心得和发明。研读过程，贵在集思广益、荟萃众长，以取法他人的优长为手段、为阶梯，而以能迸发创见、洗剥出心得、增益其所不能作目标，则为学日益，积健为雄。换言之，以参考文献作为发想的起始、研究的垫脚石，而不以学界成果作为研究之终点，则学术开拓的空间极大。致力于重要、陌生问题之发掘，尽心于粗疏处、漏失处症结之改善，则容易萌生另类的学术生长点、较有独到创新的论著。

　　这些真伪、主宾、重轻、生熟、精粗、得失，是我们看到材料时，要还是不要、参取得多少的一种当下判断。由于文本的类别不一，论题的属性殊异，研究者的期待值不同，终极追求的层次亦判然有别。故征引材料的取舍斟酌，并不一律。不过，异中求同，自有共识：材料质量要经过筛选，论文水平要经过鉴别。汰滓存精，择优借镜，这应该是共通的原则。千万不可随机取样，更不宜师心自用，轻率地将材料等量齐观，将所见资料通通采用。到头来精粗不分、鱼目混珠，这表示欠缺权衡与斟酌之能力。在还没有着手撰写论文之前，判读取舍材料，就必须要下这些功夫。如此，才有利于论题的佐证和发明。

　　总之，材料之取舍与征引，当鉴定真伪、分别主从、权衡重轻、斟酌生熟、厘析精粗、考察得失，而以有利于议题之佐证与发明为依归。

（二）前后、详略、晦明与取舍删改

长江之水，后浪推着前浪；学术传承，后进追随前贤。就学术论著而言，但看作品优劣，不在乎先贤后生。江山代有才人出，焉知来者不如今。两汉经学家讲究家法、师法，盲目遵从信奉。两宋经学家则创意诠释，新奇解读。其于"先儒之说"之依违取舍，颇有识见，值得参考。如元程端学治《春秋本义》之自白：

> 先儒之说，不敢妄加去取，必究其指归而取其所长：二家说同，则取其前说；前略后详，前晦后明，则取其后说。其或大段甚当，而一二句害理者，可删则删之；一二字害理者，可改则改之。[1]

程端学（1278～1334），元朝《春秋》学家，著有《春秋本义》一书。其《春秋本义通论》论《春秋》学材料之去取删改，对论文写作颇有启示。首提"先儒之说，不敢妄加去取"。什么叫作"先儒之说"？写报告、写论文时，同行、老师、前辈比我们早一个月或早几年发表论著，都可以视同"先儒之说"。研读"先儒之说"，不可随便任意去取。一定弄清楚这篇论著的核心主轴、重要归向，抉择去取才会精准恰当。我们撷取优点、长处，扬弃缺失短处。严格说来，每一部著作都有缺失，不要只看到缺失，而要发掘优点、长处，所谓"必究其指归，而取其所长"。

对于前说后说近似者，程端学提出的取舍原则是，"二家说同，则取其前说"，这个提示很重要。两家说法很相似，究竟哪一篇是原创？就现代人来说，大抵应考察论文发表、专著出版时间的先后。论文著作发表在前，就是所谓的前说，较有可能是孤明先发的前贤"原创"。论著发表在后的，有可能是"随人说短长"的因袭；当然也有可能是踵事增华、后来居上的杰

---

[1] 〔元〕程端学：《春秋本义》（台北：台湾商务印书馆，1983，文渊阁《四库全书》本），卷首《春秋本义通论》，页3，第160册，总页33。

作。就算后来居上,"前说"的披荆斩棘、自我作古、开创之功也不容抹杀。学术探讨讲究"接着讲",追求百尺竿头更进一步。"登高必自卑,行远必自迩",所以具备创意的"前说",自是后说立论的基准、踵事增华的坐标。

学术研究讲究"接着讲",所以"后说"有时也有可取之处。程端学指出:"前略后详,前晦后明,则取其后说。"如果早先出版的书或者论文,论述阐说比较简略,之后发表的、出版的写得比较详尽清楚,择优取详,就可参取后生的说法,这叫作"前修未密,后出转精"。如果先前发表的论文著作写得隐晦不明、含糊其词,正提供后来者若干开发之空间。新近之论著比较透彻详尽、清楚明朗,显示有所补充发展,择优而从,自然就选取后者。

至于大段落可取,局部字句可议,程端学亦提出删改商榷之道:"其或大段甚当,而一二句害理者,可删则删之;一二字害理者,可改则改之。"就害理而言,犹大醇与小疵,或删或改,可以两全其美。引用一段文章作讨论,可能一百个字以上,我们不能未加剪裁,动辄援引一大段。有一两句说得没道理,无助于自圆其说,不该把它删除,应在论说时进行指瑕或点拨。因为任何论点不可能十全十美、毫无瑕疵。也许讲了十个观点,有七八个讲得非常好,就选取讲得好的观点,其他不好的,指点瑕疵为上策,搁置为中策,删略不谈则属下策。

至于"一二字害理者,可改则改之",所谓改,不止文字修饰而已,更重要的,应该是观点调整,提出异议。如果先贤论说偏颇"害理",应该提出补正修订,使之更加完善妥帖,此之谓匡谬补缺。端正视听,贡献不小,甚至可以视同笔补造化。

(三)实事求是,有所为有所不为

文章之道,与待人接物相通:态度决定高度,格局影响结局。"实事求是,莫作调人"(清人黄以周座右铭),行事应该有其风格:或有所为,或有所不为,进退取舍,都该有个原则。清代人张自超,以宗法朱熹《春秋》学自命,大抵以不苟同、不苟异,有所为,有所不为作为标榜。其言曰:

> 经旨先儒讲解切当者，不再发明。其前人不合之说，后人已有辨者，不再辨。或虽不合，而于大义无关者，亦不置论。……又合诸儒之说，参互斟酌，去其非者，存其是者，未敢以臆断也。其于朱子，则已言者引其言，未言者推其意。间有非朱子之意，或朱子曾言之而鄙见微有不然者，亦未敢阿私而曲殉之也。[1]

张自超（1654～1718），为清朝康熙间经学家，著有《春秋宗朱辨义》一书。方苞《春秋》学的老师，正是张自超。方苞《春秋》学的著作，有很多受到张自超的启发。张自超《春秋宗朱辨义》之《总论》，对先儒讲解《春秋》经旨，提出"去取从违"的原则，论点很高明，富于启发性。首先，郑重声明："经旨先儒讲解切当者，不再发明。"这值得我们参考：经旨解读，"先儒讲解切当"，几成定论者，可以"不再发明"。意谓：《春秋》经的微言大义，六朝、唐宋以来，清朝以前儒者，如果都讲得非常恰当，已经没有争议，几成定论了，那我可以不再费心去发明。前人已经讲得颠扑不破，学术界都公认这个说法了，就不必再多费口舌。这样，可以节省时间，专心去处理其外的事情。其次，"其前人不合之说，后人已有辨者，不再辨"。前人跟后人说法不一致，后人已经做了十分清楚的辨正了，那我也不再阐说。有所为，有所不为，是文献取舍的正确态度，论文写作亦然。

写作论文时，有些问题学术界已经谈烂了，成了老生常谈，就不值得再画蛇添足，重复前说。张自超这两段话，可做论文写作之参考。张自超接着说："或虽不合，而于大义无关者，亦不置论。"虽然前后论点都不兼容，但跟我要谈的《春秋》微言大义主轴没有关系，我也不予置论。那什么是他要谈的呢？"又合诸儒之说，参互斟酌，去其非者，存其是者，未敢以臆断也。"我的论点跟前人的论点有相通的地方，于是将我的论点跟前辈的论点，相互参考斟酌。有些判定不对的，就勇于割爱抛弃；认为正确无误的，就善

---

[1]〔清〕张自超：《春秋宗朱辨义》（台北：台湾商务印书馆，1983，文渊阁《四库全书》本），总论，页1，第178册，总页2。

加保存留置，这就是所谓去非存是。"去非存是"这四个字很重要，依违取舍之方法千言万端，实事求是，未敢臆断，要不离"去非存是"四字而已。

张自超自我标榜学派旗向，为"《春秋》宗朱"，故以朱熹《春秋》学为宗主。"其于朱子，则已言者引其言，未言者推其意。间有非朱子之意，或朱子曾言之而鄙见微有不然者，亦未敢阿私而曲之也。"不妨把这里说的"朱子"，看成是同行前贤，或者是你的指导教授。因为张自超虽然推崇朱子，但偶尔有一些批评朱子的观点，或者朱熹虽然说过，张自超却不赞成、不苟同。张自超"未敢阿私而曲之"一语，即亚里士多德（Aristotle，前384～前322）所谓"吾爱吾师，吾更爱真理"（Plato is dear to me, but dearer still is truth）之治学精神。

如果朱子说错了，张自超就提出自己的看法："已言者引其言，未言者推其意。"论著所以可贵，在能"接着讲"。何谓"接着讲"，上述二语可作确诂。张自超《春秋》学，致力于发明朱熹《春秋》学之旨义；吾人撰写论文，亦尽心阐扬前人学术的盲点误区。前人虽已言，或语焉不详，或虚浮皮相，或陋略粗浅，则当引而申之，精益求精。前人或思不及此，或顾此失彼，或故意隐去，或无心疏失，一旦发现有如是的疏漏，于是当仁不让，乐为作者推寻其义蕴，发掘其隐微，此真有功于学术。

学术论文写作，诚非易事。已言已知者，固难于突破阐扬；而未言未知者，则难在开启发掘。学术研究之困境，陈垣曾有论说：

> 论文之难，在最好因人所已知，告其所未知。若人人皆知，则无须再说；若人人不知，则又太偏僻太专门，人看之无味也。前者之失在显，后者之失在隐。必须隐而显，或显而隐，乃成佳作。[1]

"因人所已知，告其所未知"，这是以"先验"为基准，就人之已言，

---

[1] 陈垣：《陈垣来往书信集》，余英时为柳存仁《和风堂新文集》作序文，引用之，以说现代学术论著。

进一步引申其言说；就人之未言，推阐其意蕴。冯友兰谈新儒学，强调"接着讲"，搁置"照着讲"；陈之藩说诗与科学，也都着重承先启后，继往开来，标榜"接着讲"的拓展推进，扬弃"照着讲"的依样葫芦，了无创发。[1] 看来，陈援庵（陈垣，1880～1971）在冯友兰、陈之藩之前，早有先见与提示，可见英雄所见略同。陈垣认为"人人皆知，则无须再说"，此即张自超所云"先儒讲解切当者，不再发明"。陈垣提示论文选题和阐释，最好是"隐而显，显而隐"：人人不知的课题，应该发掘隐微，解构专业；人人皆知的课题，则不妨转换视角，调整方法，广征文献，深探精髓。如此"隐而显，显而隐"，才可望成为佳构。

三、问题探讨与论述分段

文章分段是现代的观念，古代文章是不分段落的。不过，分段的概念老早就有了。"章"这个字，从音什，于六书属会意。本义指音乐演奏告一个段落，即是一章。引申作为文学术语，指意脉贯串、自成一个完足系统的文字，就叫一章，或一段。为便利阅读接受，论文必须讲究分段，这涉及主干、思路、层次、论证诸问题的探讨和处理。笔者以为，原则大抵是这样的：

> 探论问题，行文主干宜显著，思路宜清晰，层次宜分明，论证宜确凿。问题较重大、复杂者，可以多分几段论述。

为求理路清晰，论文写作最好用一个段落讨论一个问题。一个段落讨论好几个问题，应该尽量避免。否则，错综复杂，自己都搞不清楚，读者自然也看不明白。我认为，一个段落大概维持在五六百个字最佳。千万不要动辄一两千字，还不分段，研读将渐失专注力，耐心也会弹性疲乏，觉得接受吃力。

---

[1] 冯友兰：《冯友兰学术论著自选集》（北京：北京师范学院出版社，1992），《新理学·绪论》，页13。陈之藩：《陈之藩文集》（台北：天下文化出版公司，2008），第三册《时空之海》，《序·谈爱因斯坦致罗斯福的一封信》，页9。

论文本是理性知性文字，抽象概念，不时进行推衍。为读者设想，轻松愉快地阅读，将有助于论点的理解与接受。一个段落讨论一个主要问题，这就是行文的原则。

每一章节当然要讨论很多问题，为了眉目清晰、有条不紊，可以在还没有下笔之前，先安排好行文的先后顺序。这一节首先打算讲些什么，要引用哪条文献；论述阐说之后，准备说些什么，都得先有个腹稿，定个主张。《中庸》说："言前定，则不跲，事前定，则不困。"值得作为座右铭。总之，千言万语，总有个话语重心，当有个探讨的主干。这重心与主干，就是设章分段的主要规准。

就论文写作而言，永远都是遵循主干线在发展，主干线通常会涉及很多支线。好比去台北，高速公路就是干线；下了高速公路，走进省道、乡道，那就是支线。如果要前往台北，上了高速公路，不蔓不枝，走主干线，直奔目的地，最为快速。一旦三番两次下交流道买文旦，又去关子岭泡温泉，请问什么时候到台北？可见岔开出去，就渐行渐远了。不是说完全不可以离开主干线，假如车子快没有油了，当然可以下交流道加油。但是务必记得：尽快回到高速公路，还是可以如期到达目的地。每一章节，都是遵循主干线的论点在发挥，相关的枝节不妨视而不见，或者不必然立即处理。这样，可以避免喧宾夺主，或放浪无归。

我的硕士论文，研究"黄梨洲及其史学"，第四章谈到黄宗羲对清代浙东史学的影响。写了六位浙东学派的史学家，譬如全祖望、万斯同、章学诚等。其中章学诚是大家，似乎应该重点论述，详尽申说。的确，章学诚的资料很丰富，学术界发表的论文很多。是否可以把这一节中的一小项，写成 2 万字？当然不容许！根据比例原则，假如一章顶多 2 万字，那一节中的一项，恐怕最多只能占 2000 字。这部论文的重点主轴在研究黄宗羲，黄宗羲对浙东史学影响十分深远重大。尽管章学诚史学很重要，但他只是浙东史学家六人中的一位，所以篇幅就不能占太多，不然就喧宾夺主，主干线就模糊了。

所以，遵守比重原则，是控制论文写作不致失焦的方法之一。因为字数多，耗费无数笔墨，表示主干、重点之所在，所以必须强调。论文的主干线要多写，其他涉及的只能斟酌损益，少写为妙。必须随时检点字数，控制篇幅。如果认为章学诚很重要，可以等待写完硕士论文以后，再将其当成主干，继续研究。论文的主干线，就是重点强调的观点。论文的特色、创见、发明，要用主干线去表达，要用更多的章节去彰显。主干线显著，思路自然就清晰了。如果行文率性任意，主干线模糊不清，想到什么就写什么，势必杂乱无章、缺乏条理，那无异于治丝益棼。思路既已杂乱，写作论文亦将事倍功半。

论文的主干线，犹如坐标，必须先行确定。接着，论文打算分几个层次论述，也要早做定夺。所有资料都已掌握，还没下笔之前，将要用来佐证的文献、打算阐说的论点，十之七八超前部署、了然于胸了。所以，应该有办法分出大小、内外、浅深、远近、高下诸层次，进而层次分明、有条不紊地开展议题。就时间、空间言，论文可以从古久、远处谈起，一直到近代、近处；可以从源从正，谈到流派与新变。如此，则层次分明。同理，可以从大系统谈到小局面，从外廓谈到内核，从浅而易见谈到深不可测，从平庸低下谈到高明卓越。反之亦然。论文写作当循序渐进，层层推拓，不可造次，不宜躐等，不应错综混杂。否则，容易语失伦次，将造成认知混乱，不利于传播与接受。

人文学科的研究，很重视文献佐证。所以撰写论文、探讨问题时，掌握确切不移、坚实可信的证据，可成为能破能立的利器。有几分证据，就说几分话。如果只有三四分证据，就不能说五六分话，这是胡适之实证主义的坚持。证据必须确凿可靠，才能提供有利的佐证，而有助于独到见解的成立、新创学说的令人信服。所谓正确可靠的证据，大抵来自量丰而质优的原典文献。原典文献的掌握，是人文研究的础石，数量众多的信据，重要性、典型性、代表性的佐证，展示了铁案如山、不可移易的真理，令人深信与悦服。所以探论问题，有确凿的信据，就较容易导出令人悦服的论证。人文研究是仰赖文献佐证的，结论如何令人相信？证据一条一条地排开，原典文献先后次第罗列，论证经过检验，一一坚实牢靠，产生的结论就可信，就可以成立。

前文说过：一个段落，诠释一个议题，这样干净利落、眉目清晰，这是原则。假如议题讨论较重大、较复杂、较深奥，影响较深远，可以考虑多分几段来论述。可以在还没下笔之前，将步骤次序就先规划好。处理错综复杂、盘根错节的问题，先理出头绪，看出眼目，突出关键，觑定要害，于是可以据此分段，依此论述。层层推拓，纲举目张；盈科而后进，顺理而成章。换言之，既分之后，仍然切合"一个段落，一个议题"的原则。议题的次第开展，是论文写作的必然步骤，而段落划分得宜，最有助于理念的传达，创见的提出。

最后，附带说明"引文"或删或节的问题，因为这跟文献取舍有密切关系。某章节或为阐述原典，或为辨识疑惑，或为提出事证，或为裁判得失，就得引经据典，作为独立引文，以便申说讨论。如果原文很长，多达一两百个字，甚至更多，如征引《左传》叙事、《史记》纪传、杜甫七古、韩愈古文、宋词长调，或者小说戏曲，如何删节才不至于过繁或太简？这确实需要讲究。征引文献，最好要切实针对。因为引文是为了佐证，要让证据更具说服力，所以，切实针对是唯一考虑。"文字冗长，不妨删繁就简"，这个原则很重要。

首先，确定论文探讨的议题；其次，将准引文做个段落区分，再进行亮点重点凸显；最后就议题指向与征引文献作一紧密联结，看看两者是否切实针对。如果准引文可以区分为三段，于是保留这个部分，其他前后部分删掉。第一次引用时，议题指向属意中间这段，那么前段后段可以删节掉。全文全书第二次引用同一文献时，也许要的是最后一段，那文献前面的一两段也用删节号删除。因为三次的侧重面不同，分别用来阐发论证不同的议题，当然是可以的。同一段文献，千万不要复制，从头到尾一而再、再而三地出现与引用。一方面显得文献搜集不足，佐证无力；一方面文献未能删繁就简，给人治学缺乏严谨、态度疏忽的印象。

所以，文字冗长，不妨删繁就简，归于至当。取舍去留之际，还有一个要领必须遵守：那就是"删节汰存之间，当不失原著本意"。删节文献，主要为了征引、讨论、佐证，甚至说服。文献篇幅过长，连篇累牍，若不经必要删节，议题探讨将散漫无归，严重失焦。所以，删节文献是出于不得已的权宜之计。既是权宜变通，当然不能舍本逐末，罔顾文献原义。因此，删节汰存之间，一定要格外慎重。如果删节以后，意思走样了，与原来意思刚好相反，沦为造假、误读，那是绝对要避免的。弄巧成拙，引喻失义，画虎不成反类犬，学术论文不该出现这种怪现象，所以要特别小心注意。

第九章　文献之运用与诠释之方法

学术论文时常引经据典，语气正经庄重，态度严肃认真，其中更有许多潜在规则，初学入门往往摸不着头绪，一般教授也不明说，似乎随人体会，冷暖自知。文无定法，文成而法成。写作论文，必然的规范虽无，但总有一些原理原则，可以即器求道，便于乘筏登岸。

将分门别类的文献资料，在问题意识的作用下组织成学术论文的网络，再经过规划设计、诠释解读，就成了支撑主题概念、中心思想的利器和尖兵。诚如刘跃进所云："研究文献学不是目的，而只是一种方法，一条途径。"[1] 缺乏建筑材料的支撑，盖不出一栋大楼。文献材料残缺不全，同样建构不出扎实而创新的论文。王运熙、尚永亮治学，不约而同，讲究实事求是，值得关注：

> 王（运熙）先生给我最大的启发，就是一种征实求是的精神，永远以材料说话，有多少材料说多少话。对于文献要找到最合理的解释，每篇论文都是实事求是、朴朴实实地提出新见解。[2]
>
> 所谓实证，就是凭材料、证据说话，就是借实事以求是，通过对材料的搜集、梳理、分析，以探寻历史的真相，发现事物间的内在联系和发展规律。[3]

有多少材料，就说多少话；全凭材料、证据说话，这就是"实事求是"

---

[1] 刘跃进：《中国古典文学研究四十年》，载《深圳大学学报（人文社会科学版）》2019年第1期，页120～127。

[2] 吴承学：《写论文就像打官司，要能提出自己的观点，只有学术没有思想，出不了大师》，载《翻译教学与研究·古代文学考研》2019年11月29日。

[3] 尚永亮：《方法与创新——以文学研究为中心》，载《中文论坛》（总第5辑）2017年第1辑。

的征实精神。"实证"主义与"求是"精神,可作为本章讨论文献运用与诠释方法的原理原则。

马丁·海德格尔(Martin Heidegger,1889～1976)说:"理解,是人的存在方式。"因此,只要有语言文字,就有文本阅读与理解的问题。由此看来,诠释学绝不是西方学术的专利。就中国文化而言,如《左传》以历史叙事解释《春秋》经、《孟子》首倡"知人论世"说,都运用历史解释;《孟子》创建"以意逆志"说,是一种诗学心理解释。[1] 了解文本与诠释之关系,对于论文写作,自有启益。

就文本的理解与解释的论述看来,考察历代经学、史学、玄学、佛学、禅学、理学、诗学的传世文献,大抵可以掌握中国古代阐释学的大凡。四川大学周裕锴,对于传世文献的诠释理论,曾进行发掘、阐释、建构、评价,著成《中国古代诠释学研究》一书。诸如先秦诸子之论道辩名,两汉诸儒之宗经正纬、魏晋名士之谈玄辨理、隋唐高僧之译经讲义、两宋文人之谈禅说诗、元明才子之批诗评文、清代学者之探微索隐,都一一作专章之诠释。[2] 研究传统学术,撰写文、史、哲领域之论文,多方借镜参考,自有帮助。

一、文献征引,讲究策略

首先,学术论文的特色之一,在讨论是非优劣、探索源流高下。为求论说坚实,论据厚实可信,令人心悦诚服,所以必须大量、多方、择精地征引文献。其主要原则、基本要领如下:

(一)先有导语,次列文献,再进行阐释

论文写作开始,还没发展到引文,必须先有一些引导的话,叫作导语(或称导言)。如果开门见山就征引文献,犹天外飞来一笔,唐突冒昧,读者入

---

[1] 周光庆:《中国古典解释学导论》(北京:中华书局,2002),第五章《中国古典解释学的历史解释》,页304～344;第六章《中国古典解释学的心理解释》,页345～360。

[2] 周裕锴:《中国古代诠释学研究》(上海:上海人民出版社,2003),页6～407。

门无从，将会拒绝阅读论文。所以，为了缓冲热身，往往先来一段开场白，作为引导的话语。小说写作，此为常技。清毛宗岗有《读〈三国志〉法》曾言：

> 将有一段正文在后，必先有一段闲文以为之引；将有一段大文在后，必先有一小文以为之端。……"鲁人将有事于上帝，必先有事于泮宫"，文章之妙，正复类是。[1]

正文之前，必先有一段闲文作为引言。换言之，"闲文"为"正文"之引。大文在后，必先有一段小文为之开端。换言之，"小文"为"大文"之端。《三国志通俗演义》具此笔法，毛宗岗以为有"将雪见霰，将雨闻雷"之妙。探讨问题，阐发正论之前，必先来一段导言、绪言、引言、弁言、前言，作为导引，如音乐之有前奏，堪称顺理成章。

引用文献的策略和方法，王兆鹏教授曾提示"先有导语，次列文献，再进行阐释"，以为乃引用文献之基本格式（语引王兆鹏未刊之手稿）。清孙琮评点欧阳修《与郭秀才》，亦有类似之说。以为作文之道，"必有一番话头引起于前，然后好入自己议论"：

> 古人作文，必有一番话头引起于前，然后好入自己议论。……然古人话头有正用之者，……有反用之者，……有正反互用而浅深出之者，……。急须拈出，为用古人话头者作指点。[2]

"一番话头引起于前"，或正用之，或反用之，或正反互用之，其作用在于指点引导。先有如此之铺垫、烘托、指引，再入"自己议论"，遂觉水到渠成，怡然理顺。引用文献的策略和方法，王兆鹏教授所言，与毛宗岗、

---

[1] 〔清〕毛宗岗：《读〈三国志〉法》，见《三国演义会评本》（北京：北京大学出版社，1986），卷首，页13～14。
[2] 洪本健编：《欧阳修资料汇编》（北京：中华书局，1995），四，清代《孙琮·与郭秀才书》，页700引，《山晓阁选宋大家欧阳庐陵全集》卷一。

孙琼之说不谋而合。这些见解都很重要，可作为论文写作时文献运用及诠释的纲领。

导语（言），有其作用，原则上是发挥介绍的功能。引导的话要顾及两方面：其一，要锁定标题的意思，预做一个铺垫，寻求一个开展，这是导言的前半段要写的。如果是第一节的导语，那就针对该节的标题，切实说几句话。让读者知道，以下论文打算介绍什么观念，要讨论什么问题。其二，眼光不妨瞄准下方即将引用的文献，用笼统概括的方式，作若隐若现的提示。用引导的方法具体而微地告诉读者，接下来要讲些什么。三言两语就带出引文，不可讲得太详尽，要留有余地，让下文去发挥。一篇论文水平的好坏或深浅、专业或普通，只要看引文之后如何开展议题来判定，大概可以八九不离十。初学入门的研究生有待突破的，就是文献如何阐释的方法。一方面，要阐发引文的精华；另一方面，要解释说明引文的内涵；除此之外，要扣紧引文和标题的关系。其他，还有千丝万缕的潜在规则，择要述说如下：

（二）以观点带文献，不宜以文献带观点

引用文献，首先注意三大基本格式：一、先有一段导言，不必太长，让读者很快进入论文世界；二、征引文献，顺理成章呼应导言；三、文献阐释，实事求是探索引文之价值。引用文献是主体，前有铺陈张本，后有呼应申说。简言之，其基本格式，先有导语，中列文献，后有阐释，诚如王兆鹏所言。导语、文献和阐释之间，如何作有机的组合，王兆鹏提示以金玉良言："以观点带文献，不宜以文献带观点。"（语引未刊之手稿）提纲挈领，言简意赅，值得三复斯言。所谓以观点带文献，指以问题意识驱遣文献，驾驭资料。这对于文献之运用及诠释，尤其重要。

身处当今知识爆炸的时代，网络无远弗届，只要勤快上网，不管是中国的，还是日、韩、欧、美的，都可以找到丰富而多元的文献，所以文献不虞匮乏。这是现代人作学问的优势，也是一大困境。那么多信息，要怎么筛选？如何征引？如何取舍？因为资料看多了，往往容易被资料绑架。但见引用张三、李四、王五、赵六的论述，却没有太多自己的主张和阐说。论文写作，应该凸出自己的话语权，不可以从头到尾，自己很少发表意见，只当别人的代言人、传声筒。其实，论文还没着手撰写，所拟写作大纲，已经呈现出各章节的观点了。既然万事俱备、只差动笔，那就应该用问题意识来驾驭文献。就如同苏东坡所言，文章的"意"好比金钱。只要有钱，就可以购买东西，把握旨义，就容易驾驭素材文献。

郭预衡撰写《中国散文史》，追求"以观点统帅材料、用材料证实观点"的境界。用他的话说，就是"从汉语散文的实际出发，而不要从文学概论的定义出发"[1]。王汎森谈学术研究，再三叮咛学子："别把目光停留在材料上"；"必须将视角拉高，想想这些材料代表什么意义？而非一股脑地钻进去研究'里头'的东西"[2]。能入能出，以观点带文献，郭、王二先生所言，值得三复斯言。同理，写作论文，也"别把理论弄成一个筐，什么都往里头装"[3]。先入为主，穿凿附会，非治学之道；空设观点，绑架文献，追奇蹈虚，当然不可行。

（三）建立问题意识，有利于论点之提炼，思考之深入

有了问题意识作为指引，所有研究素材、二手资料都会纷至沓来，充当我观点的佐证和补充。我引用甲、乙，却不引用丙、丁，因为丙、丁的观点不可取，见解太浅陋。为什么甲、乙的观点引用比较多？也许甲的观点，孤明先发，属于前瞻论题；乙的见解，有余不尽，值得"接着讲"，可以引申发挥。取舍判断之际，自见问题意识。问题意识的发用，就是以观点带出文献，不是以文献绑架观点。

以观点带出文献，可以助我进一层，谈得更广，论得更深，说得更博。所以论文的主体观念、问题意识是三军主帅，而文献资料是宾从士卒。宋明理学常言："吾心有主，然后可以应天地万物之变。"撰写论文，能以观点带出文献，则资料随我取舍、观点由我定夺，所谓著作论文的话语权，自然

---

[1] 王宁：《郭预衡先生的幸运与不幸》，载《随笔》2020年第4期。
[2] 王汎森：《研究学问的一些心得、反省》，文章摘自微信公众号"近现代史研究信息"2019年10月5日推文。
[3] 陈平原：《谈博士论文写作》，载《中华读书报》2003年3月12日。

恢恢然有余裕。用观点带出文献，文献可充当观点的佐证，提供论点的助力，让论点有颠扑不破的价值，有令人心服口服的效力。

文献征引的意义，本不在炫博，而是贵精不贵多。崇尚发明幽微，而不屑于堆砌杂凑。以问题意识为将帅，驱遣文献、驾驭资料，于是文献的优劣高下、精粗、偏全，经由观点的权衡，昭然若揭。如果引用的资料不足以印证阐明观点，不能凸显出思维的亮点，无从强化论证的效力，那就有如孔子所言："虽多，亦奚以为？"因此，要用观点带出文献，不应该以文献牵引观点。以文献牵引观点，就是被文献绑架，追随别人后面，人云亦云。犹如矮人看戏，随人说短长。

如果欠缺问题意识，面对文献取舍，就会六神无主，无所适从。优劣精粗、高下偏全，是经过比较得出的，心中欠缺问题意识，别识心裁就无从产生。看一篇，爱一篇，似乎每篇论点都有道理，都很高明。于是取而用之，那只得当他人的代言或应声虫了。所谓论文，就是要讨论出是非对错、优劣短长，就是要有自我的主张、创见、心得、话语权。这一切，都得靠文献支撑、佐证、阐发，才能让观点更加突出，更加有说服力。所以不应该以文献牵引观点，应该以观点带出文献。

投入学术研究，从事论文写作，当务之急就是建立问题意识，形成目标导向，作为驱遣文献、驾驭资料的判准和依归。"建立问题意识，有利于论点之提炼，思考之深入；有助于提出问题、把握问题、响应问题。"邓小南的提示，笔者《论文选题与研究创新》一书，已有专章论述，[1]读者可以参看。

二、文献征引及其诠释方法

论文写作，必须征引文献，一则言之有据，可用以取信读者；再则备列事证，可用以建立自我主张；三则揭示问题文献，提供批驳讨论空间，作为

---

[1] 邓小南：《祖宗之法——北宋前期政治述略》（北京：三联书店，2006），页3。张高评：《论文选题与研究创新》（台北：里仁书局，2013），第四章《问题意识与选题指向：学术研究的推进器》，页125～171。

建立论点之起始。无论基于何种原因,征引文献成为写作论文不可或缺的重要"标帜"。关键文献既已罗列征引,接下来的文献解读,将是论文写作系列学术工程的主轴与核心,其成败攸关论文之得失优劣。

综观文、史、哲学术论文之写作,文献解读诠释之法大抵有六:一、综述大意;二、凸显警策;三、考辨源流;四、触类发明;五、共时观照;六、释疑正误。皆当为之发微阐幽,详尽明确。文献解读得精确切实,诠释得合宜得体,是跟论文水平优劣高下有关系的,这认知有必要重点申说。导言已经铺垫,开始论述问题,接着就引用一段又一段的文献。如何解读、诠释一段又一段的引文?首先,诠释必须精确切实,不能顾左右而言他。诠释解读到底恰当不恰当,得体不得体?解读得恰当适切,那水平就高,就是优质论文。否则,论文就平凡,就低下。征引文献之后,如何开展议论,如何就题申说,详说如下:

(一)文献诠释之方法与注史体例之借镜

1. 开门见山,综述大意

这是最常见、较容易、很基本的方法。综述大意,文字通常不必太多,要言简意赅,不蔓不枝。如果研究诗、词、古文、辞赋,千万不可只作白话翻译,因为是综合论述,不是语译诗文。学术论文,属于一种限制式阅读,是给专家学者看的,并不是一般通俗读物。既然是同行,个个学养专精,翻译解释就免了吧!

所谓综述大意,就是归纳概念,介绍重心。结合问题意识,判读文献素材。其方法大略有四:可以统括冗长叙事,可以理清混沌概念,可以凸出核心问题,可以提示关键话语,这是文献解读的第一步。针对原典文献,进行大意之综述,文字宜求精简,切合实际。

2. 凸显警策,强调焦点

论文写作庞征博引,令人目不暇接。在琳琅满目的征引文献中,读者初来乍到,还来不及明了状况,往往眼花缭乱。经典的警策、问题的焦点在哪里,有必要及时掌握。潜藏的精华是哪几句?为何引用这段文字?因为这段话是问题的重心,是思维的亮点,有可贵处,有可取处。为便于阅读,同时有助于此后之问题讨论与议题开展,有必要在阐释解读文献时,凸显警策,强调焦点。犹如在触手纷纶的文字世界中,找到一个坐标;在汪洋的学海中,出现一座灯塔,提供一个指引。掌握了警策与焦点,等于找到了策略和工具,就可以举重若轻、执简御繁,有利于全篇论文之写作与申说。

3. 追本溯源,考察因革损益

譬如文献征引到苏轼题画诗,可以溯源到杜甫咏画,进行较论;征引苏轼咏牡丹,可以上究李白、白居易牡丹诗,将唐宋牡丹诗作较论;征引苏轼海棠诗,可以上究晚唐薛涛所作,下探南宋杨万里等海棠之咏。引述涉及以文为诗,原则上应该和韩愈、欧阳修、苏轼的创作相较论。苏轼多才多艺,能诗、工词、善赋,如果征引文献提到本色、当行课题,论其源流因革,除述及以诗为词外,又可以追溯到六朝咏物诗、初唐之帝京篇,韩愈、欧阳修、周邦彦之以文为诗、以赋为诗、以赋为词。也许,苏东坡的诗风,影响清代"同光体诗"人的作诗风格,不妨作上探下究的流变考察。

这样的文献解读,就是立体论说,不是扁平叙述。如果只是直接正面解读文献,用线性思维说明问题,目无余子,就是扁平叙述,不仅单调乏味,而且浮光掠影,流于皮相。最好往上追溯源头,往下探究影响流变,这就是章学诚所谓的"辨章学术,考镜源流"[1]。

4. 触类旁通,创造发明

关键问题,应该举一反三,生发无限。譬如研究王昭君,王安石的《明妃曲》在宋代引出很大的唱和风潮,因为诗人都想写出新奇而有创意的作品。从王安石的《明妃曲》,可以联想到整个宋代,甚至元代、明代、清代,不仅诗作很多,戏曲也不少。能这样诠释解读,读者当下就分享到丰盛的知识飨宴,这就是立体论述。进而上究下探,于是知道历代咏昭君的诗篇800多首,王安石《明妃曲》写得最好,前后比较就突显出来了。

---

[1]〔清〕章学诚著,叶瑛校注:《文史通义校注》(北京:中华书局,1985、2008),收录《校雠通义》,卷二《焦竑误校汉志第十二》,页1009。

又譬如研究陶渊明诗文，就其影响接受而触类旁通，就会联想到苏轼系列和陶诗《和陶〈归去来兮辞〉》，以及苏门、南宋文人的同题共作。掌握脉络系统，交相比较，容易得出优劣得失，而有助于创造发明。总之，诠释文献讲究触类旁通，汇集类似的个案、主题、风格在一起，对一个论题进行立体论述，较容易有心得创见。

5. 共时观照，同侪相形

同期共时，不一定要同时代，前后期都算。再以苏轼为例，他的老师有欧阳修，平辈有王安石，学生辈有黄庭坚，可以将同一时期人物作比较，可以把研究的对象放在一个时代进行综合考察。观看在某个时期，诸家诗人的集体意识是什么？文学表现或学术成就有无共相？一代学术的定位，或者个人学术价值的判断，是要经过比较才得出的。譬如元祐以前，梅尧臣、王安石、欧阳修对宋诗特色形成都有贡献，但是就作品质量比重来讲，以苏轼、黄庭坚的贡献最大。因此，文学史论宋诗，以苏、黄为代表。

所以诠释文献，不妨共时观照，把同时期的相关群体进行比较论述。研究过程中，触及面广大、深远；论文完成以后，知识的面向就随之扩大开展了，新的学术生长点也找到了，学问心得的累积不知不觉就深厚了。扁平述说，仿佛小国寡民的天地，永远在小世界里转转转，浅学小知，是转不出名堂来的。

6. 解疑释惑，匡谬正误

这看起来像是消极作为，其实不然，笔补造化处，无异于再造乾坤。征引文献中，如果发现前人的偏失、学术的悬案、世俗的误会、大家的疑惑，那就得解释疑惑之所在，为之拨迷雾而青天。绳愆矫枉，匡谬指瑕，功同再造，具有端正视听、一新耳目的功能。

诠释文献苟能如此，可以避免误导众生，贻误后人，学术贡献自然重大。释疑正误，犹如端正视听，正是替读者设想，为真理守护。所引文献有疑问处，为之解释；错误处，为之订正。学术研究的神圣使命，莫过于此。

晋代陈寿（233～297）纂修《三国志》，内容精洁，惟失之简略，故诏令裴松之（372～451）作注。裴松之收集诸家史料，多达240余种以上，较《三国志》原书多出三倍，弥补《三国志》记载之不足。若比拟论文写作，

《三国志》相当于原典文献，经由裴松之的诠释解读，遂成别识心裁之学术著作，与原著相互辉映处，性质犹如传之解经。依据《四库全书总目》提要，裴松之《三国志注》之注史体例，可析为六类：

> 所注杂引诸书，亦时下己意。综其大致，约有六端：一曰引诸家之论，以辨是非。一曰参诸书之说，以核伪异。一曰传所有之事，详其委曲。一曰传所无之事，补其阙佚。一曰传所有之人，详其生平。一曰传所无之人，附以同类。[1]

裴松之《三国志注》，解说《三国志》的体例，《四库全书总目》归纳梳理出六种，可视为诠释解读文献的方法。其中所谓辨是非、核伪异、详委曲、补阙佚、详生平、附同类，皆是文献诠释的方法。不妨参考借鉴，详尽地去论述、确定地去解说、深入地去阐发，自可成为研究的卖点，增强论说的可信度。

（二）比事属辞，脉注绮交，成就立体论说

除了借鉴历史编纂学，如裴松之《三国志注》之文献解说外，经学家解读《春秋》之策略，也不妨宗法参酌。比事属辞，本为诠释《春秋》书法的策略，巧妙转换为论文写作，可作为诠释文献之方法。《春秋》之或笔或削，衍化为比事属辞之书法，如何借镜，可作诠释文献之资源？下文稍加举例论说。至于专论，可参考本书外篇：相关学科之借鉴，第二章《〈春秋〉笔削书法、历史编纂与叙事传统》。至于原委本末，可以参阅笔者专著《属辞比事与〈春秋〉诠释学》[2]。

比事，原指排比史事，作为学术论文，则是罗列文献，提供信据。属辞，是连缀上下前后之文辞，以显示其义，而凸显旨义。孔子作《春秋》，固因

---

[1]〔清〕纪昀等主纂：《四库全书总目》（台北：艺文印书馆，1974），卷四十五，《三国志》提要，页31，总页973。

[2] 张高评：《属辞比事与〈春秋〉诠释学》（台北：新文丰出版公司，2019），第二章、第九章、第十章，页35～93、页465～502、页503～585。

事而属辞，吾人撰写论文，亦因征引文献、胪陈信据，环绕问题意识而缀文修辞，而表现亮点，导出心得。譬如苏轼贬谪惠州时，有《和陶〈桃花源〉并引》诗文，主张渔人所见，乃避世桃源，并非世外仙境。试排比苏轼贬谪时期所作题画诗、和陶诗、佛禅题跋、读《坛经》、读《大藏经》，以及《酒隐赋》诸文献，多可见向往仇池之山川清远之怀想，皆可充实苏轼"心造桃源"之论说。[1] 研读陆游《剑南诗稿》，载存许多读书诗以及记梦诗，能否借文献之征信与诠释，而考索放翁其人之理想与现实？此一问题意识若成立，则因事属辞，顺理可以成章。

关于解读素材、诠释文献，上文提出六种方法，外加"比事属辞"之《春秋》诠释法。如果能交相运用，排比其事证，连缀其辞文，聚焦于问题意识，而发挥主体概念之精微，则文献诠解八面玲珑，不至于单薄而扁平。文献解读之精确切实，诠释之合宜得体，攸关论文水平之优劣高下，亦由此可见一斑。

三、原始素材与二手资料的相得益彰

（一）善用二手资料，权作研究的起点

毕生钻研古代学术的老学硕儒礼敬原典文献，比之采铜于山，以为无可取代，形成文献运用的一种迷思。但是中西兼采的新史学家，胸襟更开放，眼界更会通。新史学家固然同意"史料以原始为佳"，但研究时亦可参酌二手文献，所谓"孳生史料之精者，亦可备研究历史者之要删"。如何炳松所言：

> 史料以原始为佳。……唯孳生史料之精者，亦可备研究历史者之要删。试言其利，盖有四端：……示后人以取材之地，其利一也。……省后人考证功夫，其利二也。……能为后人断定往事，其利三也。能省后

---

[1] 张高评：《宋代乐土意识与人间桃源》，见陈登武、吴有能主编：《谁的乌托邦：500 年来的反思与辩证》（台北：台湾师范大学出版中心，2017），页 59～100。

人编著功夫,其利四也。[1]

　　有关文献运用,学术界流传一种说法:多用原典素材,不用转手资料。禁用二手文献。有人将之奉为金科玉律,我则以为似是而非。迷信原典文献,不屑参考他人研究成果,这未免傲慢与偏见,不符合学术规范。若将上述观点稍加调整,作一转语:原典文献,宜多征引;二手资料不能不用,但尽可能少用。如果放眼所及,尽是二手资料,将严重排挤作者在论文中的话语权。这犯了失语症,恐流于他人的代言。所以,对待二手资料的态度,是善用,使之与原典文献相辅相成、相得益彰。

　　因为,二手资料本有触发、增益之功能。二手资料绝对不是学术禁脔,关键在如何善用。史料文献之价值,媲美采铜于山,自然以原始为佳。原典素材,就是一手文献;滋生史料,等于二手资料,也就是近人的研究成果。近人研究成果,如果写得经典,十分精辟独到,很有创见心得,是可以考虑选用的。把精彩可取的二手资料,当作研究之起点,致力于"接着讲"的创造开拓,善加参考利用,自有触发借鉴之功,并非一无可取。

　　学术研究强调"借用与联结",二手文献、近人成果,正是促成"站在巨人肩膀上"的触发能量。应该审慎选用,而不是完全拒绝往来。否则,"不知有汉,无论魏晋",岂不犯了学术自闭症?历史学者何炳松所谓"孳生史料之精者,亦可备研究历史者之要删",所称"孳生史料",即是二手文献、学界成果,选择其中"精者",断无不可用之理。

　　至于所称原始史料,有四利:一可示出处;二可省考证;三可断往事;四可省编著。推而至于经学、义理、文学之原典文献,大抵都具备相似的功能。第一手资料的可贵,可以想见。不过,不能因此就抹煞二手文献具有开拓创发之功。反之,如果原典文献已经开发,亦有若干研究成果,研究者自不能置若罔闻,无视其成果之存在。

---

[1] 何炳松:《何炳松文集》(北京:商务印书馆,1997),第四卷《历史研究法》,第二章《博采》,页 16～17。

一些研究生及部分学者，迷信原典文献的神圣，不屑征引相关研究之二手资料，其傲慢与偏见几与故步自封者等伦。复旦大学历史系李剑鸣铁口直断："完全凭借第一手文献，是不可能做研究的"；"治学要创新，研究要避免重复，就必须很好地利用第二手文献"。[1] 良心警语，如狮子吼，又如海潮音，值得深思。

（二）完全凭借原典文献，不可能做研究

原典文献，是信据的来源，论说的根本，研究的础石。二手文献，从原典文献开枝散叶而来，所谓"孳生史料"、二手资料，何炳松以为精良者具备之诸利，善加使用可以长善救失，触发无限。一手原典和二手文献，应该相辅相成，不能偏废。李剑鸣之言，亦值得参考：

> 如果不充分而合理地利用第二手文献，所取得的成果，在学术上肯定要大打折扣。因此，利用第一手文献和利用第二手文献，在研究中是相辅相成、不可或缺的两个环节。倘若偏废一端，就会严重影响工作的成效。[2]

做学术研究，尽可能使用原始文献。因为原始资料如实存真，保留较多的本色和原味，能客观如实反映当时的信息。二手文献由原始资料衍生，经过加工再制，不免流失许多原汁原味。何况添枝加叶，有可能师心自用，对于文献的真实信度渐行渐远，这些现象确实存在。所以，就论文写作而言，原典文献永远是宗主，而二手资料只能是宾从。作文不可以喧宾夺主，论文写作又岂能太重转手而忽略原典？就算原始文献征引，也要慎选版本；否则，原始资料经过辗转传播，也难免出现鲁鱼亥豕之讹误，渐失本真。所以《庄子》濠梁之辩，有"请循其本"之说。"三传"解释《春秋》，渐失其真，所以宋儒治《春秋》，呼吁以经治经，"求圣人之义于圣人手笔之书"，就是回归第一手文献。

---

[1] 李剑鸣：《历史学家的修养和技艺》（上海：三联书店，2007），第六章《继承与创新》，"二、第二手文献的利用"，页211～218。

[2] 同上注，页211。

原典文献天成自然，如实存真，未经雕琢，不失本色，当然值得珍视宝贵。唐写本、宋版书之所以珍贵，出土文献作为二重证据之所以重要，理由在此。版本学、校雠学、文献学、考据学特别重视一手资料，也是看中它的本来面目。其中道理并不高深，老学宿儒尤其耳熟能详："书读百遍，其义自见"，这是就原典文献来说的；"只可意会，不可言传"，盖就独学无友、错失观摩切磋而言之。所以，信奉第一手文献可资利用，而排除转手资料之触发激荡，如此偏执枯窘，肯定有其局限和不足。学界心知肚明，只缺畅快指陈、和盘托出而已。"完全凭借第一手文献，是不可能做研究的！"这句话犹暮鼓晨钟，发人深思，值得大书特书。

有些学者过度迷信一手资料的权威神圣，做学术研究绝不越雷池一步，独抱"原典"究终始，大有中唐啖助、赵匡新《春秋》学派的气势。影响所及，不仅身体力行，指导研究生撰写论文，也严格要求：只征引原典文献，不必参考二手资料，遑论借镜学界他人的研究成果。躲在原典文献的象牙之塔内，自得其乐，跟外在学界几乎"老死不相往来"。外面学界同行有什么独创的心得，他不想知道，也无从借镜；学界讨论哪些热门话题，提出哪些前瞻论点，他缺乏关心注意，也就不会响应或投入，一心一意只厮守原典，成了今之古人。把厮守原典文献，当作身处桃花源，"遂与外人间隔"，以至"不知有汉，无论魏晋"。居今之世，网络信息发达，知识爆炸，图书讯息无远弗届。人外有人，天外有天，焉知学界同行没有相关成果值得参考，没有心得创见可以触发？所以，二手文献值不值得征引参考，有重新讨论定位的必要。

我看过不少博士论文，第一次阅读时，惊叹新一代的国学大师出现了，注释从头到尾都是原典，并未引用任何二手资料。这太惊悚了！因为连教授大师都不可能这样。如果研究生都是凭借第一手材料，那请问指导教授跟你讨论论文的时候，所提供的意见算不算二手材料？当然算！就算老师尚未写成书，就智慧财产（知识产权）来说，也必须在注释中写明是老师的创见心得。进一步追问：指导教授凭借经验和心得指导论文，不管教授的经验是得自他人，或自己过往的研究成果，而创见心得当然是教授的。你接受了老师的指点教导，这些经验与心得，就研究生而言，是不是二手资料？当然是。

没有这些二手资料的触动、诱导、启发，如何能写成硕士、博士论文，没有二手资料的触发、激荡、反思、借镜，是做不好学问的。由此观之，第一手文献和第二手文献的利用，应该是相辅相成、不可或缺的两个环节。

李剑鸣《历史学家的修养和技艺》这本书，有专章专节谈到二手文献的利用，非常精彩可取。其中提到历史学界曾有某个研究项目，申请到好几亿的经费。研究成果提出之后，发现学者专家居然都不看二手资料就能够得出结论，真是不可思议。研究生也常有一种误解，也即老师经常强调原典文献，却忘了告诉学生二手资料是用来激荡触发的。冯友兰讲新理学，强调他所谈理学之所以"新"，在于"接着讲"，不是"照着讲"。照着讲，是人云亦云，依样画葫芦；接着讲，是推陈出新，传承之外又有开拓。史蒂夫·乔布斯名言："创新有两个关键词：借用与联结。"对同行开发的研究成果一无所知，如何"补苴罅漏，张皇幽眇"？不衔接前人的研发心得，又何从而借用，以联结到本研究课题来？曾经有人问我，论文征引很多人的文献，表达自己观点的空间还在吗？我说：问得好！如果把别人的研究成果当作自我研究的起点而不是终点，就还存留很大的挥洒空间。假如觉得别人的著作写得太好，于是奉为经典，不敢造次，就是把参考二手资料当作研究的终点、完结。于是乎不得不抄，就再也不会去思考此中论点的不足，是否还存在什么偏差了。

任何人写论文，甚至院士、国学大师，仔细推敲琢磨，也总会有不足的地方。做学术研究，遵照规范，首先要做个成果回顾，对文献做个检讨、进行述评，知道这个领域、这个题目有哪些人写过论文专书，各自的优点、长处是什么，缺点、不足是什么，没有解决的问题是什么。一切都已掌握以后，才能够针对详略、异同、重轻、偏全，作百尺竿头更进一步的探讨。经过一番长善救失，增益其所不能，才算是你的创见心得，才算是你的亮点和卖点。不宜重复别人说过的话，切忌复制别人的创见心得，不应照着别人提出的论点再讲一遍。照着讲，讲得再好，还是别人的论点，不是自己的主张。所以提倡妙用二手文献，不是鼓励大家"照着讲"，当"文抄公"，原地踏步，而是提倡"接着讲"，把他人的心得成果当作思考的起点、触发的跳板，发挥乔布斯所谓"借用与联结"的精神，尽心致力转化为创新开拓。

医学、工程、农业、商学、管理的学术论文，每年都要核算引用率，推崇每一专业领域中高引用率的论文。社会学院、人文学院、艺术学院相继跟进，都意图从学术同侪的征引系数，推估学术影响度，风潮所至，不得不然。论文引用率是否能如实呈现论文的优劣？人文艺术学院系所论文影响系数适不适合进行量化？这是另一个问题。不过，掌管学术研究的部门，高调推广论文引用率，揭示了论文写作的一个规范问题：征引他人成果、二手资料，就是制式的规范。自古以来，文人相轻，彼此同行论文，往往不互相引用。学术是公器，意气用事如此，夫复何言？

清代叶燮论诗，很重视承先启后、继往开来："夫惟前者启之，而后者承之而益之；前者创之，而后者因之而广大之。"文学江山代有才人出，各领风骚数百年者，要皆如此。学术研究何尝不然？若视前者为原典文献，后者为学界研究心得，于是原始素材与二手资料之价值意义，乃昭然若揭。总之，"后人无前人，何以有其端绪？前人无后人，何以竟其引申乎？"[1] 叶燮《原诗》之说，可以息争止讼，值得三复斯言。

四、征引文献的具体规律

征引文献，修辞学称为引用，是诉诸权威的一种修辞方式。作者提供经典的、重要的、权威的、有代表性的材料，以期建立坚实的铁案，展示说服的成效。严耕望以为征引文献宜注意以下规则：

> （治史）几条具体规律：（1）不要忽略反面证据；（2）引用史料要将上下文看清楚，不要断章取义；（3）尽可能引用原始或接近原始史料，少用后期改编过的史料；（4）转引史料，必须检查原书。[2]

---

[1]〔清〕叶燮著，蒋寅笺注：《原诗笺注》（上海：上海古籍出版社，2014），页2181。

[2] 严耕望：《治史三书》（上海：上海人民出版社，2008），其一《治史经验谈》，"二、几条具体规律"，页29～41，引用时有节略。

严耕望（1916～1996），是研究唐代交通史的专家。行有余力，写了一部《治史经验谈》，提出历史研究的四则具体规律：其一，不要忽略反面证据。搜集资料时，发现意见跟我不同、论点跟我唱反调的，就故意丢弃，等同于毁尸灭迹，这是治学的大忌。换句话说，文献去异存同，等于还没研究，结论就出来了。正面的意见、观点类似的，当然要搜集；观点不一致的，颇有出入的，甚至相反相对的，更不能忽略。如果故意忽略，视同湮灭证据，那提出的论点一定是偏颇不全的。因为反面意见视若无睹，没有征引，缺乏陈述，提出的论点没有正反并陈，不见折衷诸家，就如一言堂，患了偏听、偏看的毛病，得出的论点当然是偏而不全的。学术研究，是一场理性知性的探索之旅，不宜有过多的爱憎好恶，不宜有过早的预设立场。否则，将会左右全方位的认知，影响精确的判断。反面的资料可能是一面照妖镜，有助于现出原形，了解真相。所以，不能不同时搜集运用。论点何以相反，是问题重点。什么原因，应当解说清楚。

其二，引用文献要将上下文看清楚，不可断章取义。初学者容易犯下列毛病：全文旨意尚未看清楚，就撷取其中的片段进行论说。这个片段，也许只见肯定的主张；前面一大段，说的可能是否定的意见；或者透过批评别人的意见，突出自己的主张。只撷取片段，而不及其余，这是引用文献材料的大忌。以偏概全，断章取义，势必偏离真实，都是不可为训的。《淮南子·泛论训》说："东面而望，不见西墙。南面而视，不睹北方。"一偏之见所氾不可行，断章取义所以不可取，以此之故。《礼记·经解》："属辞比事，《春秋》教也。"属辞，即连缀上下前后之辞文。凭借属辞，自可以见义。所以，征引文献，解读文献，上下文一定要看清楚，不能掉字、漏句，要看全、看透，切忌看偏或看错。

其三，尽可能引用原始的文献，或者接近原始的文献，少用后期改编过的史料或文献。这恐不能一概而论！譬如古书经过今人的精校精注，的确是后期改编过的书，但是古籍精校精注，若成于专家学者，经知名的出版社印行，有口皆碑，亦值得信赖。譬如中华书局、上海古籍出版社、商务印书馆、凤凰出版社的出版物，都是有品牌的。精校精注就算是后人改编过的，也自有其权威性、可靠性。

不过，后期改编过的文献，尤其是成于众手的大部头丛书，在征引使用上，就要格外审慎小心。如《宋诗话全编》《明诗话全编》《宋人诗话外编》。前二书厚重，各多达十数巨册，成于众手。大抵梳理诗话、笔记、文集、日记、语录中有关讨论文学的材料，汇聚成书。较诸原典文献，多存在偏而不全之缺失。作为资料翻检，了解诸家诗学梗概是可以的；但是撰写论文从而征信援引，仍以回归原始材料为宜。如《苏轼诗话》《黄庭坚诗话》，所辑录文献并不齐全。若欲征引援用，仍应回归苏轼、黄庭坚《文集》《诗集》及笔记、题跋之原典文献为宜。

《宋人诗话外编》，专就宋人笔记论诗材料勾勒成书，汇为二册，颇便于翻检参阅。可能受限于编辑体例或作者认知，若干知名而重要的诗学评论，多阙而弗录。如《宋景文公笔记》，未录"自成一家"语；《陵阳室中语》，未录韩驹诗学主张；俞成《萤雪丛说》，不录"活法"说：要皆漏失严重。读者想全面掌握宋人笔记论诗文献，"请循其本"，当回归原始，可以征引大象出版社《全宋笔记》。若征引《全宋笔记》，校对版本，既得其征信，又取其齐全。

其四，转引史料，必须检查原书。古人征引文献，有可能记忆有误，未查核原书；也可能任意删取，以成全己意；也可能书缺有间，辗转传抄；也可能执着译本，引喻失义；也可能心术不正，故意断章取义。为求全璧，为求复原，为求访佚，为求征信，为求校正，都必须检查本初原著，核实善本原书。某一条文献或素材，起初得自辗转引用，如果属于关键引文或重要论据，为检验真理，当然必须查考原典，核实原书。如果打算移作引文，致力深刻与广泛之讨论，进而能破能立，提炼出论点，萃取出精华，更应该选用善本全本，一一核实原著，还其本来面目。不宜造次，不可偷懒，当实事求是，还原素材、文献、史料。

第十章　亮点之凸显与论说之阐释

　　古代画学有所谓"传神写照""画龙点睛""得其意思"者，本为刻画艺术形象之手法。影响所及，文学、美学谈形象塑造，多作为模拟。今说论文写作，亦可移换此义为重点之突出，以及亮点之凸显。

　　《世说新语·巧艺》载：顾恺之（约348～409）画人物，"或数年不点目精。人问其故，顾云：'四体妍蚩，本无关于妙处。传神写照，正在阿堵中。'"[1] 眼睛，为灵魂之窗，顾恺之画人物之亮点重点，传神处着眼于眼睛。张彦远（815～907）《历代名画记》称：梁代画家张僧繇，画龙"不点眼睛"。一旦点睛，龙即破壁飞去上天。[2] 传神写照、画龙点睛二说，都强调眼睛，作为画人和画龙之亮点与重点。绘画如此，作文亦然。

　　顾恺之"传神写照"，张彦远"画龙点睛"之说，于绘画、文学影响深远。苏轼（1037～1101）阐发之，因作《传神记》，称传神处，当如优孟衣冠，优孟乔装打扮成孙叔敖，不必举体皆似，但"得其意思所在而已"。[3] 所谓"得其意思"，则是着眼于个性特征之掌握。精言要语，《传神记》之奥秘与精髓，揭示无遗。顾恺之、张彦远、苏轼三家之说，可资借镜，作为论文撰写时阐

---

[1]〔南朝宋〕刘义庆著，杨勇校笺：《世说新语校笺》（台北：正文书局，2000），下卷《巧艺第二十一》，页646。

[2]〔唐〕张彦远：《历代名画记》，卷七《梁张僧繇》，见于安澜编：《画史丛书》（台北：文史哲出版社，1974、1994），第一册，页90，总页94。

[3]〔宋〕苏轼《传神记》云："传神之难在于目。顾虎头云：'传神写照，都在阿堵中，其次在颧颊。'……凡人意思各有所在，或在眉目，或在鼻口。虎头云：'颊上加三毛，觉精采殊胜。'则此人意思，盖在须颊间也。优孟学孙叔敖，抵掌谈笑，至使人谓死者复生。此岂能举体皆似耶？亦得其意思所在而已。"〔宋〕苏轼撰，孔凡礼点校：《苏轼文集》（北京：中华书局，1986），卷十二，页400～401。

释论说，与凸显亮点之参考。

曾国藩《复陈右铭太守书》云："万山磅礴，必有主峰；龙衮九章，但挈一领。"这给论文写作一个重要的启示：论说阐释时，必须注意亮点的凸显。千言万语，关键论述是什么？连篇累牍，睿智的观点在哪里？都必须聚焦揭示，详尽发挥，重点强调。就像绘画磅礴之万山，必然凸显主峰之傲岸兀立；整理华贵之衮龙袍，妙在能提挈衣领为首要重点。所以，主峰、挈领是问题关键。因此，推衍到论文写作，章节论述时，当区分重轻，不必等量齐观；文献征引，讲究主次，不必一视同仁。

一、亮点之凸显与本末重轻之安排

《礼记·大学》称："物有本末，事有终始。知所先后，则近道矣。"举凡重要的章节、核心的议题、睿智的发现、独到的见解，都是一篇论文或一本专著的命脉、价值之所在。写作大纲，既经推敲斟酌，重轻先后，早已确定，似乎不可躐等越次，其实不然！笔者以为，就"本立而道生"言，固本务实才是学术工程施工的"标准作业程序"（SOP）。所以，在论文写作大纲拟定之后，笔者以为，论文写作的先后顺序，总以提纲挈领、烘托主峰为主要原则。至于学术工程施工的先后顺序，大抵可以依照本末重轻，而定先后顺序。

论文写作本末先后之原则，大抵如下：

（一）重要章节、核心议题、睿智发现、独到见解，可以优先撰写

为了突出议题内容、一篇论文的精华所在，就必须设计亮点。论文内容到底要讨论什么重点，可能有什么创见，会有什么独到心得，这是问题意识规划的亮点，一篇论文的警策。何谓亮点？是行家、指导教授、同行看了后眼睛为之一亮的尤物。举凡论文写作中，"重要之章节、核心之议题、睿智之发现、独到之见解"，都是。杜甫《前出塞》诗："挽弓当挽强，用箭当用长。射人先射马，擒贼先擒王。"标榜挽强弓、用长剑之利器，有助于完成"先射马""先擒王"的战略目标。战场实况，挽弓用剑，此起彼落；射

人射马,眼花缭乱。制胜之道,端视谋略之高下:目的在射人,却以"先射马"为手段;马殪而人倒,一举而两得。战争目标在克敌致果,擒捉其将帅君王,则群龙无首,万军乏主,不败何待?"射人先射马,擒贼先擒王"二语,提供论文写作无限启发。

  写作大纲拟定出来了,由于逻辑推衍,论证开拓关系,重要章节可能安排在第四、第五、第六章;核心议题,可能安排在后面章节;睿智发现、独到见解,也不见得位于前面篇幅。如果按照大纲之先后顺序撰写的话,重要章节在后头,存在一个大缺失:限于进度和时间,很有可能语焉不详,敷衍应急。或者,"强弩之极,矢不能穿鲁缟",精神体力再而衰,三而竭,也是一大隐忧。果真如此,导致论文表现乏善可陈,那就未免可惜了。这时,杜甫所提"射人先射马,擒贼先擒王"的策略运用,值得参考借镜。所以,重要章节,不妨优先撰写;核心议题,不妨优先探讨;睿智发现,不妨优先表述。如果某一章,自己预测可以提出独到见解,那这一章不妨优先处理,哪怕是第六、第七章,或者更后面的重要章节,也不妨优先撰稿,先驰得点。为什么?因为优先撰写,时间比较从容、功夫比较细致、照应比较周到。既然是重要章节、核心议题、睿智发现、独到见解,当然值得花很多时间去琢磨,应该花很多时间去斟酌、推敲、挖掘、发挥。这样,慢工出细活,这篇论文才会写得精彩。

  "知所先后",牵涉到排序、位次、排行,本指《春秋》书法之褒贬、爵位的尊卑、史事的轻重、行文的主从。《春秋》叙战,首恶罪魁先书,弑君诛心先书,此以褒贬为先后。《左传》叙诸侯争长、叙宫室火灾,则尊贵先书,此以尊卑为先后。[1] 事有轻重、小大、本末、缓急,重大而根本者,当优先紧急处理。行文有主从,亦因本末重轻而有缓急先后之因应,亦通权达变所宜有。换言之,或先或后,除自然伦理外,有其文化学上之意义。若

---

[1] "《春秋》辨理,一字见义,五石六鹢,以详略成文;雉门两观,以先后显旨;其婉章志晦,谅以邃矣。《尚书》则览文如诡,而寻理即畅;《春秋》则观辞立晓,而访义方隐。此圣文之殊致,表里之异体者也。"〔南朝梁〕刘勰著,范文澜注:《文心雕龙注》(北京:人民文学出版社,1958、2014),卷一《宗经第三》,页 22。

以后为前为中，或以前以中殿后，则颠倒乾坤，错乱位次。若有所为而为，又何尝不可。

以论文写作而言，"重要之章节、核心之议题、睿智之发现、独到之见解"，其事重大急切，可以不顾写作大纲之表定次序，而优先撰稿探讨。这种权宜措施，是符合整体利益的。从企业经营管理的视角看来，"知所先后"，就是绩效执行的要领。研究者面对写作大纲，必须完成的章节就是这么多；犹如公司的CEO，每天必须解决若干大大小小的问题。处理问题时，不妨依重轻急缓排个先后排序，对重要、巨大、特色、吸睛的亮点，优先、从容、妥善、圆满处理，将是一种值得参考的规划。

一般人撰写论文，大抵依照拟定的写作大纲，循序渐进，次第完成，这是惯性思维的做法。这无关对或错的问题，而是好与不好的抉择。二十年前，我参加一场硕士论文口试。学生报告完毕以后，我问他："这篇论文，你是不是先写第一章？写完第二章，紧接写第三、第四、第五、第六章？是不是按照先后顺序这样写？"他回答："是，你怎么知道？"我说："因为你论文的第四、第五章是重要议题，却写得草率粗浅，极不理想。第四章还差强人意，第五章就很杂乱，看来像急就章。是不是急着毕业，只好草草结束？"其实，这篇论文研究宋代读书诗，选题很有价值，学生也很用功，只是论文写作顺序规划失当，造成虎头蛇尾，郁而不发。糟蹋了一个好题目，也辜负了一篇好论文。

所以我认为，既然是重要章节、核心议题，当然应该先行撰写。至于第二章，谈背景问题，留到结论写完之后，再来写第二章学术背景。学术背景写完之后，再写绪论（详见本书第六章《绪论撰写之要领与偏失》）。因为，优先撰写的章节，可以投入较充裕的时间作探讨。另外，像核心的议题、睿智的发现、独到的见解等等创发心得，要能"成一家之言"，都有待作坚实的佐证，以及严谨的推理。唯有优先处理，时间从容，研究成果才较可能趋于理想。因此，不必拘泥于写作草纲所拟之先后次序。论文草纲指引写作的方向而已，不必然就是缓急先后之规范顺序。如果专章专节概念已经明朗，文献汇整已然齐备，自然可以选择优先撰写。果真参考前述的建言，未依规划好的章节次第论说探究，记得在全文或全书完稿之后，必须进行一番统整修饰。诸如承上启下、联络照应之类。相较于完成一篇篇优质论著，这些后续工程，只是小事一桩。

总而言之，重要之章节、核心之议题、睿智之发现、独到之见解，是可以优先撰写的。因为必须投入充裕的时间探讨，不必拘泥于写作大纲之先后次序。专章专题概念已明朗，文献汇整已齐备，就可以优先撰写。

（二）文献征引，必须精心筛选、建立警策、凸显亮点

文献之征引，必须经过精心筛选，这是符合亮点凸显的写作要求的。文献征引，绝不是萍水相逢，随机取样。研读文献与精挑细选，有如"众里寻他千百度"一般，绝对不能一见钟情。所以，被征引入围的文献，绝非偶然，大部分是必然的。因此，不是看到，就加以引用。偶然在网上看到与研究论题相似的，就随手引用，几乎不顾精粗、优劣、是非、得失。征引文献，未经过精心筛选、客观检验，质量是靠不住的！

筛选的功夫，可以看出眼光和学养。不怎么样的论文，如果再三引用，甚至当作经典，代表眼光浅陋，所见不广。从引用的文献，佐证的引文，征引的近人研究成果，可以看出征引是否有亮点。"或择其精华，或采其典型，或取其重点，或扼其关键"，是只就近人研究成果的亮点而言。这些精华、典型、重点、关键，应该对于论文写作有所触发。所谓精华，指论点比较精辟，成果比较完善，是与其他相关论文著作比较得来的。典型，指在这个研究领域，心得卓越，见解独到，可作为研读的榜样、探讨的极致。课题研发的规矩准绳，堪作示范，此即所谓典型。如研究《春秋》学，沈玉成《春秋左传学史》、赵伯雄《春秋学史》，是典型论著。研究《史记》叙事学，则可永雪《〈史记〉文学成就论说》、张新科《〈史记〉与中国文学》，自是典型。又如研究唐宋诗纷争、唐宋诗异同，缪钺《诗词散论》、钱锺书《谈艺录》，就是经典、典型。

任何一篇论文或专著，在正常状况下，论题都会有个聚焦，探讨的课题也都有个核心，这些信息可从"关键词"找到。论文或专著之精华聚焦、核心论述，就是我们借镜参考的重点和亮点。论文写作的"借用与联结"，往

往在此。至于关键,也许是一个概念、一个术语,或者是研究的方法、探讨的视野。诚如陆机《文赋》所言:"立片言而居要,实一篇之警策。"这"居要"的"片言",就是关键话语,就是一篇警策、文章亮点。文献之征引、引用,参考借镜,若能多多利用重点与关键作触发,将有助于成果之发表与特出。

总之,文献之征引,必须经过精心筛选:或择其精华,或采其典型,或取其重点,或扼其关键。然后如陆机《文赋》所云"立片言而居要,乃一篇之警策",如此而后有亮点。

二、文本意义之论说阐释及其层面分析

解释学(Hermeneutics),又称诠释学、阐释学,是关于文本解释的理论。在中世纪,主要是对于《圣经》的解释。十九世纪,才扩展到解释文本意义和文化意义。由于意义经常有许多歧义,须透过理解诠释,方能把握全部含义。诠释学,即是探究如何形成理解,及如何实践理解之科学理论。本书借用其意涵,以之处理文献征引后之论说阐释,希望有助于文本的解释与理解。

论说阐释,能进行层面分析,自然是学者之能事。如中国古代文学的传播学研究,王兆鹏将之概括为六大层面:一、追问传播主体;二、追问传播环境;三、追问传播方式;四、追问传播内容;五、追问传播物件;六、追问传播效果。[1] 从主体、环境、方式、内容、对象、效果,进行主客、表里、内容、技巧之解读,以及层面分析,堪称面面俱到。试与西方之传播接受学相较[2],虽趋向不同,亦值得参考借镜。

论文写作过程,千头万绪,文本意义究竟如何形成理解,如何实践理解?论说阐释进行步骤如何?有何要领与意义?今以成果之创新为终极追求,提出四个层面之实际运作:

---

[1] 王兆鹏:《宋代文学传播探原》(武汉:武汉大学出版社,2013),《绪论·文学传播研究的层面》,页 3～14。

[2] 董天策:《传播学导论》(成都:四川大学出版社,2002),第一篇《总论:信息交流》,页 15～119。

（一）立体论说，指纵向之历时性探索，以及横向之共时性研究

论文写作，不宜扁平叙述，要立体论说，值得再三强调。什么是立体论说？是指纵向的历时性探讨，再加上横向的共时性研究。史学家陈寅恪（1890～1969）研究韩愈，主张往上追溯六朝辞赋的唯美文学，往下探究宋代欧阳修诸家的儒学。[1] 换言之，研究主轴在唐代，若进行立体论说，则当如陈寅恪所言，上究六朝，下探两宋，把问题放在历史的洪流中去检视。

严耕望亦勉励学子："集中心力与时间，作'面'的研究，不要作孤立'点'的研究。"[2] 面的研究，既属于历时性，亦牵涉到共时性。假设探讨的问题在唐代，唐代之前有六朝、两汉、秦、春秋战国，这个问题，应该上溯到春秋战国、两汉、魏晋南北朝，这叫历时性的探索。譬如陈子昂、杜甫、元结、白居易诗论，提到"比兴寄托"（简称兴寄），就得上溯到《诗经》《离骚》《橘颂》。谈唐代传奇小说之叙事艺术，就得追溯到《春秋》《左传》《史记》之历史叙事与文学叙事，乃至《山海经》、六朝志怪、《世说新语》志人之小说、唐代史传变文。

当然还有一种情况，是往下探究。譬如唐代之后，有宋、元、明、清，问题可以往下探究流变。譬如屈原《九歌》，化俗为雅，而成《楚辞》特色之一。六朝士人模仿汉乐府，唐代诗人取法《竹枝词》，唐宋文人取材燕乐，宋代诗人改造儿歌，以鄙俗方言行业语入诗，多形成雅俗相济，蔚为文学之风尚。自杜甫以叙事歌行演述安史之乱，于是"诗史"成立。[3] 历宋、元、明、清，尤其明末清初，诗史意识流行，于是浙东浙西异说，诸家诗学诗话亦不同调。[4]

又譬如研究明代诗歌与诗学，不能只执着于"诗必盛唐""宋人诗只有一首可读"之说；当上究苏轼、黄庭坚诗歌之创意造语、自成一家，下探清

---

[1] 陈寅恪：《金明馆丛稿初编》（北京：三联书店，2001），《论韩愈》，页319～332。
[2] 严耕望：《治史三书》（上海：上海人民出版社，2008），其一《治史经验谈》，"一、原则性的基本方法"，页15～17。
[3] 孟启：《本事诗·高逸》："杜逢禄山之难，流离陇蜀，毕陈于诗，推见至隐，殆无遗事。故当时号为'诗史'。"详见丁福保编：《历代诗话续编》（北京：中华书局，1983），页15。
[4] 龚鹏程：《诗史本色与妙悟》（台北：台湾学生书局，1986），第二章《论诗史》，页19～91。

初 150 年之宋诗学、桐城诗学,乃至晚清同光体诗人之论说。如此,方有可能"辨章学术,考镜源流",客观公正论断学术。若能大体掌握,在纵向的探讨之后,自然就把探究的对象放在整个历史的洪流中,考察所探讨的人物或学说,究竟占有什么样的地位。是表现杰出,还是平庸凡俗?从因革损益、源流正变去审视,就容易做定位,这叫作纵向的探索。

还有一种方法,叫作横向共时性的研究。譬如研究杜甫,必须要连同李白一起了解。当然,经历安史之乱前后的诗人或文人,也要有所掌握。杜甫诗体现什么课题,就注意相关材料。且看同时代诗人,像李白、王维、高适、岑参等人,好像没有像杜甫那样"一饭未尝忘君",其他诗人也没有像杜甫这样许身爱国。经过横向比较之后,杜甫忠君爱国的形象才会凸显出来。又譬如杜甫为杜预第十三代孙,《春秋》书法乃其家学。故除了"诗是吾家事"之外,《春秋》学亦杜氏家学。于是安史之乱前后其所作叙事歌行,所谓"诗史"者,多体现《春秋》书法之发用。[1] 相形之下,别人没有,但杜甫表现得那样强烈和明显,这叫作横向共时性的研究。

譬如题画诗研究,知道杜甫写过 24 首咏画诗,就可以拿李白咏画 6 首作比较。当年李白到长安时,唐代的山水画还没有很繁荣,因此比较少有机会看到名画。杜甫比李白晚了十几年来到长安,那时盛唐正流行山水画,所以就比较有机会见到山水佳作,包括水墨山水、彩色山水。杜甫看到的名画多,自然有感而发,加以歌咏。所以杜甫因为风云际会,适当其时,运其椽笔妙思,遂蔚为咏画题画文学之开山。[2] 对北宋苏轼、黄庭坚的咏画诗,及之后元明清的题画诗,有很大的开启作用。这样论断,就是横向共时性的研究。如果要探讨题画诗,往上追溯,六朝时候有咏屏风诗,再往上可以追溯到屈原的《天问》《九歌》所咏关于楚国神话的壁画,这就是历时性纵向的探讨。

---

[1] 张高评:《杜甫诗史、叙事传统与〈春秋〉书法》,载香港浸会大学《人文中国学报》(第 28 期)2019 年 6 月,页 91~130。

[2] 张高评:《唐宋题画诗及其流韵》(台北:万卷楼图书公司,2016),第二章《杜甫题画诗与诗学典范》,页 7~40。

像这样历时性、共时性的探讨，自然触发增长很多，这即是立体的论说，与扁平叙述不可同日而语。研究的触角可以无限延伸，将会接触很多领域，对于积累丰富知识，将来作深入研究，十分有用。事实上，一般人都讲求速效，很少这样做。譬如研究苏东坡，也许把苏东坡在元祐时期前后切上一块，不去管其作品跟谁有关，也不管文学思想受谁的影响。研究苏东坡的诗歌，根本不管苏东坡的词、古文、辞赋；苏东坡娴熟书、画，濡染禅宗、老庄，这些也都不闻不问。这种研究，单科独进，扁平贫乏，就算成果提出，专业学养成长也十分有限，希望学术生长点呈等比级数的跳跃，那将绝无可能。

可见，操作起来很简便的，论点往往就很扁平。应尽心致力于立体的论说，同时关注历时性和共时性的阐述。历时性的比较，把问题放在历史的洪流里面，就容易进行定位，也不难看出高下优劣。或者跟同时代人作横向比较，有无、多寡、精粗、深浅，以及创见、特色，都比较容易得出。优劣、是非、高下、长短，是比较出来的。如何比较？历时性的上究下探，共时性的度长量短，就是立体论说的方法。

严耕望治学，强调"面"的研究，避免作孤立"点"的探讨，值得借鉴。换言之，一方面尽心于纵向之历时性探索，另一方面，又致力于横向之共时性研究。论文必如此撰写呈现，学术价值判断方有据依，人物地位评骘方具说服力。如此，即所谓立体之论说。

（二）论文诠释，讲究论断是非、评定优劣、长善救失、阐发幽微

撰写论文，贵在突出主体意识，展现自信，提出自己的论点，避免重复别人的话语。所谓论文，必须表现学术逻辑，展现思辨功夫，论述是非对错，品评优劣得失。论文写作，无论自述主张、探讨问题，或征引文献、建立学说，大多以见解新创、心得独到为追求目标。不满足于"照着讲"，尽心致力于"接着讲"。换言之，论文写作之心路历程，既要求"能破"，更追求"能立"。面对学术问题的是非对错，必须有自己的论断和依据；对于个别问题的优劣短长，应该有一套评定的标准。对于某个问题的探讨，学界成果已大致可取，假如能精益求精、后来居上，做到"长善"，那就是"接着讲"，有所发明。

假如学界论点出现缺失，你有办法"补苴罅漏，张皇幽眇"，自然功在士林。这就是"救失"，从消极面去绳愆纠谬，可以端正视听，从此杜绝误导，也是一大贡献。

学术研究，有时可以关注"重人之所轻，而忽人之所谨"；学术眼光也可以投注"最小可觉差异"，锐利的视角，有利于"阐发幽微"。如果能做到"微者显"而"幽者阐"，自是论文写作之能事。如果论文写作不是这样，而是如"矮人看戏何曾见，都是随人说短长"，那就断无可取。矮人看戏实无所见，但人云亦云，随声附和而已。若胸无主张如此，而写作论文，可以休矣！因此，论文写作之可贵处，在于表达是非、优劣、异同、短长之意见，发挥幽微的真理。如果不勇于表达己见，就算说了话，声音微弱，缺乏自信，论文如此就已不入流。阅读两三万字的单篇论文，五分钟之内，大概不难看出上中下等级。一篇论著在征引文献，或引述别人论点之后，如果已经无话可说，表示认知不够深入，还停留在表层肤面，尚未深淘钻探。因为欠缺触发，所以无从旁通，无缘思议，就不可能有发明创造。所以，论文开展，要讲究是非、优劣。对或不对，可取或不可取，要做明智的判断。

"长善救失"出自《礼记·学记》，指成就优长，救助缺失，这是教育的真谛。"长善救失"的精神是：同行著作写得非常好，不要吝啬称赞。但是好在哪里、贡献在何处，要想办法说出来，作出论断。当然，论点之取舍可否，必然牵涉到学养和见识。如果像方苞所言"大醇而不收，甚驳而妄取"，则取舍依违，违背学术常理。醇美优秀的论点，不知取法参考；驳杂粗劣的言说，却视同拱璧，妄取乱引。如此草率粗疏，形同《庄子·则阳》所谓卤莽灭裂。"行家一出手，便知有没有！"大醇与甚驳，学术价值天差地别。若应收而不收，不当取而妄取，对于论文的开展和创获，自是一大危机。

事实上，没有一篇论文是十全十美的，同行论文若有不足、缺失，对于其中"积疑之义，未安之诂"，可以提出批评，但要注意行文态度：语调委婉平和，诚心商量切磋，如此，对方较会欣然接受。散文家陈之藩所谓"义正辞婉，理直气和"，堪称批评的座右铭。他人论文有什么缺点、不足，我应该想办法去补强或匡正，使之更加完整美好，此之谓匡谬补阙。一旦能够在不疑处有疑,挖掘开发出来,就是贡献。否则,只一味歌颂别人的优点,存在的缺点却不思改善,这叫故步自封,抱残守缺。

学术论文的句法,通常是判断句,说一不二。而模棱两可、踌躇犹疑,这都是不符合学术规范的。评定是非可否,裁断优劣高下,要多写判断句式,少做情绪发言。好恶、爱憎就是情绪,学术论文不可表现喜怒哀乐爱恶欲这样的七情。学位论文的致谢词,独立于卷前,另当别论。论文其他各章节,叙事句之外,都得写判断句:是、不是;对、错;好、坏;优点、缺点;长处、短处。要用知性、理性的语言书写,切忌作情绪发言。

(三)前贤见解,可作思考之起点触发,权作研究之基石与跳板

就学术论文而言,老师、前辈的论点,应是思考的起点,绝非研究的终线。学界的研究成果,且作思考问题的触发,不宜直接当作终点或结论。如果认为老师、前贤讲得精彩,简直前无古人、举世无双,除了歌颂还能说什么?那论文还写得下去吗?实则不然。老师说得虽好,应该还有未能尽善尽美的地方;前辈的论点尽管高明,有没有一些尚未发现的盲点?或者,这个论点好像有争议,我能不能平息争议?疑难的论点,似乎大家都避开,我可不可以尝试解决看看?论文写作,当培养旺盛的企图心,建立明确的问题意识,掌握了解研究现况;至于前贤之见解,视为解决问题的思考起点跟触发即可。

有了前贤的开拓,披荆斩棘,我们可以少走很多尝试错误的路,可以专心深入进行开拓。要具备这样事半功倍的成效,必须有一个大前提:一定要把前人的见解、心得、创见,权作思考的起点和触发。《礼记·学记》称"知不足,然后能自反也",知晓欠缺不足,才可能用心于论点的"致广大而尽精微"。这就是史蒂夫·乔布斯谈创新,强调"借用和联结"的道理。能够这样,征引使用别人的著作,意义就非常深远重大。因为,这是研究的基础、铺垫和跳板。对待前人研究成果,能用这种态度看待,抄袭剽窃或许可以杜绝。如果认为别人写得很好,那等于将其看作是研究的终极,那只好赞叹有加,征引以报。如果征引又没有注明出处,就容易变成抄袭剽窃,这就违反学术伦理,事态就严重了。

史蒂夫·乔布斯称：创新有两个关键词，就是"借用"与"联结"，但前提是"你得知道别人做了什么"[1]。论文写作征引前贤之见解，就是"知道别人做了什么"的媒介。二手文献引用，应该理性对待：学界之成说，可作思考之起点与触发，以及研究之基石与跳板。如此看待，既不抱残守缺，又不视其为终点极致，自我追求百尺竿头更进一步，这才是正确态度。总之，"善用二手资料，权作研究之起点，有助新创发明"[2]。

（四）学术研究之卓越创新，贵能"接着讲"，忌讳"照着讲"

史蒂夫·乔布斯说创新有两个关键词，借用和联结。苹果计算机有今天的发展，乔布斯的创意值得借鉴。要借用前人的研究成果，联结到自己的研究上来，当然要知道别人研究成果做些什么。且看苹果计算机好像很伟大，但是组成计算机的许多零件，都是来自不同厂牌的创意，或来自韩国三星，或源于中国台湾 HTC，或华硕。零组件芯片，更仰赖台积电。苹果计算机擅长发挥创意思维，将原本各自独立的元素，进行新奇组合，所以苹果手机可以经常发布新产品，这就是乔布斯名言"借用与联结"的具体实践。我们做学术研究，贵在发表创新见解、独到心得，不可能无所依傍，凭空就能虚造。古希腊科学家阿基米德曾说："给我一个支点，我就可以撬起整个地球！"可见，无所依傍，没有支点，很难成就一番功业。

同行前辈的研究成果，就是学术的支点。学术研究贵在"接着讲"，所强调的，也就是善用这个支点。就创造力的九大策略而言，初始的发想，也都有其支点，如改造、取代、合并、扩大、缩小、转换、排除、颠倒、重拾。假如找不到合适的支点，就无从运作，也就无所谓创造与发明。[3] 学术研究

---

[1] [美]史蒂夫·乔布斯：《求知若饥，虚心若愚! 贾伯斯的 10 句经典名言》，载《天下杂志》2011 年 10 月 6 日。

[2] 张高评：《论文选题与研究创新》(台北：里仁书局，2013)，第三章《论文选题的试金石：文献评鉴》，页 91～109。

[3] [美]史蒂夫·瑞夫金（Steve Rivkin）、佛拉瑟·西戴尔（Fraser Seitel）著，甄立豪译：《有意义的创造力：如何把点子转化成明日的创意》（*How to Transform Your Ideas into Tomorrow' Innovation*）（台北：梅霖文化公司，2004），页 57～205。

与论文写作亦然：前贤的见解、学界的疑难，无论是非、优劣、精粗、异同、短长、积疑、未安，都是吾人研究的起点，也是触发的支点。要完成"撑起地球"这种大事功，没有支点，无所依傍，就绝无可能！如果学术研究想翻进一层、精益求精，想开展阐发、卓越创新，就不能不寻觅研究的支点。借用学界研究成果，无住生心，进行触发、深掘、开拓、翻转，学术研究才可能进阶到"接着讲"的境界。

冯友兰标榜新理学，曾说："学术研究之卓越创新，贵在接着讲，不在照着讲。"[1] 这两句话说得真好！史蒂夫·乔布斯所谓借用联结，就是"接着讲"。接着讲，就是有传承，有开拓；有继往，更有开来。接着讲，就是前修未密，后出转精；就是盈科后进，日新月异；就是再接再厉，奋进不已；就是发扬光大，止于至善。总之，研究讲学，就像大队接力赛，又像过河卒子，只能义无反顾，拼命向前。换言之，只有接着讲，才能创造与发明。如果照着讲，就可能是抄袭剽窃，会侵犯到著作权。以量尺来打个比方，如果你从零开始起跑，依循前人走过的路走一遍，虽然你很有才华，也很努力，不用披荆斩棘、开路筑桥，就有平坦大道可走；不用冒险犯难，不必解决危机，但是往往缺乏意外收获。时时因人成事，不劳而获，看似功业彪炳，其实浪得虚名。

所以，学术研究"照着讲"，一切观点和见解都涵盖在前人研究成果之中，了无学术成就，遑论地位。将来学界撰写研究综述时，你的学术研究将不会被提及，因为你只是照着讲，乏善可陈。所以，"学术研究应该讲求盈科而后进，翻进一层，尽心致力于新创发明"。水从山上流下来，一定要先填满大大小小的坑洞，才能继续往前流。学术研究也是如此，其中关键问题、核心概念、环节层面，就像一个又一个、大大小小的坑洞水洼，在没有解决、满足之前，学术的水流是不会跳跃或蹦等往前的。

总之，学术研究之卓越创新，贵能"接着讲"，不在"照着讲"。"接

---

[1] 冯友兰：《冯友兰学术论著自选集》（北京：北京师范学院出版社，1992），《新理学·绪论》，页13。

着讲",学术之薪传络绎不绝,始终无间。这才是学者精益求精、止于至善、尽心致力的王道。因此,学术研究应当即器求道,盈科后进,翻进一层,精益求精,尽心致力于新创发明。

第十一章　表里精粗之商榷与脉注绮交之讲究

为人处事，求方追圆，以规矩准绳作为据依，就不至于无成。研究讲究方法，借助策略，分享经验。有了凭借作为触发，就容易青出于蓝，后出转精，甚至致广大而尽精微。

朱熹《大学章句》"格物致知"补义云："一旦豁然贯通焉，则众物之表里精粗无不到，而吾心之全体大用无不明矣！"[1]今揭示论文写作之心法，自内涵旨义到外在辞文，从脉络理路至章节架构，一一审慎检视复核。即是力行格物致知之道，期待研究论述"表里精粗无不到"。笔者为初学入门说法，指陈策略，提示要领，免除摸索之苦，远离尝试错误，多少希望达成这样的目标。

一、文章之道与论文写作

非常幸运，我在读硕士和博士的时候，受教于两位老师。一位是历史学博士周虎林教授，一位则是文学博士黄永武教授。这两位老师，教学都很精彩。与众不同的，是注重方法学的传授。周教授开授史学方法，黄教授指点诗歌鉴赏方法。任何人掌握技术方法，运用工具之学，由于有门可入，有法可学，方便照样操作，效果较容易立竿见影。受教于两位老师的启发与影响，我也一直讲究研究方法。

论文，侧重知性理性语言的表述，讲究逻辑推衍，举证论说。就文学之属性而言，较接近论说文或议论文。既然是辞章学的一环，论文写作也就与

---

[1]〔宋〕朱熹：《四书章句集注》（北京：中华书局，2012），其一《大学章句》，页7。

文章作法相去不远。汉王充《论衡》之《正说篇》称："文字有意以立句，句有数以连章，章有体以成篇，篇则章句之大者也。谓篇有所法，是谓章句复有所法也。"[1]文学的字、句、章、篇，犹数学的点、线、面、体，如何规划与设计，其中自有方法与要领。《文镜秘府论》中《论体》说作文之道，述说较全面。可供论文写作之标题拟定、背景撰写、段落分立、章节离合等参考与借镜。如云：

> 凡作文之道，构思为先，亟将用心，不可偏执。何者？篇章之内，事义甚弘，虽一言或通，而众理须会。若得于此而失于彼，合于初而离于末，虽言之丽，固无所用之。故将发思之时，先须惟诸事物，合于此者。既得所求，然后定其体分。必使一篇之内，文义得成；一章之间，事理可结。通人用思，方得为之。大略而论：建其首，则思下辞而可承；陈其末，则寻上义不相犯；举其中，则先后须相附依，此其大指也。[2]

《文镜秘府论》说作文之道，强调"构思为先"；事义之会通，必须关注彼此、得失之间，以及初末、离合之际。论文写作，亦运用系统思维，统筹分配：一切文献征引、诠释解读、创造发明，外文绮交，内义脉注，亦多聚焦于"问题意识"。《文镜秘府论》再提示，"将发思之时，先须惟诸事物"，亦是系统思维、通盘考虑的策略。简言之，一篇之内，一章之间，必须"行不越思"。详言之，作文之道：建首，则思下；陈末，则寻上；举中，则先后相附依。前乎此者，《文心雕龙·章句》已言："原始要终，体必鳞次，启行之辞，逆萌中篇之意；绝笔之言，追媵前句之旨。故能外文绮

---

[1]〔汉〕王充著，北京大学历史系注释小组注释：《论衡注释》（北京：中华书局，1979），第四册，卷二十八《正说篇》，页1589。

[2][日]遍照金刚著，卢盛江校考：《文镜秘府论汇校汇考》（北京：中华书局，2006），南卷《论体》，页1471。

交，内义脉注，跗萼相衔，首尾一体。"[1] 就论文写作而言，叙论，犹建首；结论，即陈末；其他第二、三、四、五章，则为举中之正文。首、中、末之间，下辞上义必须首尾贯穿，行文与观点应该相承而不相犯。详见本书各章所论，不赘。

　　作文之道，前茅、中权，必须关顾后劲；终篇，则当寻上、瞻前。此与彼，可否得失之间，始与终，离合依违之际，宜如常山之蛇，首尾响应。论文写作亦然：启行之辞与中篇之意，绝笔之言与前句之旨，当如回龙顾祖，百川朝海，聚焦于核心论题与问题意识。这些概念，对于标题拟定、背景撰写、段落分立、章节离合之处理，尤其是表里精粗之商榷，与脉注绮交之讲究，自有启益。

二、标题与内容必须相互呼应

　　一篇论文，除了前言、结论，中间至少还有两个部分，一个叫作章，一个就是节。一篇文章固然有章节，一本书更是由无数章节构成。一般而言，章节设定，都用文字叙事，作成标题。从此以往，各立山头；楚河汉界，泾渭分明。

　　《文心雕龙·章句》称："外文绮交，内义脉注，跗萼相衔，首尾一体。"外在之文辞，绮丽交错；内在之思想，脉络贯注。此本指文学作品而言。然讲究"外文绮交"，尽心"内义脉注"，论文写作与文学创作，非但未有殊异，往往更加相通相融。

　　标题，由言简意赅、典雅警醒的文字构成。清刘熙载《艺概·经义概》称：作一篇文，"其用意俱要可以一言蔽之"，"扩之，则为千万言；约之，则为一言，所谓主脑是也"。理想的标题文字，从全书之取名，到各章、节、项、目，大抵都应切合"一言以蔽之"之要求。由此一言，放之、扩之，则为百、千、万言；万、千、百言，约之、收之，则成标题之"一言"。故优秀的标

---

[1]〔南朝梁〕刘勰著，范文澜注：《文心雕龙注》（北京：人民文学出版社，2014），卷七《章句第三十四》，页570～571。

题文字,必须具备精准、肯切、简约、警策、主脑之特质。因此,往往是核心、关键、重点和亮点之所在。美国前国务卿鲍威尔(Colin Luther Powell,1937～2021)曾说:"优秀的领导者,几乎个个都擅长化繁为简。"优秀的论文写作者,在处理文献、推敲章节,甚至在设定标题的时候,也都能发挥"化繁为简"的功夫。

但有些人写论文,并不设立标题,开门见山,就只写"一",接着挥洒几千字;写到过瘾之后,再写"二",然后又铺陈几千字。就这样一、二、三、四下去,一直到文章结束。这种习惯未免轻率任意,不足为训。有时,一个单元连续有几十页,主题内容是什么?作者既然讳莫如深,都不说破,读者怎么能目击道存,即刻掌握?难不成要读者寻寻觅觅?那未免辛苦。论文所以分章立节,主要是为了清晰眉目,有助于望文而生义。标题文字,就是绝佳的指引。把概念写成标题,帮助读者快速进入论文的世界,这是作者当仁不让的责任。大抵说来,制作标题要切实遵守一个原则:必须跟内容的多寡广狭紧密呼应。有的标题指涉范围比较大,比较庞杂,内容却偏少;有的标题涵盖面较小,内容却溢出题外。这都得修改标题,以切合内涵。等而下之的,则是标题写得漂亮花哨、华而不实,内容讨论与标题内涵却殊少相关,甚至牛头不对马嘴。最不可为训的是,作者连标题都没有,只写一、二、三、四。很难想象,如果没有标题文字作为范畴,撰写论文的时候,会不会跑题,会不会溢出题外?很有可能!会不会横生枝节?会!因为论述范围没有自我设定,既乏管控,又无聚焦,可能就随心所欲、挥洒自如了。

身为作者,自然知道自己的思路,但是读者怎么能够瞬间就追索出个中思维,看得出文章脉络呢?论文开展,最怕跑题。用心于标题文字,有助于自我约束,聚焦于标题。不管某章某节要写多少内容,这些内容都要在标题的涵盖范围之内。也许你会说,都还没下笔,标题没办法设定得很准确。当然!在撰写完稿之后,记得回过头来修改调整,就彼此一致了。内容跟标题不一致的时候,最简而易行的,当然是修改标题。如果你坚持标题文字不可移易,就得增订或删节内容。如此一来,兹事体大。何况,削足适履,何异于舍本逐末?小脚放大,又谈何容易!杜牧曾以"丸之走盘",比拟兵谋之于行军及阅读接受:"丸之走盘,横斜圆直,计于临时,不可尽知,其必可知者,是知丸不能出于盘也。"[1]论文有标题文字,就好比丸之走盘,在既定范围之内,可以横斜圆直活动,但不能跳出盘外。论文写作意到笔随,就像圆丸跑盘,有其界限,有其制约,可以纵横自得,但不宜跳出界外。上述细节要领,属于消极的写作原则。

标题文字,应当是论文内容的浓缩体现。因此,必须不蔓不枝,言简而意赅,这是基本要求。同时,更进一步,标题文字应该追求精华聚焦、亮点凸显、关键强调。晋陆机《文赋》所谓"立片言而居要,乃一篇之警策",顾恺之论画,所谓"画龙点睛",差堪比拟。欧阳修为唐宋八大家之一,所作古文,足为后世典范。所作《答吴秀才》称:"圣人之文虽不可及,然大抵道胜者文不难而自至也。"清孙琮《山晓阁选宋大家欧阳庐陵全集》卷一评云:"通篇只是一句:道足而文自生。持此立论,便已探骊得珠。"论文写作之章节呼应,期待能够脉注绮交,"通篇只是一句",本立而道生,自是写作的终极追求。

在全篇论文完成,一部专著写就之际,通读前后,进行润色修饰之时,尝试将研究心得、学术创见进行筛选、提炼、萃取、拈出,借标题文字作强调表述、亮点标榜,这是很有必要的!与其让读者揣摩寻绎论文的用心所在,不如作者现身说法,提示纲领,揭示创见心得,指出补充与开拓。

标题的制作,还有一个潜规则,务必遵守。既已约定成俗,就成了理所当然,撰写论文时,必须参考借鉴。论者提出七点,如云:

> 求美的文字,论文标题之拟定,具体原则有七:(一)留有余地,求低调。(二)删繁就简,求简洁。(三)便于检索,求特指。(四)修辞结构,求合理。(五)详略得当,求通顺。(六)结构相同(或相似),求工整。(七)干净明晰,非重复。[2]

---

[1] 〔唐〕杜牧:《樊川文集》(台北:九思出版社,1979),卷十《注孙子序》,页152。
[2] 唐小卿:《学术论文标题党,这个可以有》,载"科学网"博客,2019年12月23日。

立足于美，更追求完美；追求美，但不苛求美。这是科技论文标题拟定的总原则，可以作为人文学科论文写作的准则。毕竟，学术论文不等同于文学创作。所以说，求美，可以是个通则。第一则，所谓"留有余地，求低调"，指某某研究、某某学、某某论、某某系统、某某规律等字样，标题中要审慎使用。当然，此系针对初学入门者的提醒。饱学硕儒，自我建构某某学、某某论、某某系统、某某规律，自是学界之期待，不在话下。除此之外，标题文字，如求简洁、求特指、求合理、求通顺、求工整、非重复，也都对症下药，可以为训。

三、相体裁衣与背景问题之撰写

论文之第二章，背景问题之写作，必须相体裁衣，特定针对，大可不必急于动笔。不妨等待主体论文次第完稿，结论、绪论分别写就之后，留作压轴撰写。个中原因，说来话长。可参考本书绪论、结论、摘要及各章所述。姑且长话短说如下：

专著的第二章，通常谈学术背景。背景问题在成书时虽位居前头，然论文实际操作时，据"知所先后"的原则，最宜全文作结之后，再行撰写。易言之，须稍安勿躁，可不必急于一时。可留待作为压轴，从容打磨。换句话说，前面各章的撰写顺序，应该是这样的：第一章导论，必须最后才写。第二章背景交代，撰写次序是倒数第二。为什么要留在压轴？第一，相体裁衣，特定针对。譬如研究苏东坡的词，可能第二章、第三章都还没开始研究，背景问题里面包括苏东坡的诗、文、书法、绘画、佛禅的素养、老庄道家的修为，要不要都写进去？大多数人都通说并论，已溢出本课题之外。譬如以研究苏东坡的词为例，不宜对苏东坡的诗、文、书、画有太多着墨。除非以下各章节课题涉及破体，如以文为词、以诗为词诸破体为文；或者触及诗中有画、以书道为诗诸出位之思。否则背景谈那么多，不觉得空泛吗？所以应该是第三、四、五、六章谈完以后，再针对涉及的问题，在第二章交代背景，一一作呼应。

举例来说，如果研究苏东坡的诗，论著中有一章谈到苏东坡"以禅诗为诗思""以禅为诙"，其诗富于禅趣、化用禅宗公案等等，那么，在第二章撰写背景问题时，当然得谈苏东坡和禅宗的关系。如果论文有一章谈到苏东坡跟庄子的关系，所谓以老庄为诗、以老庄的思想入诗，那第二章背景问题，就必须谈苏东坡对庄子思想的接受，庄子思想对东坡迁谪时期生命安顿之意义，包括介绍苏东坡自己写了一本《广成子解》，跟庄子有关的著作。如果论文中只谈到诗中有画，背景就不必谈到老庄、禅宗。如果背景谈老庄和禅宗，就嫌空泛，欠缺针对性了。所以背景这一章，主要是针对后面章节涉及的专题，预作背景之交代说明，这就叫相体裁衣，量身定做。同样研究苏东坡，但侧重诗、词、文、赋各有不同，照理说背景问题，应该不太一样，因为探讨的课题同中有异，不应该千篇一律。

背景写作留作压轴，既可以爱日省力，因势制约，又有助于论文之不蔓不枝，绝妙呼应。背景问题的处理，在论文写作的先后顺序上，加以权宜调整变通，这是切合论文写作应有步骤的。留待全文重要章节都完成了，主体概念、重点亮点、核心创见都呈现了，这时再华丽转身，闪亮登场，作画龙点睛的提示、不偏不倚的指引。如此变通，特色在具有针对性，就后半幅章节探论之课题而发，可以达到爱日省力、因势制约、比重均衡、结构紧凑的效果。

我们看一本书，当然依照一、二、三、四章顺序阅读。但是作者当初撰写的过程，不见得就是按照这样的先后顺序。孰先孰后？其中顺序自有内在理路。第二章的背景问题，不管教授还是院士，都很难写出创见和心得，为什么？因为背景问题都植基于前人的研究成果，不研读不放心，不引用又很心虚。由于第二章是论文写作的开始，距离毕业尚有很充裕的时间，所以就会尽情征引，信笔发挥，而不讲究割爱。果真这样做，那真可惜，因为你将枉费功夫！第二章就算写10万字，也很难有创见和心得。既然都是别人的见解，那又何必取用那么多？再说，假设就写那么多，用5万字、8万字作为第二章，那请问：以下论文重点的章节，能写5万字、8万字吗？当然不能！结果第二章特别庞杂臃肿，头重脚轻，比重失衡。人云亦云抄一堆，应该有自己心得的部分，因为时间心力空耗于前，受到挤压，顾彼失此，反而写得很萎缩、很薄弱，语焉不详，这样算论文吗？当然不算！

我指导一位博士生，很自立自强，不要求老师协助，自己写，不跟老师讨论。有一天他打电话来说，第一章、第二章写好了，他把论文寄来。我一看，吓一跳，绪论写了5万字！在我看来，删成5000字都嫌多。第二章也一样，连篇累牍，简直当作研究综述。这必须割爱，务必浓缩。我建议他：单独抽出第二章，移去投稿，当作研究综述。而绪论必须浓缩成5000字。如果我们把第二章的撰写顺序摆在论文快完成之前，倒数第二来写，以时衡量，因势制约，就不会写太多。因为毕业在即，时间逼近，想要写多，势已不可能。撰稿伊始，时间很充裕，应该去研究重要、复杂、关键、核心的课题，没必要先写次要的背景问题。论文撰写，宜权衡主从，斟酌重轻，商量比例。以主从与重轻，决定论文写作之或后或前，此之谓"知所先后"。

一部专书或学位论文，若变通写作先后顺序，将第二章背景问题殿后，在全书重要章节都已次第完成后，再行撰写，除因势制约、省时省力外，就论文章节架构而言，更有不蔓不枝、绝妙呼应之效果。因为第三、四、五、六章都已经写出来了，背景问题是针对第三、四、五、六章所谈的问题，一一作呼应，彼此有针对性。譬如论文某章谈东坡诗与佛禅的关系，也许谈到宋代《大藏经》的雕印、佛禅入世、五家七宗的佛禅盛行情况，放在背景来谈可能比较合适。如此安排，前后有绝妙呼应。又如论文研究杜甫叙事歌行与《春秋》书法之关系，杜甫三十岁时所作《祭当阳君（杜预）文》，自是关键背景。叙列于背景章，呼应于后，相得益彰。又如论著探讨《史记》与中国叙事传统，探源述及《春秋》之经学叙事、《左传》之历史叙事与文学叙事，虽兹事体大，但作为背景交代，相对于正文探论《史记》之叙事传统，只能撮言略写。若不如此写作，将失之重轻，详略失序。论文章节安排，"背景"章当轻点略写，留待专章重笔铺陈，唯恐不详。着眼主从，权宜先后，行文可以不蔓不枝，章节架构自是绝妙呼应。

四、阅读接受与段落分立、章节离合

为便于阅读接受,应妥善分割段落,不可连篇累牍而下笔不能自休。每一段文字,以意义浑成为单元,以一意一段落为依归。每段字数,掌控在400字左右为适宜。中唐诗人白居易、元稹,并称元白。若交相比较,"白居易的诗更具感染力"。白居易诗之殊胜处,陈尚君以为,正在"一诗一主旨":

> 白居易的新乐府之所以写得好,是因为一诗一主旨,一首诗只一个宗旨;而元稹思维缠夹不清,一首诗里,常常讲两三个、三四个不同的主旨,所以白居易的诗更具感染力。[1]

白居易新乐府的特色,为"一诗一主旨,一首诗只一个宗旨"。一诗一主旨,则思路清晰,脉络分明,便利读者接受。论文写作,虽千头万绪,安排章节段落时,若一段一要意,一节一宗旨,一章一主轴,则可如《文心雕龙·总术》所谓"乘一总万,举要治繁"[2]。设若不然,如元稹所作新乐府,一首诗里,常常讲两三个、三四个不同的主旨,则夹杂不纯、纠缠不清,读者一时摸不着头绪,理不清思路,将不利于阅读与接受。作诗如此,写作论文又何尝不然?

一篇论文或一部专书,究竟要分多少章节?这可不一定,完全要看论著的规模。如果是博士论文,章节当然要多一些;如果是硕士论文,章节当然就少些。假设只是研讨会论文,章节又更少,字数大约在15000～20000字之间。至于期末学期报告,章节分合显得单纯许多。所以议题之繁简、论述之难易、规模之大小,端视发表场合决定。如果设定的议题比较复杂,章节就会派生得比较多。谈的问题比较简单,章节就会相对少,字数也不会太多。即便是文献的多寡、篇幅的重轻,也影响到章节段落。文献探讨庞杂丰富与

---

[1] 陈尚君:《〈陈寅恪文集〉与近四十年学术转型》,载《上海书评》2020年12月8日。
[2] 〔南朝梁〕刘勰著,范文澜注:《文心雕龙注》(北京:人民文学出版社,1958、2014),卷九《总术第四十四》,页657。

否，与涉及的章节多寡成正比。一篇论文、一部专著的重点和亮点，在于阐释和发明。如果探讨得非常深入，文字就相对比较繁多；论述情节比较复杂，章节当然也会跟着多起来。反之，如果问题单纯，就没必要设定太多章节。否则，感觉琐碎而不易见其精要。

  章节段落划分，要根据单元的设计、议题的繁简、文献的多寡、阐发的浅深来确定。文献掌握的多寡，取决于义理的繁简、论述的规模。用来当作研究佐证的原始文献，掌握得非常丰富，论点的印证阐发就坚实牢靠，深具说服效果。若用来作为引文的文献，有 100 则，每一则有 30 个字左右，那么章节就会繁多。引用的文献若只有 10 则，每一条二三十个字，那这篇文章字数就不会太多，不必在一章底下既分节又分项。所以，掌握原典文献的丰富与否，则影响到议题之复杂或简单，论述之规模或大或小。因为，人文学的研究，主要是以原典文献的掌握为主。另外，认知之深浅广狭，也左右了篇幅的长短、章节的多寡。

  为了便于阅读接受，应该妥善分割段落，不可连篇累牍，下笔不能自休。一般论文，大概多用 A4 纸张打印。有些论文，上一页连接下一页，全是引文，未见诠释解说。顾及论文将来出版，未雨绸缪，就要注意分段、引文的问题。A4 纸张打印的论文，从起始到最后，引文如果不分段落，黑压压一片，将导致注意力涣散，无心阅读。所以为阅读传播设想，必须妥善分割段落，不可以连篇累牍，应该止于所当止。每段文字，只要意义告个段落，就可区分为一段，然后再写下一段。总之，段落文字，以意义浑成为单元依归。建议 400 字左右成为一段，最为恰当。

  一般印成专书，一页大概有八九百字，有些书排印比较密，大概 1000 多字。如果 400 个字左右为一段，一面大概会出现两段或三段，看起来较赏心悦目。假设一段超过 1000 字，就得排印成 2～3 页。拖泥带水，堆砌獭祭，阅读效果欠佳，理解横隔而支离。其实，立意浑然一体，就可成一段落；每段字数，宜管控在 400 字左右，这是段落分立的原则。一段一意，读起来干净利落。如果层面丰富，涉及广博，论点复杂，则分立若干段落，按部就班，依序道来。条理分明，眉目清晰，自是一段一意的特色与效应。

章节之分合，与或笔或削、详略互见之间，存在辩证关系。要之，皆《春秋》属辞比事书法之衍化。《春秋》《左传》的属辞比事书法，至司马迁著《史记》，演变为"详略互见"之叙事法。北宋苏洵最先提出《史记》叙事之妙，互见法实其一端。互见法的施行，在斟酌材料安排措注的位置，就主宾、重轻，而考虑详略、虚实、存阙。其特色为此略则彼详，彼略则此详，详略互见，可以避免前后犯重。就系统思维而言，有前呼后应、绝妙联络之效果。明毛宗岗《读〈三国志法〉》，已揭示此一史家妙法之转化，值得论文写作章节分合之参考。如：

　　　　《三国》之书，有添丝补锦，移针匀绣之妙。凡叙事之法，此篇所阙乎者，补之于彼篇；上卷所多者，匀之于下卷。不但使前文不拖沓，而亦使后文不寂寞；不但使前事无遗漏，而又使后事增渲染，此史家妙品也。……前能留步以应后，后能回照以应前，令人读之，真一篇如一句。[1]

　　叙事之法，缺于此者补之于彼，上卷多者匀于下卷，即哀多益寡之法。运用系统思维，宏观调配，进行整体之规划安排，毛宗岗发现《三国志》叙事有此妙法，称之为"添丝补锦，移针匀绣"之妙。且明言，此法得自史家，当即《史记》详略互见、存阙互见之妙法。观其文学效应颇大："不但使前文不拖沓，而亦使后文不寂寞"，此文章繁简得宜，详略切当之道；"不但使前事无遗漏，而又使后事增渲染"，此事件表述兼顾无遗，渲染与增辉有相互烘托之妙。如此行文叙事，"前能留步以应后，后能回照以应前"，前文既留有余地，让后文有极大之发挥空间；于是前后脉络潜通，后文遂能回环映照前文，形成绝妙之联络呼应。有如常山蛇阵照应自然，"真一篇如一句"。
　　细考毛宗岗《读〈三国志〉法》，揭示"叙事之法"之大原则，强调阙者补之，多者匀之。篇章或由此之彼，卷第或自上而下。前文后文，前事后

---

[1] 〔清〕毛宗岗《读〈三国志〉法》，见《三国演义会评本》（北京：北京大学出版社，1986），卷首，页18。

事之间，真能如是添补，如彼移匀，方称妙品。所谓"叙事之法"，讲究前后彼此之安排措置。法，即清方苞"义法"说所谓"言有序"。言有序，实包含"文"之安排位次，"事"之前后照应。方苞"义法"说以为，行文之或前或后，叙事之或彼或此，处处多受"义"之指挥。方苞《书〈货殖传〉后》所谓"义以为经，而法纬之"[1]，最为明确可据。所谓"义"，或旨义，就论文写作而言，即是问题意识、著述旨趣。

举凡前文后文之安排，前事后事之措置，文章何以必须如此撰写，方不拖沓、不寂寞，叙事何以必须如此安排，方称无遗漏、增渲染，多受一篇旨趣之制约；"前能留步以应后，后能回照以应前"，亦处处脉注绮交于问题意识，一篇之旨趣而已。论文写作，如何区分章节，如何分割段落？毛宗岗所言"添丝补锦，移针匀绣"之妙法，颇值得借镜参考。换言之，《易·谦卦》所云"君子以裒多益寡，称物平施"，可移为论文写作时段落分合之原则。毛宗岗所谓"阙、补、多、匀"，除指事件之外，内容思想与章节篇幅，亦兼含并包。《史记》有详略互见、存阙互见之法，缘于从笔削去取，推寻史义史观，最可考察史识之高下优劣。

裒多益寡的策略与方法，是损有余而补不足。一部专著，或一篇论文，分章之篇幅，立节之笔墨，多有一定之比重标准。换算为字数，则最长篇与最短篇之间，大抵以不超越二十分之一为原则。以文史论文为例，假设专著主要论述分为五章（绪论、结论除外），每章完成后，字数当然有多有少。譬如第三章先完成，总字数（含注释）共 30000 字。那么，接续完成之其他各章，都应该以 30000 字为篇幅之比重基准。篇幅大些的，字数上限为 31500 字左右；篇幅短小些的，字数下限约 28500 字。这样，高低限间，已相差 3000 字，篇幅比重还不至于太失衡。如果篇幅控管失衡，就有可能某章 40000 字，而某章只有 20000 字，多寡之落差太大。章节段落分合出现问题，致有此现象。

---

[1] 纺织之工序，皆先织经（纵）线，后织纬（横）线。为文之道，亦先有旨义，然后再由旨义来取舍"事"、斟酌"文"。讲究"事"之安排措置，"文"之修饰润色，即是"法"之能事。世所谓"未下笔，先有意"，"画竹，必先成竹在胸"，亦同此理。

一般而言，字数多，篇幅长，表示课题涉及广博，内容错综复杂，可以考虑分立为两个论题来处理。至于篇幅过于短小的，或者可以并入其他相关章节中，或者径行割爱删除，以免分量悬殊，比重失衡。当然，某章如太单薄、太悬殊，在拟定论文写作大纲时，若曾审慎推敲，当下就应该立即处理。若错失时机，待木已成舟，问题浮现，也不能不面对解决。

五、文献佐证与章节之分合取舍

丰富的文献佐证，是文史研究的础石。如果掌握的原典文献不多，是否就不值得研究？那倒不一定！佐证文献虽不丰，但质量良好，论点精彩，佐证坚实有力，亦弥可珍贵。这时，不妨再做深入掘发、探讨。也许，一句话可发挥 50 个字，再去诠释另一句话，又是 100 多个字，这叫小题大做，务必淋漓尽致而后可。如果欠缺这种深淘刻抉的能力，没有办法进行深入一层的掘发，那么这个章节就应该作废。若原典文献不能够支撑章节的成立，又不忍割舍作废，那么看看是否可以移往其他章节，与之合并。当然，章节文字在容纳合并之后，必须呼应相关内容，作必要之调整。

章节的呈现，应该跟研究构想出入不大。执行研究构想，过程触手纷纶，为了执简驭繁，最好以问题意识为指南针，发挥系统化思维，先完成研究构想或写作大纲之拟定。撰写论文，研究构想先发、写作大纲先行。正式开始写硕士或博士论文，撰写单篇论述，希望先养成这个习惯，不管指导教授有没有要求。还没开始写论文的时候，用来佐证的原典文献、资料必须要丰富，丰富到可以淘汰一半。假设仅剩一半，这一节还是可以成立。信据确凿，资料必须要丰富到这个地步，这个章节才能纲举目张、水到渠成。如果文献佐证不足，成立章节就有两个选择：要不宣告废弃，要不就归并到其他章节。章节的呈现，必须呼应研究构想、写作大纲，作系统思维、宏观调控，因此整体结构应为有机的组合。最终，章节的呈现，跟研究构想、写作大纲就会相去不远，出入不大。

研究构想无法落实，通常有四大原因：时间、学养、方法、能力。首先，是撰稿时间，时间太迫促、太紧张、太短少，所以没办法完成。有些人想慢工出细活，想深掘广论，一味求好心切，那么时间不够就完成不了。其次，是学养问题。题目太深奥、太复杂，目前只是一个硕士生，处理这个问题太难。或者你是博士生，其中问题涉及专业，目前的学养无法突破困境。其三，就是方法讲究。方法是工具之学，不讲究适当的方法，就像拿不到适当的钥匙，开启不了这道学术大门。其四，是能力强弱的问题。能力，包括天生的才华、智慧，以及后天的学术涵养和研究的企图心。有这四个限制，研究构想有时候就无法落实，流于陈义过高，徒托空言。这时候，你不用遗憾，应该反求诸己，衡量自己的才华、能力、方法、学养、时间。一些比较难的章节，是不是就割爱不谈？问题既然困难，为当下学养、才能所不及，就删略章节，聚焦致力于才能所及的精华吧！

何谓"删略章节，聚焦致力于精华"？重点在"精华"这两个字。考虑时间、学养、方法、能力，不能再好大喜功，不能遂行初衷，要考虑有所裁夺，作最明智的取舍选择。如何抉择？要有本末轻重的权衡：精华的、重要的、核心的章节，是不可以删略的。探讨这些章节，有助于提升这篇论文的评价。由于时间、能力关系，或因为某种缘故就不写了，等于柿子挑软的吃，论文挑容易的做。那么，写出来的论点往往平凡无奇、人云亦云，那有什么意义？重要、核心、关键的论题，尽可能保留，那是论文的亮点卖点，千万不可删除，一旦删除不写，就会伤及论文的命脉。论文的学术价值，将因此而大打折扣。所以，有必要进行斟酌衡量。就算急于毕业找工作，论文章节要做个取舍，也一定要保有精华成分、核心论述、重要议题、经典价值。无论如何，在老师指导的协助下，应该可以完成撰稿。不必再巨细靡遗，不必要精粗杂糅！

一般而言，论文论著贵精不贵多！大家钦佩的，是论文写得很精致，能发人所未发，言人所未言！不是写得像砖块一样厚，多不见得就好。因为，话说多了，就会出毛病。章节写多了，问题、毛病会相对增加。所以当你发现因为时间、学养、方法、能力的限制，当初构想不能够一一落实的时候，最该想到的，就是贵精不贵多。如果把精致的、核心的、重要的论题都完成了，那其他的不处理也没关系。这样取舍斟酌，还有一大效益，就是预防劣币驱除良币，避免玉石俱焚。毕竟贪多务得，不知取舍，如何能进行深思熟虑，完成照应八方的研究工程？论文成品不够深入、精致，流于浮泛空谈，自是意料中事。论文写作应该要有自主性，章节多寡，可以自由选取，择精语要。贵精不贵多，是永远不变的原则。

个别的章节固然自成天地，犹如第二章跟第三章都各成一个单元，但彼此之间的信息，应该往来流动，相互发明。毕竟是一本书中的各章，或者就是一篇文章的各节，彼此信息应该是交相论证，而且能够彼此阐发的。就像耳目鼻口，各有功能，皆能相通。能够这样理解规划，全书或全文才能成为一圆融自足的大千世界。注意到"交相论证，彼此发明"这八个字，借镜司马迁《史记》历史叙事中"互见"的观念。各章节之中，理论上是一篇文章，或一本书中的各章节，所以应该能够交相映衬，彼此发明。如果不能，则章节设计可能出了问题：或许是结论的地方，也许在各章阐发申说的节骨眼上。如果读者看论文，看完第八章，好像跟第五章无关；看第四章，好像跟第六章也没关联，这样血脉不通，不相往来，就很不对劲。毕竟是一本书、一篇文章的各章节，应该力求具备"交相论证，彼此发明"的互见功能才是。

第十二章　结论写作的法门与禁忌

作诗讲究起承转合，论文注重收束结穴。林纾《畏庐论文·用收笔》云："为人重晚节，行文看结穴。文气文势趋到结穴，往往敝懈。"[1]结论写作，有其约定俗成的范式，更有其策略与法门。通晓法门，有助于得津梁，登彼岸。知所避忌，然后写作可免于误入歧途甚至于重蹈覆辙。

撰写一部论著，旷日累时，经历前后数个寒暑，始告完成。然人之常情，"有善始者实繁，能克终者盖寡"，正如唐魏徵所言。又往往似《左传》中《曹刿论战》所云："一鼓作气，再而衰，三而竭。"若不幸有此病失，将不利于结论之写作。

故林纾提醒作者，文气文势趋到结穴，往往敝懈。破绽与懈怠，若出现在结论部分，论文写作无异于功亏一篑。《老子》称："夫惟病病，是以不病。"唯有知道破绽，然后能补强；唯恐心生懈怠，然后能战战兢兢，贯彻始终。

一、结论之意涵与功用

研究获得结论，是学术探讨最重要的价值之一。所获结论，是从论文题目、研究意图、问题意识、文本文献、研究方法，交相阐发，往复论证，不断推衍，提炼萃取得来。黄仁宇《万历十五年·自序》所谓"结论，从材料中来"[2]。因此，脉络上应前后贯穿，章节上宜环环相扣。所以，要求结构严谨，合乎

---

[1]　林纾：《畏庐论文》（台北：文津出版社，1978），《用笔八则·用收笔》，页57～58。
[2]　黄仁宇：《万历十五年》（北京：三联书店，1997、2001），页1。

逻辑，自不在话下。[1]结论宜如何写作？简言之，浓缩萃取，如实反映学术研究之心路历程而已。

学术论文发表研究成果，自是文章写作之一环。章法、结构、行文、论证，亦不越出文章义法之藩篱。绪论如此，结论亦然。结论，犹起、承、转、合之"合"（阖），又称为收结、结笔、收束、束笔。或谓之结穴，实借镜堪舆学；或谓之豹尾，乃移植自乐府诗学。称关阖、称收结、称结穴、称豹尾，皆富于形象之词汇，都各有其侧重点与注目处。

论文之结论，犹如诗文结构章法之"兼顾起合"。清刘熙载《艺概·经义概》曾云："起、承、转、合四字，起者，起下也，连合亦起在内；合者，合上也，连起亦合在内。中间用承用转，皆兼顾起合也。"[2]此处之"合"，取意近似开阖之"阖"。学术论文的结构，第一、二、三、四、五各章节之间，亦存有"合上""兼顾"之脉络在，如同作诗行文之起承转合。详参本书外篇第四章《修辞功夫、文章义法与论文写作》，不赘。

论文之结论，等同于作诗行文之收结。宋吕祖谦《丽泽文说》称："结文字，须要精神，不要闲言语。"[3]将必须要与不要，正反并陈，可作为论文写作之金句指南。清曹雪芹《红楼梦》第七十六回，叙中秋夜宴，诸人联句酬和。妙玉见黛玉诗"冷月葬诗魂"过于颓废凄楚，故出面作诗遏止。且云："如今收结，到底还该归到本来面目上去。若只管丢了真情真事，且去搜奇检怪，一则失了咱们的闺阁面目，二则也与题目无涉了。"[4]同理，学术论文之收结，亦要归到本来面目上去。若搜奇检怪、与题目无涉，即吕祖谦所谓之"闲言语"。

---

[1] 蔡清田：《论文写作的通关密码：想毕业，读这本》（台北：高等教育文化公司，2010），第六章《论文写作学术之旅"第五关"：结论与建议》，页205。

[2] 〔清〕刘熙载著，徐中玉、萧华荣校点：《刘熙载论艺六种》（成都：巴蜀书社，1990），卷六《艺概·经义概》，页168。

[3] 〔明〕唐顺之：《荆川文编·文章杂论》，见王水照：《历代文话》（上海：复旦大学出版社，2007），第二册，页1775。

[4] 〔清〕曹雪芹：《红楼梦》（台北：里仁书局，2018），第七十六回《凸碧堂品笛感凄情 凹晶馆联诗悲寂寞》，页1842。

堪舆家谓地脉顿停处，即地气所藏结，称为"结穴"，实龙脉所在。结穴，又称结节，指龙脉所行的生旺之气，聚集在一定位置上，形成风水中的龙穴。论文的归结要点，可比拟龙脉之结穴、结节，其作用在"审而穴之，无不发福"[1]。龙脉之结穴，乃生旺之气聚集之所。结论，为论著顿停处，为一书精华所聚集，全文创发之总结。推衍论证，总汇于此；精华亮点，聚焦于斯。读者审而明之，可以发用而有得。

俗话说："织衣织裤，贵在开头；编筐编篓，重在收口。"一篇好文章，开头要引人入胜，结尾要耐人寻味。论文之绪论、结论写作，也异曲同工。明陶宗仪论乐府诗，揭示"凤头、猪肚、豹尾"六字法，且谓"起要美丽，中要浩荡，结要响亮"[2]。"凤头"以比绪论，"豹尾"以喻结论。文章收结比况"豹尾"，以示结尾之笔法雄劲潇洒，犹如豹尾劲扫，简洁明快，响亮有力，耐人咀嚼，回味无穷。

吕祖谦《丽泽文说》称："结文字，须要精神，不要闲言语。"此本谈论古文，若拿来称述论文写作的结论，亦堪称妥帖切当。论文写作的结论，一言以蔽之："须要精神，不要闲言语。"结，要响亮、要明快之故。

《左传》叙齐崔杼弑其君，事件错综复杂，端绪繁多。其中最绝妙处，林纾《左传撷华》中《崔杼弑君》点评之，且借以提示行文结束之法。对于论文之"结论"写作，颇有启发意义。其言曰：

> 通篇皆用隽语，首尾如一。尤妙者，每叙一事，必有本人一言为之安顿，作为小小结束，故烦而不紊。凡事体芜杂者，断不能无小小结束之笔。[3]

《左传》叙《崔杼弑君》一文，"每叙一事，必有安顿，作为小小结束"。

---

[1] 〔清〕蒋平阶：《秘传水龙经·自然水法歌》云："湖荡之处多有结穴，如波心荡月，如雁落平沙，又如海鸥点水，审而穴之，无不发福。"参考汉语网：www.chinesewords.org.

[2] 〔明〕陶宗仪：《南村辍耕录》（北京：中华书局，1959、1997），卷八《作今乐府法》，页103。

[3] 林纾：《左传撷华》（高雄：复文图书出版社，1981），卷下《崔杼弑君》，页149。

此值得行文之师法。单篇论文写作，除注意首尾救应外，于收束处，宜对全文论述作一小结，所谓"必有安顿，作为小小结束"。如此，可收"烦而不紊"之效。尤其是撰写一部专著，千头万绪，触手纷纶，大而章节，小而项目，乃至细碎烦猥之论证，是林纾所谓"事体芜杂者，断不能无小小结束之笔"。无论大篇或小章，有安顿处、作结束语，自是行文"烦而不紊"之不二要领。

另外，林纾《左传撷华》所谓"每叙一事，必有本人一言为之安顿"，每叙必有本人一言云云，论文写作尤可借镜运用。征引原典之后，讨论诸家之余，为诉诸主体性，凸显独断别识，"必有本人一言"，为之安顿作煞，作为收笔结束。文章之道，可旁通论文写作，此又一例。

二、结论写作之要领与方法

诗文的"起合"，强调阖上、兼顾之脉络。文章的"收结"，关注"归到本来面目上去"，切忌搜奇检怪，不可与题目无涉。风水学之"结穴"，聚焦于地脉顿停，生旺聚集；蕴藏精华，总结创发。作文六字法之"豹尾"，凸显雄劲潇洒，响亮有力，简洁明快。"起合""收结""结穴""豹尾"之提示，于结论写作，不妨参考借鉴。

今参考传统文化之话语，如收阖、收结、结穴、结节、豹尾之伦，师法其特色优长，异中求同，取其可以相互发明者。得此启发，于是拈出结论写作之要领，大端有五：其一，精华聚焦，亮点提示；其二，价值评量，回归本来面目；其三，脉注绮交，章节贯串呼应；其四，触发激荡，观点延伸；其五，响亮有力，简洁明快。论述如下：

（一）精华聚焦，亮点提示

堪舆家谈龙脉，必顿停于"结穴"，以为乃生旺之气聚集处。学者发表论著，必聚焦于结论。结论者，乃一书精华所蕴藏，全文成果创发之总结。故精华之聚焦，亮点之提示，为结论撰写之一大要领。

高度概括各节项为小结，紧密归纳各章节而成结论。结论，当环绕著作之重点、核心、创发、新见，作言简意赅之亮点凸显。遣词造句，宜求精致而练达，概念表述应求具体化、逻辑化、条理化。

论著之精华，为作者心血的结晶。为便于传播检索，结论文字必须锤炼，进行精华聚焦与亮点凸显。各章已撰稿完毕，回首来时路，针对得意的创见、独到的心得、伟大的发明，究竟补充何者、发展何处，必须善加提炼与萃取，成为重要概念，再把概念写成关键词或关键句。最终，组织串接起来，就成为精华聚焦。

结论表述，必须选择新颖的观点、卓越的创见、非凡的心得、殊胜的特色，进行精华聚焦与亮点提示。作聚焦、作提示，其措辞与设计，就必须言简意赅，片言居要。陆机《文赋》所谓："立片言而居要，乃一篇之警策。虽众辞之有条，必待兹而效绩。"[1] 亮点设计，若警醒悚动，引人吸睛，即所谓"警策"。

论文写作，千言万语，触手纷纶。结论一章，有必要凸显亮点，作为一篇之警策。《文心雕龙·总术》所谓"乘一总万，举要治繁"，可作为写作之要领。针对论著之得意处、创见处、心得处、特色处，聚焦精华，凸显亮点。亮点警醒吸睛，精华具体而微，有利于传播引述，有助于检索利用。同时，论文内在理路之顺逆可否，亦不妨一并检验。

（二）价值评量，回归本来面目

回顾问题意识之初成，决定论文选题之起始，远景规划大多美好而利多。当时大多自我期许可以完成独到、创获的学术论著。待论文接近尾声，撰写结论时，正可以检验初心的依违，或宏愿的顺逆。

尝试比较相关领域的研究版图，与学界先进较短论长。试扪心自问：这样的论文，学术界是否必要？我的学术坐标在哪儿？研究价值在何处？优劣得失如何？成就贡献又怎样？对同行的触发启益，能量有多少？为自家未来之研究发展，是否又找到一个新的学术生长点？不妨作诸如此类的价值评量。

价值评量，当如鉴空衡平，虽自我品评，亦不例外。梁启超谈史家四长

---

[1] 〔晋〕陆机著，张少康集释：《文赋集释》（北京：人民文学出版社，2002、2012），页145。

之史德，谓："史家道德，应如鉴空衡平。是甚么，照出来就是甚么；有多重，秤出来就有多重。"[1] 主观情绪必须铲除净尽，评量事物应该明察诚信，就像镜子和天平一般。史家纂修史书，讲究鉴空衡平之史德，吾人自我评量论著的优劣短长，文德亦当恪守不违。

如前叙妙玉说诗，有所谓"如今收结，到底还该归到本来面目上去"。标榜"本来面目"，则体现"真情真事"，谢绝"搜奇检怪"，删除"与题目无涉"者。论文之收结，得此启示，也必须要"归到本来面目上去"，回归到绪论所言之初心本愿上去，切忌"搜奇检怪"，不可"与题目无涉"。

"本来面目"，为佛禅典故，初指人之本心本性。《六祖坛经·行由品》载：六祖慧能以禅心开示惠明，谓"不思善，不思恶，正与么时，那个是明上座本来面目？"惠明当下即悟。[2] 后人借用"本来面目"佛典，指称原来模样，盖望文生义，就语表肤面理解之，如苏轼《老人行》："一任秋霜换鬓毛，本来面目长如故。"[3] 回归"本来面目"，移用于结论写作，指客观诚信之态度、实事求是之文字，导出的结论，是从材料中推衍得来的。评量研究成果之价值，理当如此。

结论所言，陈述研究之成就与贡献，应该像鉴空衡平，如实存真；又当如明镜照人，妍媸尽现。一旦摆落实事实言，即是"丢了真情真事"，无异于"搜奇检怪"，与题目了无干涉。结论有虚浮夸大当无作有者，有岔出议题顾左右而言他者，有东山再起另起炉灶者，皆溢出题外，非所宜言，严重失去绪论的本来面目。

---

[1] 梁启超：《中国历史研究法》（上海：上海古籍出版社，1998），《中国历史研究法补编》，第二章《史家的四长》，页159。

[2] 《坛经》，最早有惠昕本，至契嵩本成型。今见〔唐〕六祖慧能口授，郭朋校释：《坛经校释》（北京：中华书局，1983），页23。禅宗所讲的本来面目，是指放下了自我中心的执着，心无所住、念无所系。是放舍诸相之后的大解脱、大涅槃。

[3] 〔宋〕苏轼著，〔清〕冯应榴辑注，黄任轲、朱怀春校点：《苏轼诗集合注》（上海：上海古籍出版社，2001），卷四十七《老人行》，页2350。

（三）脉注绮交，章节贯串呼应

论文撰写，除了诸多既定的规范外，与一般辞章写作并无太大的差异。梁刘勰《文心雕龙》论章句云："启行之辞，逆萌中篇之意；绝笔之言，追媵前句之旨。故能外文绮交，内义脉注，跗萼相衔，首尾一体。"[1] 启行之辞、中篇之意、绝笔之言，三位一体，交相灌输，就结构之联络照应而言，学术论著与一般辞章写作相通相融。

日本遍照金刚《文镜秘府论》认为："作文之道，构思为先，亟将用心，不可偏执。"必须观照一言、众理，彼此、得失，初末、离合等篇章之义理："大略而论，建其首，则思下辞而可承；陈其末，则寻上义不相犯；举其中，则先后须相附依，此其大指也。"[2] 开端，思下辞；结尾，寻上义；中幅，则看先后相附相依。换言之，下辞上义之间，终始先后之际，多相附相依，脉络潜通。作文之道关注脉注绮交如此，值得论文写作之借镜参考。

《文心雕龙》揭示启行、中篇、绝笔的互动关系，以为"外文绮交，内义脉注。跗萼相衔，首尾一体"。好似花萼与花房，内外一体，不可分割。显示前后章节间，存在脉注绮交、首尾一体之缜密关系，提供结论写作若干法门。换言之，为便利阐说论证、探讨课题，章节虽分为前、中、后，但皆"外文绮交，内义脉注"，故彼此间却是"跗萼相衔，首尾一体"。其中，"绝笔之言，追媵前句之旨"，对于论文总结，颇有画龙点睛之提撕作用。结论之结，乃水到渠成，其来有自；犹如绝笔之言，盖承接前、中、后各段的研究旨趣而来，故曰"追媵"，作用在迎送前文之旨。

清刘熙载《艺概·经义概》曾云："起、承、转、合四字，起者，起下也，连合亦起在内；合者，合上也，连起亦合在内。中间用承用转，皆兼顾起合

---

[1] 〔南朝梁〕刘勰著，范文澜注：《文心雕龙注》（北京：人民文学出版社，1958、2014），卷七《章句第三十四》，页 570 ~ 571。

[2] ［日］遍照金刚著，卢盛江校考：《文镜秘府论汇校汇考》（北京：中华书局，2006），南卷《论体》，页 1471。

也。"[1] 经义、制义之文，固然讲究起、承、转、合（阖），即作诗行文，亦切实力行者多。法虽分为四，其实只是一法。诚如刘熙载《艺概》所云"连合亦起在内""连起亦合在内"，"用承用转，皆兼顾起合也"。结论与各章节之关系，当如起、承、转、合之辩证，水乳交融，彼此贯串；又如铜山西崩，洛钟东应，前呼后应，相互影响。

白居易《新乐府并序》云："首句标其目，卒章显其志，《诗》三百之义也。"[2] 绪论写作，可以一言蔽之，曰"标其目"；结论之写作，亦可一言以蔽之，曰"显其志"。白居易之言，移作绪论与结论之提示，堪称精切。文章之铺垫渲染，皆为结尾而发；论文之述说、举证、标榜、阐述，一切考察探究，亦皆为结论而存在。结论，是本课题研究之回顾汇总。所以，遣词造句，应该回龙顾祖，前后呼应。

（四）触发激荡，观点延伸

除归纳各章节之心得，分别成为小结外，相邻、相对、相关章节之小结，脉络自多贯穿，问题亦相交通。此《文心雕龙·章句》所谓"跗萼相衔，首尾一体"。其核心论述，详略虚实之际，往往互发其蕴，互显其义。经由触发激荡有得，论点遂可以分类采录，列为总结。

结论崇尚简约，最忌拖泥带水。所以，研究新见不应再三重复述说。然各章节间，"用承用转，皆兼顾起合"，故前后呼应，相互启发，观点可以借此延伸，成果可以进一步提升。何况，探论的问题，各章节侧重不同。经过对比、模拟之后，有可能生发更多议题，延伸更多观点。异中求同，以少总多，亦可以作成结论。可见，结论之来源，固不限单一之章节。

毕恒达《教授为什么没告诉我——论文写作枕边书》一书，谈如何撰写学术论文。《结论与建议》一章言："结论并不是把研究发现重复说一遍，

---

[1]〔清〕刘熙载著，徐中玉、萧华荣校点：《刘熙载论艺六种》（成都：巴蜀书社，1990），卷六《艺概·经义概》，页168。

[2]〔唐〕白居易著，朱金城笺校：《白居易集笺校》（上海：上海古籍出版社，1988），卷三《讽谕三·新乐府并序》，页136。

而是将研究结果再进一步地理论化"[1]。刘勰《文心雕龙·总术》："文场笔苑,有术有门。务先大体,鉴必穷源。乘一总万,举要治繁。"结论之写作,宜落实"乘一总万,举要治繁"之功夫。将星罗棋布之研究发现,梳理归纳,进一步理论化,方是"务先大体""有术有门"之总术。

笔者著《印刷传媒与宋诗特色》一书,论印本图书作为知识传播之媒介,富有易成、难毁、节费、便藏诸多利便,势必影响两宋士人之阅读、接受、创作、论述。于是进一步推论:印本文化对于宋诗特色、诗分唐宋、唐宋变革以及唐宋诗异同、唐宋诗之争诸学术课题,多可以"传媒效应"诠释解读之。[2]推而广之,用作宋代其他文学,以及经学复兴、史学繁荣、理学昌盛之研究,自有启示。发现新视角,提供新方法,有助于研究之多元选择。

又如笔者《书法、史学、叙事、古文与比事属辞——中国传统叙事学之理论基础》一文,经过考察《春秋》《左传》《史记》之叙事经典,而知书法、史学、叙事、古文,多传承自比事属辞之《春秋》教。由或笔或削,或书或不书之书法,进一步衍化,遂形成"有无、详略、重轻、异同、显晦、曲直、虚实"诸叙事模式。[3]由此观之,传统叙事学着墨于"叙"多于关注"事",与西方叙事学自有异同,可供研究中国传统叙事学之理论参考。

(五)响亮有力,简洁明快

豹之习性,长于短跑,最快时速高达110千米。勇猛、迅捷、霸气为其形象特征。豹尾之功能有三:维持平衡,表达情绪,更可作为战斗武器。古代天子的属车、将相的旌旗,多悬豹尾以为饰物,其威武勇猛的象征意义可

---

[1] 毕恒达:《教授为什么没告诉我——论文写作枕边书》(台北:学富文化事业公司,2005、2006),《整本论文的意义——结论与建议》,页119。

[2] 张高评:《印刷传媒与宋诗特色——兼论图书传播与诗分唐宋》(台北:里仁书局,2008),第十一章《印刷传媒之崛起与宋诗特色之形成》,页574～577。

[3] 张高评:《书法、史学、叙事、古文与比事属辞——中国传统叙事学之理论基础》,载香港中文大学《中国文化研究所学报》(第64期)2017年1月,页1～33。又,张高评:《〈春秋〉笔削见义与传统叙事学——兼论〈三国志〉〈三国志注〉之笔削书法》,载《文史哲》(总第388期)2022年第1期,页111～125。

见。古人或以"豹尾"比喻文章收结,期待结尾的笔法有如豹尾的快扫:响亮潇洒、简捷明快而坚劲有力。

明陶宗仪《南村辍耕录》论乐府诗,揭示"凤头、猪肚、豹尾"六字法,且谓"起要美丽,中要浩荡,结要响亮"[1]。若借为论文写作,则"凤头"可比绪论,"豹尾"则喻结论。结论写作,若能取义"豹尾"以为师法的标杆,则取法乎上,思过半矣!

结尾,当如豹尾,取其迅猛、敏捷、响亮、明快,以及平衡作用。豹高速奔驰,所以能保持平衡者,尾巴作用最大。一篇论文,结构欲求圆合,结论必须照应开头,能前响后应,犹如豹尾的功能,方能维持头、尾、足、身的高度平衡。

二、结论写作的禁忌与避忌

林纾《春觉斋论文》云:"文气文势趋到结穴,往往敝懈。"完成一部论著,往往长达 3 至 5 年,甚至更久;撰写一篇论文,最快也得 10 天至半个月。故行文到了结论,犹强弩之末,已神疲力竭。于是因旷日废时,而逐渐懈怠者有之;因心神懈怠,产生破绽者亦有之。

论著执行到结论,可能产生哪些异常?应该如何防范?结论或结语,为一书之终、一文之束,既然比况成豹尾,号称收束之笔,则字数不宜过多。同时,不宜再岔出议题,不宜再征引文献,不必再有注释,不必再另起炉灶。列明注释,则字数增多,显然自乱体例;其余三则,病在位置不宜。以上乱象,常见于初学者的结论中,应该防范与改善。胪列于此,姑作提醒。申说如下:

(一)字数不宜过多

结论,当如豹尾,迅猛、敏捷、明快、铿锵、响亮有力、简洁精要,乃其写作原则。诗歌语言,讲究高度浓缩,以少胜多。文短句简,则明快;理

---

[1] 〔明〕陶宗仪:《南村辍耕录》(北京:中华书局,1959、1997),卷八《作今乐府法》,页103。

直气壮，则有力。如果字数过多，就不是豹尾，而是拖尾拖沓了。

论文写作，已经到了尾声、结局、收束、关阖的地步，却浑然忘记身在何处，居然岔出议题，仍然另起炉灶，竟然再征引文献，依旧再引申推论，照样再列明注释。这些不合规范的乱象，往往导致结论字数过多，必须防范，应该改善。当然，有些情况是连篇累牍，文句拖沓涣散。这涉及修辞炼句的功夫，更应设法改善。

黄永武先生《谈诗的密度》云："浓缩字面，使字字着实，无一虚设，如同百炼精钢。"如是，则密度大矣。浓缩字面的方式有二：一则字数不增多，意义增多。一则字数减少，意义不减少。[1] 结论贵精简练达，遒劲有力，故虽说诗，可移作论文写作之借镜参考。精简练达有道：屏弃枝节，直取骨干，择精用宏，舍小就大，将可以有成。

结论文字不宜过多过长，已如上述。以一部 30 万字之专著而言，大抵以 2000 字为原则，3000 字乃上限。若是一篇 20000 字左右的单篇论文，则结论总字数，建议在 1000～1500 字左右为宜。以此作为基准，过犹不及，皆失所宜。

（二）议题不宜岔出

《汉语大辞典》称：结论，"是从前提推论出来的判断，是三段论法结构中最后一部分，也叫断案"[2]。唯有大前提、小前提能够成立，才能推衍出结论。学术论文的结论，必须从各章节之材料、论证，层层推拓得来。不可以无中生有，不允许横生枝节，必须就大前提、小前提的表述钩稽梳理。唯有如此，方可谓"从前提推论出来的判断"。

论文收尾作结时，不宜再有解说、阐发、论辨。若申说辩证出现在结论，无疑乱了章法。起、承、转、合，虽分工而各司其职；凤首、豹尾、猪肚，功能虽异而三位一体。申说论证，宜于结论之前各章节完成。换言之，苟有

---

[1] 黄永武：《中国诗学（设计篇）》（台北：巨流文化公司，2009），《谈诗的密度》，页 100。
[2] 罗竹风主编：《汉语大辞典》（上海：汉语大辞典出版社，1992），第 9 册，系部，"结论"条，页 811。

申说论证，当移往承转处，措置于"猪肚"部位挥洒。行文至结论，申说辨证不该再出现，以免岔出议题，渐行而渐远。

文章的收束，一般称为结语或结笔、束笔。如果是研究报告、学术论文或学位论文，追求严谨度、逻辑性，建议使用"结论"一词。称作结论，学术性比较浓；叫作结语，只是泛指结束的话。不过，有时使用结语，或可显示谦虚客气，也未尝不可。

不管称为结论或结语，都指一本书或一篇文章的总结收束。既然总结了、收场了，就得实事求是，针对研究之结果，聚焦心得与创获，总结探索历程，提交系列成果。纵然行有余力，亦不该再岔出议题，再节外生枝，顾左右而言他。歧路亡羊如此，无益于读者之接受。

（三）文献不可再征引

诗、文、词、赋的写作，讲究"曲终奏雅，卒章显志"。论文写作的结论，举凡新颖的观点、卓越的创见、非凡的心得、殊胜的特色，都必须进行精华聚焦、亮点提示。如此"奏雅"，可以凸显本课题研究的意义与价值。

将结论比拟为结穴、结节、豹尾，而结尾、收合诸词，可以概括之。既是结尾、收合，所以结论中不宜再征引文献。因为征引文献，就不得不探讨论证，引申发挥。如此一来，就违犯了结、尾、收、合四字的章法规范，也悖离了结论写作的真谛。

论文作结时，为何不能再征引文献？因为文献征引，依例必须解说、阐发、论辨。否则，文献征引杂处于结论之中，显然扞格不入。文献征引之后，就得开放舞台，提供挥洒阐述之篇幅。行文至结论，还另辟舞台，不但限缩了演出，也不符合规范。解决之道，只要迁地为良，择木而栖，自可安排于有用之地，施展其用。

（四）注释不必再列明

注释与学术论文，形影相随，相得益彰。注释，不仅是学术论文的附随组织，两者更存在不可分割的关系。引证论据必须要有注释，考订史实要有注释，辨别史料要有注释，批评异说、补充申解，都必须利用注释，以便清楚和详细说明根据来源。

学术论文写作之道，既要让正文眉目清晰而纲举目张，避免累赘，又要求正文详明周赡，不遗不漏。二者似乎矛盾，实际上可以平衡。如果善用注释，就可以避免正文累赘，又能够详明周赡。[1] 注释，除了注明出处之外，主要功能还在解释、说明、祛疑、辨惑方面。论文写作，分清本末主宾，而详略、重轻随之。善用注释，将次要素材移往注释，作为辅助说明。如此，则见纲领本末，而论说之脉络益见清晰。

论文写作进行到结论，已至尾、结、收、合的地步，就尽可能不必再有注释。因为引证论据、考订史实、辨别史料、批评异说、补充申解，牵涉到解释、说明、祛疑、辨惑的历程，文字难免拖沓，或多或少限缩了结论园地的空间。因此，这些思辨细节，老早应该在收、阖（合）、结、尾之前完成。行文已至结论，再出注释以明之，不仅为时已晚，显然也不合时宜。除非注释只注明文献出处，并不辨疑解惑，那就另当别论。

解决结论中的注释文字，可以回顾前面各章节，有没有可以将其安插之处。若有，则移往就位。若无，则不伦不类，删汰可也。

（五）不应再另起炉灶

论文即将终结，就该画上休止符，就该知所节制。《文心雕龙·章句》称："绝笔之言，追媵前句之旨。"《文镜秘府论·论体》亦称："陈其末，则寻上义不相犯。"结论，总结前文所述所论，以不蔓不枝为宜。若题外生波，另起炉灶，开辟新的议题，无异于半路杀出一个程咬金，格格不入，令人意外。

因某个概念而引发临时起意，觉得论点宝贵，丢弃可惜。但写入结论，等于另启议题，节外生枝，则贸然突兀，格格不入。衡情度理，也断无如此章法。刘熙载《艺概·经义概》言："合者，合上也，连起亦合在内。"在结论之中另起议题，犹如搁置起、承、转三法，横空特出，实在很不恰当。

---

[1] 张高评：《论文注释与学术规范——学术论文为什么要用心于注释？》，载《国文天地》（第32卷第10期，总第382期）2017年3月，页59～70。

结论写作之际，若萌生真知灼见，而与本研究课题相关者，则不妨斟酌前面各章节，移置安插到合适的归宿之中。如果议题复杂，涉及面较为广大，所谓"道大难容"者，则可另撰一文挥洒之。否则，灵光一现之小知、小慧，删弃可也。

论文写作与文章之道相通。章节之安排措注，内容之铺陈辩证，顺势而来，有如峰峦起伏、江涛迭涌，大有不可遏抑之势。为避免文章之磅礴腾跃、放浪无归，须隐括大义以约束之，分缩层次而节制之，于是有收束之笔。聚焦在成果创发，而凸显出新知亮点，犹如深溪穷谷，可以凝聚气势；纵浦横塘，便于收纳横流。[1] 论文写作，师法于文章之道，结论又何尝不然！

---

[1] 参考罗君筹：《文章笔法辨析》（香港：上海印书馆，1971），第十四章《束笔》，页381～382。

第十三章 摘要提要与关键词的写作策略

电影预告片会剪辑出全片最精采的部分，能更好地让观众选择是否要欣赏。摘要，就像论文的预告片，精彩重现，具体而微。论文发表之后，读者能在网络搜寻到的，摘要通常是第一或是唯一。看过摘要之后，才会决定是否阅读全文。[1]

简短、精彩、吸睛、引人入胜，这是论文摘要的特色与魅力。摘要致命的影响力，攸关论文的说服、营销、传播、接受。摘要撰写的策略与方法，影响成败得失，事关重大。就论文而言，摘要之撰写，亦"乘一总万，举要治繁"，然较之于结论，更加精益求精。

一、摘要之写作策略

何谓摘要？美国国家标准定义是："一篇精确代表文献内容的简短文字。"（ANSI Z39.14，1979）中国国家标准的定义则为："一篇精确代表文献内容简短文字，不多加阐释或评论，也不因撰写摘要的人不同而有差异。"（CNS 13152，1993）显然，这都是图书馆学的摘要，以信息性或指示性的成分居多，写作往往假手于他人。学术论著摘要，出于作者自行撰写，会当有别。

（一）摘要之性质

"摘要撰写"有中、美国家标准可资参考，还有，中国台湾相关部门于

---

[1] 详参 Clarinda Cerejo 之网站文章：《10 个步骤帮助您的论文摘要更完美》(*A 10-step guide to make your research paper abstract more effective*)。

1993年1月28日曾发布的《摘要标准》，将"摘要"定义为："对某文献作一简短而正确之内容说明，不加注任何评论。同一摘要无论由何人撰写，其内容应无多大区别"。[1] 摘要文字多采用叙述体，不加注、不评论。同是图书馆学的"摘要"，与一般研究论著的"摘要"，由作者撰稿，文字有精粗工拙，认知有偏全浅深，会当有别。不同人摘录同一篇论文要点，不可能"无多大区别"。见仁见智，应属自然。

《摘要标准》又说：摘要撰写最重要的部分，为撰写内容的规定以及撰写方法。按照摘要的内容性质，摘要分成三种。人文社科之研究论文，属于资料性摘要（Informative Abstract）。"摘要"之撰写内容，应该包括研究目的、研究方法、研究结果、结论等项目。学位论文的摘要，限一页以内，且以500字为限。摘要，应以原著作内容来决定其篇幅云云。以上，是官方文献的无差别标准。不过，理、工、医、农，与法、商、人文、社科等不同专业之摘要，自有些微的差异。

与摘要有关的英文单词有三种：ABSTRACT、SUMMARY、SYNOPSIS。其中，ABSTRACT，偏属于摘录性质，在专业性资料库中查询时用之；SUMMARY，则有摘要或概要的意思，指全文较突出的发现或结论，经作者再度扼要陈述；SYNOPSIS，亦有概要及大意之义，指作者本人对全文作概略描述。[2] 因此，学术研究之摘要，与英文所指之SUMMARY较为接近。

"摘要"（Summary），一般称为Abstract。就完成的论著来说，其一定摆放在最前头，但就论文写作的学术工程而言，却应该是压轴收尾。宋黄庭坚曾言："作诗正如作杂剧，初时布置，临了须打诨，方是出场。"[3] 宋杂剧所谓"出场"，指结局或收场而言。摘要，正是学术研究的收场，是论文或专著之结局。

---

[1] 庄道明：《摘要标准》（*Abstract Standard*），见《图书馆学与信息科学大辞典》1995年12月。
[2] 参考冯丁树之网站文章：《如何撰写论文摘要》。
[3] 〔宋〕陈善：《扪虱新话》，《下集》卷一，见〔宋〕俞鼎孙、俞经编：《儒学警悟》（香港：龙门书店，1967），卷三十六，页10，总页201。

传统戏曲的折子戏，最后一场戏称为"大轴"。因为最有名、最优秀的、最大牌的演员，一般都在最后登场演出。所以，"大轴"或压轴，是最重要、最关键的戏目。[1] 摘要之于论文写作，也是最后登场，留到最后撰写。最重要的成果贡献、最关键的创发揭示，也都于此和盘托出，择精展示。

　　摘要，是论著的临去秋波，作用犹如杂剧的"出场"，"要须留笑，退思有味"，才是结局，才算收场。[2] 就论文而言，不妨作一转语：所谓摘要，即是作者"呈现亮点警策"，读者感觉"意味深长"的小品。摘要撰写的要领，就是从著作者的立场，提供最具价值的创见心得，最具魅力的学术卖点，最能引发读者兴趣的亮点和论述。

　　读者检索论著，首先接触的是"摘要"；阅读全文，千言万语，最先映入眼帘的，也是"摘要"。所以，摘要成为第一印象的媒介，其举足轻重可以想见。台湾成功大学前校长高强，为管理学教授，著有《论文研究与写作》一书，对于"摘要与关键词"之撰作，有如下之提示：

> 　　一篇论文之题目、作者、摘要与关键词，可视为论文之门面。一般资料库将之统称为摘要（abstract），在撰写时，尤其需要用心。[3]

　　摘要，置于专著或论文的首页，犹开门见山，位居"门面"的位置，十分显眼。读者或检索者的第一印象，就是摘要。摘要，意谓重要摘录，《文心雕龙·总术》所谓"乘一总万，举要治繁"，堪称具体而微、名副其实的简介。作者可以借此营销论文，广为招徕，因此"撰写时，尤其需要用心"。

---

[1] 台湾大学王安祈教授称："大腕是大角儿的意思。大角儿，指最好的演员，因为最大牌的演压轴，压轴比大轴重要。大角唱完压轴，最后的大轴通常是群戏，热闹收场。而懂得品戏的看客，在压轴演完就套车回家了。这是清末民初的情况，后来演出时间没有那么长，渐渐就以大牌的戏当最后一出，压轴和大轴的意思就有点混淆了。"以上，为古典戏曲学家王安祈教授口述，谨此志谢。

[2] 张高评：《宋诗之新变与代雄》（台北：洪叶文化公司，1995），七《杂剧艺术对宋诗之启示》，引张元干：《芦川归来集》，卷九《跋苏诏君赠王道士后》，页384～390。

[3] 高强：《论文研究与写作》（台中：沧海书局，2009），第七章《论文摘要》，页114～115。

论著的优劣得失如何？是否符合期待视野？读者想立即掌握，摘要是最佳的"望文生义"中介，绝美的"说服传播"载体。

（二）提要写作之原则

摘要，有时可与提要混用。提要，典出唐韩愈《进学解》："记事者必提其要，纂言者必钩其玄。"提要钩玄，指提取要点，钩拣精妙。论文摘要的写作，可以一言蔽之，即提要钩玄而已矣。由此可见，摘要之写作，与记事纂言同功。故有学者径称摘要为提要，林庆彰教授说：

> 提要，顾名思义是举出重要的地方。对一本书或一篇文章来说，是举出它的重要论点，让读者在有限的时间内，取得最多的知识。[1]

提要，本是目录学术语，遣词用字，简明扼要。借以解释文献题意，介绍作者生平，揭示文献内容，评价学术得失。古代有解题、叙录、志、考诸名目。[2] 清章学诚《校雠通义》所谓"辨章学术，考镜源流"[3]者，正是撰写之指标与焦点。如纪昀等主纂《四库全书总目》提要，可作个中代表。作为论著之提要，"辨章学术，考镜源流"，自是着墨之核心。

提要的撰写，家自为说，不一其律。有参考刘向校书的原则，就图书内容的角度出发，将工作归纳为八：如著录书名与篇目，叙述校雠的原委，介绍著者生平与思想，说明书名的含义、著书的原委及其性质，辨别图书的真伪，评论思想或史事的是非，叙述学术的源流，判定图书的价值等。[4] 亦

---

[1] 林庆彰等：《读书报告写作指引》（台北：万卷楼图书公司，2001），第六章《撰写提要的方法》，页131。

[2] 刘春银：《提要之编制：以〈越南汉喃文献目录提要〉暨〈补遗〉为例》，载《佛教图书馆馆刊》（第46期）2007年12月，页71～79。

[3] 〔清〕章学诚著，叶瑛校注：《文史通义校注》（北京：中华书局，1985、2008），收录《校雠通义》，卷二《焦竑误校〈汉志〉第十二》，页1009。

[4] 李苏华：《试论提要在文献编目中的重要作用》，载《嘉应大学学报（社会科学版）》1998年第4期，页104。

有以为提要内容应包括书名卷数撰者、作者简介、著述缘起、书名解释、内容简介、学术源流、优劣得失、版本情况者。[1]

提要，或在叙述书名卷册、版式行款、藏书印记、题记序跋、刻工书铺、作者生平、特色要旨、学术源流。沈津《美国哈佛大学哈佛燕京图书馆藏中文善本书志》（1999年2月版）可以考见。提要的内容，除了叙述书名卷册、版式行款外，作者生平、书籍特色要旨、学术渊源、典藏地及相关书籍资料，亦在关注之列。田涛主编《法兰西学院汉学研究所藏汉籍善本书目提要》（2002年1月版），可见一斑。[2] 总之，诸家之说，雷同者多，殊异之处较少。取同舍异，可也。

一般而言，提要之内容，可以概括为版本资料、作者简介、传本演变、内容概述、内容篇目、内容评价、流传版本及参考文献八项。提要、摘要，或因文献对象不同，导致提要与摘要之撰写，内容有所殊异。也有可能因为背景、对象、二次文献、原始文献替代品、快速反映信息、着眼点、主客体因素、语言表述方式、结构及功能区分，而有所异同。[3]

学者认为"摘要"即"提要"，所以视"研究摘要"如同目录学的"书籍提要"。论者以为：适当而精密浓缩书籍的实际内容，提供读者了解其中的精华殊胜，固为二者之所同；然而，"书籍提要"提示版本之优劣，指导伦理之教化，此则"研究摘要"之所无。[4] 所以，二者仍有微殊。

勾勒文献传播，凸显书籍特色，辨明学术源流，品评是非得失，判定论著价值，本是"提要"撰写的取向和特色，更可作为论文"摘要"写作的要领与指标。"提要"的功能，主要在萃取要点，提供阅览之参考，其中有可

---

[1] 彭斐章：《目录学教程》（北京：高等教育出版社，2004），引杨薇《论传统书目提要的建构与特征》，页127～131。

[2] 冯晓庭：《域外汉籍的检索与利用》，见林庆彰主编：《学术资料的检索与利用》（台北：万卷楼图书公司，2003），页27～36。

[3] 刘春银：《提要之编制：以〈越南汉喃文献目录提要〉暨〈补遗〉为例》，载《佛教图书馆馆刊》（第46期）2007年12月，页71～79。

[4] 杨晋龙：《提要摘要写作》，见张高评主编：《实用中文讲义》（台北：三民书局，2010），下册，页244。

供"摘要"取资利用者不少。摘要，聚焦于重点摘录，旨在辨章学术，考镜源流，便利读者考辨之资助。两者写作立场虽然不相符合，但自有交集，故难免混用。

（三）摘要写作之方法

摘要，由提炼各章节的重点、精华、方向，萃取全文的优长、特色、心得而成。摘要之于学术论文，有如精华聚焦，应该发挥画龙点睛的作用，才能引发期待。摘要的文字，宜精明简要，切忌拖泥带水。

摘要撰写时，一般依研究目的、研究方法、研究结果、研究结论层层叙说。其功能颇多，如借以选择资料、迅速传达新知，有助于检索回溯性资料，可作为书目、评论、全文检索之参考，等等。[1]摘要撰写得当，可以利己利人，有助于传播、阅读，有利于接受、反应。

美国心理协会（American Psychological Association）发行一种出版手册（Publication Manual），所谓APA格式。规格一致的结果，带来学界极大的方便。其中依文章性质，分别规定不同的摘要内容。实证性文章摘要，内容包括研究对象、研究方法、研究结果（含显著水平）及结论与建议。评论性文章或理论性文章摘要，内容则包括分析的主题、目的或架构，资料的来源，及最后的结论。[2]大致各依学科属性，调整某些项目。

杨晋龙先生撰作《提要摘要写作》一文，提示论著摘要的书写，程序有七：一、整体内容的再检证；二、创新表现的确认摘录；三、草拟摘要内容；四、修饰草稿成定稿；五、关键词的选取；六、排除存在的小瑕疵；七、内容的整体检查与确定。[3]按部就班，循序渐进，可作摘要撰写的指引与参考。

---

[1] 杨晋龙：《提要摘要写作》，见张高评主编：《实用中文讲义》（台北：三民书局，2010），下册，页246～248。

[2] 格式的建立，不仅可以使初学者了解学术性文章应有的架构及内涵，论文阅读者也可参照既定格式，按图索骥，快速取得想要了解的内容，有助于学者之学术研究。参见林天祐：《认识APA格式》，载《研究论文与报告撰写手册》（台北：台北市立教育大学，2002），页116。

[3] 杨晋龙：《提要摘要写作》，见张高评主编：《实用中文讲义》（台北：三民书局，2010），下册，页250～252。

同时，又谈及摘要撰写的取向，有所谓"三最"，言简意赅，深入浅出，堪称金针度人：

> 论著摘要的撰写，就是从撰写者的立场，考虑如何提供最具价值、最具吸引力和最能引发读者兴趣的内容。其次，则是考虑表现的内容，巧妙结合"学术传播"与"学术营销"，以二者作为考虑重点。[1]

杨晋龙主张摘要撰写必须凸显三个"最"：就论著之内容，提炼最具价值、最具吸引力、最能引发兴趣者，体现于摘要之中。理性与感性兼顾并重，若能结合传播与营销，将更理想。至于如何可以达到，涉及从研究构想到问题意识，从理想选题到研究创新，表里精粗的心路历程，从中钩稽萃取。如果不尽心致力于前述的务本工程，空言价值、吸引力、兴趣，一味舍本逐末，成果如何能有价值？观点如何能具有吸引力？论证如何能引发兴趣？三最皆无，就谈不上传播，何况营销？可见，传播与营销，只可锦上添花，不能雪中送炭。论文质量追求优秀，才是王道。

提要、摘要与关键词的写作，堪称学术论文的附随组织，实为不可或缺的一部分。各有其规范与标准，必须宗法，不可摆落。规范，作为一种学术共识，有助于作者论著的营销，是读者检阅的凭借。然则，亦不必执着太过，若胶柱鼓瑟，则未免弄巧成拙。

苏轼品评吴道子之绘画："出新意于法度之中，寄妙理于豪放之外。"[2] 参考苏轼之说，执两而用中，庶几近之。

二、摘要、提要撰写之八大指向

学术论文的摘要，一本专著的提要，字数多少，实有标准与规定。如何

---

[1] 杨晋龙：《提要摘要写作》，见张高评主编：《实用中文讲义》（台北：三民书局，2010），下册，页 250～252。

[2] 〔宋〕苏轼著，孔凡礼点校：《苏轼诗集》（北京：中华书局，1986），卷七十《书吴道子画后》，页 2210。

用精简的文字，表达丰富而复杂的内容？《文心雕龙·总术》所谓"乘一总万，举要治繁"，《史通·叙事》所称"略小而存大，举重以明轻"，多可作为摘要（提要）的指针、写作的策略要领。另外，文字表述不可虚浮夸大，内容介绍切忌偏离不实，这是消极要求。

宋儒朱熹论《中庸》："始言一理，中散为万事，末复合为一理。"[1]学术论文之写作，要求严谨缜密，可以取法朱子"理一分殊"的规划。朱子又推崇《中庸》："放之则弥六合，卷之则退藏于密。"不妨模拟论文写作：聚焦问题意识，挥洒成论文各章节，由约之博，即所谓"放之则弥六合"。待论文完成初稿，接续撰写摘要、提要，由博返约，其写作要领，则是"卷之则退藏于密"。能放能收，始谓经典。

摘要的内容，包罗万象，涉及广泛。如问题意识、文本文献、研究方法、探讨结果等等皆是。首先，摘要如简介，麻雀虽小，五脏俱全。其次，写作之策略，与古文义法相当，或详或略，或重或轻，有所笔削去取，多有缘故。换言之，论著内容最具价值、最具吸引力、最能引发兴趣者，文字亦以较详、较重之笔呼应之。亮点关键之凸显，心得创见之提示，从中可见。其他，只能以轻笔略写交代，甚至可以不著一字，阙而弗论。

摘要撰写的内涵，本是研究心路历程的最佳写照。取舍依违，权衡调控，大抵聚焦于论著的主脑、核心、关键、亮点、重点方面。摘要写作有所针对，犹相体裁衣、量身定做，应该切实指陈，不可空泛游离、虚浮夸大。除此之外，举凡历史背景、前言导论、老旧信息、推衍细节、未来构想、原始资料，以及与本文不相关的见解，都必须删削剔除。

如何以有限的篇幅，具体而微、正确而有效地表达著述理念、体现别裁心识？何况，还要同时完成"学术传播""学术营销"的目的。笔者以为，一篇（本）学术论著，从文献运用到研究方法，自亮点心得至创见发明，从创见发明到学术贡献，涉及颇为广泛，问题相对复杂。细而分之，必须包含八大层面，相应的写作策略，依序亦有八：一、问题的意识；二、文本的取舍；

---

[1]〔宋〕朱熹：《四书章句集注》（北京：中华书局，1983、2012），其二《中庸章句》，页17。

三、范围的选定；四、方法的揭示；五、精华的聚焦；六、心得的萃取；七、贡献的凸显；八、发明的强调。

摘要、提要的撰写策略，在重点提炼、精华萃取。其预期成效，可一言以蔽之曰"纳须弥于芥子之中"。必须包括上述八个层面，才算具体而微，以少总多。今分别举例阐说如下：

（一）问题的意识

问题意识，或称为问题的提出，或叫作写作的缘起，或唤作研究的动机。相形之下，其他称谓意涵指涉多较空泛，精确明朗度远远不如"问题意识"一词，所以学界已渐渐舍弃不用。

问题意识，是学术研究的推进器、论文写作的领航者、研究者上下求索的指南针，是进退取舍的基准点，更是选题优劣可否的风向标。核心论述的阐发与聚焦，固然围绕着问题意识；研究成果的亮点重点，也多一一脉注绮交于问题意识。[1] 所以，摘要写作的首务，必须凸显问题意识，才可以让读者快速明了状况，有助于对论文的确切认知。

（二）文本的取舍

文献佐证，为人文学研究的基础。黄仁宇《万历十五年》谈大历史观，《序》云："结论，从材料中来。"所以，摘要的撰写，以揭示作者信据的文本文献为首务。不同的文本文献，将导出不同的结论。[2] 文本文献之版本取决若不可靠，势将影响研究成果的可信度与说服力。

文献征引的取决，总以善本名刊为主。如以经学为探讨课题，阮元校勘的《十三经注疏》本，自然为主要的研究与征引文本。近来北京大学出版社、

---

[1] 张高评：《研究构想与学界成果述评——从问题意识到理想选题的心路历程（三）》，载《国文天地》（第36卷第4期，总第424期）2020年9月，页110。

[2] 所谓文本（text），或译作本文，为结构主义批评术语，指一个包含意义且"向解释开放"的代码，具有多层次结构的能指系统。作品的意义，只在提供一个具有能指功能（即包含意义）、可供解释的客体。见王耀辉：《文学文本解读》（武汉：华中师范大学出版社，2000），《导言：文本与文本的解读》，页10～11。

台湾新文丰出版公司，针对阮元校勘的《十三经注疏》进行点校整理，重版难免有手民之误，可信度当不如旧刊本。又如文史哲学界援引《春秋》经文、《左传》传文，自当以《春秋左传注疏》为首要，为基准文献。日本安井衡《左传辑释》、竹添光鸿《左氏会笺》、杨伯峻《春秋左传注》，则次之。其他今注、新译、读本、文选之类，大抵不宜。

当然，近代精校精注、古籍整理的成果，亦可斟酌参考。如以《史记》为研究课题，征引文献，除依三家注《史记》、泷川资言所作《史记会注考证》外，中华书局《二十五史》点校本亦可信据。研究中国史学评论，研究文本的征引，上海古籍出版社印行清浦起龙释《史通通释》（1978年）；中华书局出版叶瑛校注《文史通义校注》（1985年），虽为点校本，然多可信赖。中华书局《论衡注释》，校勘、标点、分段、注释、说明，由北京大学历史系相关小组整理完成，版本亦值得信赖。

诸子学的文本，自战国诸子，至宋明理学诸家，中华书局自1982年起，出版新编《诸子集成》逾十数来种。2009年，又推出《新编诸子集成续编》。或校或注，多出自名家断句、分段、标点，为哲学史、思想史的资料，古籍整理的成果，值得信据。宋元以降，笔记小说渐多，如上海师范大学古籍整理研究所编，朱易安、傅璇琮等主编的《全宋笔记》全10辑102册，历时19年，共收笔记477种。每篇有点校说明、版本源流、校勘概况，故其书的文本大致可以信据。

集部的书，历代大家名家的诗集、文集、词集、辞赋、小说，若经专家用心点校、整理成果，而后重版印行，遂可诵读。唯《全宋诗》《全宋文》《全宋赋》《宋诗话全编》《明诗话全编》《历代文话》《宋代文话全编》等，卷帙庞大，成于众手，未暇精细校勘，是以文本不可轻信。若拟征引文本作为研究佐证，则当顺指以得月，回归原典，查核古籍善本，始可信据。诗话、词话、文话、曲话、小说话，若比勘版本，出于精校甚至精注者，亦时有所见，当可信赖。

由此看来，征引原典文献，固不必非古本、钞本、善本、孤本不可。至于网络文献，取其检索便利而已，错漏随处可见，故不可信据以为征引之文本。

若欲征引阐说，必须查询原书，回归原典而后可。

（三）范围的选定

研究一个课题，规模有大小，范围有远近；研究文本的选定，也就有难易、多寡、宽窄、博约之分。可因研究性质不同，而作殊异的抉择。

课堂报告、研讨会论文，研究范围以难易、大小适中为宜。涉及的领域，以当下研究能够掌控之文本为主。至于专题研究计划，尤其是多年期、跨学科研究计划，跨国际、跨文化研究计划等，则领域加广，探索益深，研究范围随之增宽加大。文本范围可能随研究进程而有所变异。

推而至于撰写硕士、博士学位论文，副教授、教授之升等论文，则堂庑更广，规模更大。撰写摘要、提要，或图书出版简介，文本范围之界定，相对益加广大深远。总之，研究范围的宏广或狭隘，与学术研究的规模等级，旗鼓相当，与时上下。

（四）方法的揭示

解决问题，必须乐用方法、善用方法、常用方法，以及用对方法。研究方法无论新旧，只要有助于成果的深刻，能发掘生新的创见，增益学术的心得，进而让成果能获得补充和发展，都是理想的研究方法。

学术研究，是持续性诠释解读的历程。所以，借以诠释解读的方法很重要。方法，是工具之学。工欲善其事，必先利其器。运用不同的方法，就会导出殊异的结论。这攸关困惑能否突破，研究有无亮点，心得有无创发，成果有无贡献。方法选取正确，诠释顺理得体，就有开拓创发之功。因此，摘要写作中，必须强调所使用的研究方法。

（五）精华的聚焦

聚焦精华，凸显亮点，犹画龙点睛、传神写照，乃摘要写作要领之一。诚如晋陆机《文赋》所称："立片言而居要，乃一篇之警策。虽众辞之有条，必待兹而效绩。"一本专著，一篇论文，必有核心论述、关键聚焦、特色亮点。不妨取精用宏，浓缩内容，修饰文句，"立片言而居要"，于摘要中作醒目的提示，且以之为警策。《文心雕龙·附会》所谓"弥纶一篇，使杂而不越者也"，精华聚焦、亮点凸显之谓。

古人为经史专著作序，一书的摘要往往于此可见。如司马迁《太公史自序》，称发愤著述，《史记》典范《春秋》。杜预《春秋序》，提《左传》释经，随义而发者四，为例之情有五。著书立说，"立片言而居要"，尤其富于点睛之效。顾炎武说古人作史，"不待论断，而于序事之中即见其指"。鲁迅《汉文学史纲要》称《史记》，为"史家之绝唱，无韵之离骚"。钱锺书《管锥编》说文体分类学，曰"名家名篇，往往破体，而文体亦因以恢宏焉"。摘要聚焦于精华，立片言而居要如此，值得师法借鉴。

（六）心得的萃取

心得，可能是学术创新的雏形，也许是研究发明的胎始。不过，这种学术自得，在摘要提出的当下，只是个人的设想、自我的直觉。一切尚处于暧而不明、郁而未发阶段。由于未经逻辑推衍，有待学理论证，最终是否能够成立，不得而知。不过，何妨在摘要中，略述探讨心得、勾勒治学蓝图？

像内藤湖南提出"唐宋变革"论，后人推衍成为"宋代近世"说、"宋清千年一脉"论，对于研究唐型文化、宋型文化，尤其是宋代学术，启迪良多。又如顾颉刚发表"古史层累"说，如今已成探索古史传说，研究民俗、小说、戏曲之参考理论。

不过，原初内藤湖南、顾颉刚提出如是之心得时，尚未经逻辑推衍，实有待学理论证。但是，若有此学术敏感度，何妨将灵光乍现的自信，提供给他日的详细论证？总之，心得也者，较偏向于感性自得，与前项所述"精华"之创见、确经论证者不同。

（七）贡献的凸显

发表学术论文，主要为了处理疑难，解决问题。相较于学界既有成果，应当百尺竿头更进一步，尽心于创造发明，致力于"接着讲"。所谓"接着讲"，就是补充和发展，系针对学界既有之成果而言。议题的补充和创发，结论的翻转和拓展，正可以提供摘要之标榜。

一篇优质的论文，对相关的议题，宜有所补充；于既有的成果，亦应有所发展。否则，因循苟且，陈陈相因，一味"照着讲"，将违背学术研究的初衷、意义和价值。因此，论文或专著之学术贡献，应具体呈现，如实凸显。论著之价值、贡献、亮点，读者透过摘要，即能一目了然，瞬间掌握。

（八）发明的强调

《庄子·天下》称："内圣外王之道，暗而不明，郁而不发。"此为"发明"一词之原始出典。宋代文莹《玉壶清话》卷三称：发明，如《诗经》之大序、小序，指扼要评述全书要旨的文字，犹言摘要，乃文之一体。《汉语大辞典》释"发明"，有发现、披露、揭示、印证、建树、传扬，以及创造新事物或方法诸含义。

近现代始有专利发明的概念，举凡独特的、创造的、开发的、革新的、进步性的概念，多可称为发明。就学术论著而言，补充和发展是学术创新的两大指标。有关论著"发明之强调"，摘要撰写之内容指涉，应该参考上述指标。如此，可以提高论著检索的"或然率"和"利用率"，有助于优质学术之传播。

一般而言，摘要内容的写作，至少应包含研究目的、方法、结果等三大指标。前文所列写作策略的八个选项，除了方法的揭示外，问题的意识，即研究目的。研究结果最为重要，故细分为精华的聚焦、心得的萃取、贡献的凸显、发明的强调。"结论，从材料中来！"顾及人文学术的特殊属性，摘要撰写，再增加文本的取舍、范围的选定两个项目。

总而言之，"略小而存大，举重以明轻"，是摘要写作的方向；"乘一总万，举要治繁"，是摘要写作的策略。"放之则弥六合，卷之则退藏于密"，博与约，是论著与摘要的互动关系。简明、完备、精确、叙述、连贯、易读，就是摘要写作的理想特色。[1]

---

[1] 理想的摘要设定，应该包括哪些特色？美国心理学会（American Psychological Association，简称 APA）发行的出版手册，提出五大指标："精确"（accurate）、"完备"（self-contained）、"简洁明确"（concise and specific）、"非评论性"（non-evaluative）、"连贯性"及"易读性"（coherent and readable）。引自徐南丽：《摘要撰写》，载《荣总护理》1995 年第 4 期，页 362～364。

摘要提要，是论文内容的高度浓缩，是研究成果的画龙点睛。创见心得，经由提纲挈领的简介，有助于亮点聚焦与卖点营销。因此，撰写的要领，在"纳须弥山于芥子"之中。有如壶中天地，空间虽小而应有尽有。

摘要撰写的篇幅各有其规，例如台湾有关部门的《摘要标准》规定："研究报告及专论，摘要宜少于250字。长篇论著，如技术报告、学位论文，其摘要以一页以内，且以500字为限。摘要，应以原著作内容来决定其篇幅。"[1] 既然是公告，就是一种规范，应该落实遵守。

摘要篇幅，规模小者，在250字以内；堂庑大者，在500字左右。宜短不宜长，像麻雀，虽小而五脏俱全；如杂剧，虽短而退思有味。篇幅短小，利便于网络检索；追思有味，有助于理念营销、亮点接受。

摘要提要的写作策略，大抵有八大方面的考虑：如问题意识、文本取舍、范围选定、方法揭示、精华聚焦、心得萃取、贡献凸显以及发明的强调等，已如前文所述。若平均分配，每则60个字左右。若面面俱到，上限也不过500个字，足可完全表达上述八大策略的选项，这是最大的宽限。当然，有些亮点重项，值得凸显强调，字数可以占用多一些。其他项目，就相对减少一些。

三、关键词写作的要领

网络时代，知识大爆炸。面对信息的丰富多元，在层出不穷、纷纭杂乱的资料之中，如何便利搜寻研究信息，如何快速取得学界成果，成为研究者的当务之急。以人文学科而言，一本学术专著最少10万字，一篇研究论文最少1万字，实际往往更多。如何在极短时间之内，获取正确、急需、感兴趣、有价值的信息？关键词的设定，顿成焦点所在。如果关键词设定精确，选择不误，一切就可以迎刃而解。

《老子》第三十六章："将欲夺之，必固与之。"设身处地，将心比心，

---

[1] 庄道明：《摘要标准》，见《图书馆学与信息科学大辞典》1995年12月。

提供精简而短捷的摘要、提要，满足学界的检索需求，同时顺势自我营销，当然是利人利己的美事。不过，摘要只有短短250～500字，因涉及专业论述，读者取舍可否的当下，恐怕难以立即选择、接受，于是作者进一步贴心服务，将摘要、提要之精华，再压缩、再淬炼、再聚焦、再凸显，即成关键词（字）的设定。

（一）关键词设定的用意与诀窍

关键词（Keywords），又称关键字（Keyword），指网络搜寻索引时，所使用的词汇。就学术研究而言，其设定的用意，主要在为论文作一分类，提供检索的便利，顺势作为精华的营销。就读者而言，掌握关键词，就可以按图索骥，顺藤摸瓜，因便利快捷，而事半功倍。

关键词的设定，牵涉到传播和接受两方面。论文和作者，是传播者。所传播的必须是创造的、新异的、精华的、重要的，才算符合期待，才能引发兴味与关注。设定的关键词，从理性、知性出发，由内容提炼至亮点聚焦，绝对不能偏离主题，遑论徒托空言。

就接受反应而言，关键词的营销，考虑目标族群的受容，对一般广告或产品都很重要。不过，学术论文有其专业属性，目标设定学术社群，读者不会来自三教九流。消费者的逻辑思考，虽值得参考，但不妨列为次要。学界论文的关键词，以切合实际为优先考虑。依据文章的内容，实事求是，可以"取法乎上"的理念来设定关键词。

（二）关键词写作的四大要领

论文写作的主体工程完成后，接续的工作是撰写摘要。待摘要完成，若还有未尽事宜，那就是设定"关键词"了。关键词虽然不过5个词组，顶多20个字，然而学者往往忽之。

"键"字，就语源而言，有三个意义：一指车辖，管住车轮，使不脱离车轴；二指钥匙，肩负门户开关的任务；三指关、键二字连用，泛指门闩，管控门户的出入。所以，事物最紧要的部分，就叫关键。关键词，划定探讨领域，指点主题指向，确认研究方法，凸显补充和发展。关键词提供这些信息，把握论文最紧要的钥匙，就可以开启学术研究的门户，进而登堂入室。

关键词，作为摘要的附随组织，更具体而微，成为微观中的积体纳米（nanometer，简称nm）。论文摘要，其传播效应、营销意义，研究者莫不知而重之。但是，论文的作者对待关键词，却不尽如此！或许就那么几组词汇，占用空间不起眼；也许是论文已完成在即，得意收心。学者轻忽者有之，等闲视之者有之，往往不用心设定关键词。

影响所及，惨淡研究一个课题，辛苦写了一篇论文，只因为关键词设定不妥当，研究成果在学术论文的海洋中载浮载沉，可能从此走向漂流甚至沦没的命运。好不容易完成一篇论文，自己得意，也确有创见，但他人上网搜寻资料数据库，这篇大作却遍寻不着。其中原因，泰半起于关键词设定：也许不够用心，随意敷衍；或者是未得要领，致隔靴搔痒，不合期待。

关键词的作用，因应网络时代，为利己利人便利搜寻而设。精简而切实的信息，由作者提供。高强教授著《论文研究与写作》，第七章《论文摘要》旁及关键词。提纲挈领，揭示关键词写作的大方向：

> 关键字之用意，主要在为论文作一分类，提供检索之用。……关键字的决定，当然要依据文章之内容。……选定关键字之原则，不外乎文章之主题（subject），所采用之方法（methodology），应用领域（application），等等。[1]

工欲善其事，必先利其器。关键词设定，提供便利检索，贵在精准切实，符合读者的期待视野。如此说来，关键词等同于学海捞针的利器、丛林迷航的指针，甚至可以引发相关研究的契机。如果关键词设定不当，就无法提供

---

[1] 高强：《论文研究与写作》（台北：沧海书局，2009），第七章《论文摘要·关键词》，页130～131。

坐标或参数,搜寻者将遍寻不着。所谓设定,也就徒劳无功。关键词的设定,高强论写作原则,揭示主题、方法、领域三大面向,作为选择、设定的指引。分别阐释如下:

1. 主题选项

问题意识,是生发论文选题的根源,关键词应优先列入,一也。课题探讨,必然有一主轴,即本研究的核心与聚焦,可作主题选项,二也。研究论文的题目,是研究内容压缩、萃取、凝聚、凸显的亮点,所以无论主题、副题,甚至篇章标题的语汇,都可以考虑作为选项,三也。

主题作为关键词,领域的大小宽窄,必须审慎斟酌考虑。以本研究课题范围为基准,总以适中为要。若以古典文学、先秦诸子、中古史学、宋明理学、明清小说等为关键词,则领域宽泛、聚焦不足。若作为关键词搜寻,所得一定五花八门,不符合期待。同理,也不宜太过狭隘,限缩到特例与个案。领域琐细局促如此,势必因小而失大。

另外,主题领域的名目,已成学界的共识者为佳。若作者自我作古,杜撰某个主题术语,作为斯学的提倡,佳则佳矣,恐一时检索不得,难免徒费。因为,孤明先发,学界尚不知有此领域。所以,一厢情愿,设定陌生主题的关键词,将不利于检索。

2. 研究方法

研究方法,作为关键词,是理所当然的重要选项。作者进行学术研究时,选用何种研究方法,往往影响成果的创发或新见。研究方法的选用,足以左右论文质量的良窳。相对于其他选择,研究方法作为关键词,显然已成学界的共识,所以是最常见的选项之一。

研究方法作为关键词,以有针对性、实效性者为佳。研究过程中,实际操作某个方法,作为诠释解读的利基,对于成果推出,确实发挥一定的助长效用。同时,可以借此推广,凡成为相关研究触发与利器者,可作为首选。反之,方法或失之笼统,或失之狭隘者,皆不适合列入。

3. 探讨领域

探讨领域,是论文涵盖的疆界,是研究涉及的庄园。领域有大有小,端视论文的规模而定。研究规模小者,关键词设定的领域不可大,否则,将有大而无当的缺失。研究规模宏大者,关键词的设定不宜过窄,否则,不该不遍,举小而遗大,亦未足以反映研究实况。

课堂的读书报告,规模较小,相关领域较窄,关键词设定随之,目击而道存可也。学术研讨会论文、专题研究计划,题目规模略大,研究范围较宽,探讨问题较深较广,领域涉及亦稍稍增多。硕士、博士学位论文,副教授、教授升等论著,格局多壮阔,规模较宏伟,探讨领域最为宽广。因此,关键词的设置,关于领域的确定,当与探讨的规模不相上下。

关键词(字)的设定,十分重要。论者以为:"关系到论著被检索的'或然率'和'利用率'。这与'学术传播'的关系非常密切,千万不可等闲视之。"[1] 诚哉斯言!就人文学科而言,关键词的设定,可从标题、摘要、正文萃取提炼之,再择精取要,已详述如上。

4. 排序先后

关键词次第排开,先后的排序有无意义?孰先、孰后,有无原则可供遵循?笔者以为,宜就主题、方法、领域之面向,斟酌本研究的主轴、核心,所得成果的创新、重要性,作为先后的排序标准。数量不宜过多,一般以5个左右为基准;篇幅重大的,最多6个;篇幅短小的,3个也无妨。关键词的存有,专为提供便捷检索而设,能精确指引为上,或多或少,不是问题。

核心或知名的学报、期刊,论文审查严谨挑剔,自是常态。如果关键词设定不当,或付之阙如,有可能被"判定作者不懂做研究,或是不用心。几个不好之印象加在一起,就会造成一篇投稿论文的退稿"[2]。可见,关键词的设定,虽是小问题,但有可能影响论文的接受与否决。所以,自是一大关键。

---

[1] 杨晋龙:《提要摘要写作》,见张高评主编:《实用中文讲义》(台北:三民书局,2010),页252。

[2] 高强:《论文研究与写作》(台北:沧海书局,2009),第七章《论文摘要·关键词》,页133。

第十四章 论文注释与学术规范——学术论文为什么要用心于注释

注释的核心意义，主要在标示发明权所在，已形成学术研究的一种规范。因此，若只有专论，而欠缺注释，将不被承认为学术研究。学术论文之所以要用心于注释，缘此之故。

注释，是学术论文有机组成的一部分，不可或缺，不能偏废。作为学术规范，注释跟论文的关系，堪称唇齿相依，相得益彰。换言之，是否为严谨的学术论文，在体例形式上，取决于有无注释。论者称：

> 论文作为现代学术研究的主要呈现方式，只有包含了注释，才具有"科学性"。……它使得学术研究在方法和史料上，都具有可验证性和可重复性。这是现代学术研究重要的基础，注释为这种重复验证提供了可能。[1]

学术研究的呈现方式，就主要包含了注释。有了注释，就容易判分主客、重轻之所在，以及依违、取舍的标准。有了注释，史料的来源可以验证，方法的运用可以重复，"注释为这种重复验证提供了可能"。所以说，注释是"现代学术研究重要的基础"。

有了注释，著作者的别识心裁，借此可以凸显；学界相关的研究成就，借此得以呈现。抑有进者，相对于前辈创获，本论文有否补充其不足，是否有所开发与拓展，有了注释作为对照，极容易显现原形，较便于确切掌握。

---

[1] 仇鹿鸣：《学术史回顾的写法——兼谈论文写作中的形式规范与实质规范》，见葛剑雄主编：《通识写作：怎样进行学术表达》（上海：上海人民出版社，2020），页114～129。

学术论文之所以具有科学性，以有注释故。

一、注释的作用：明述作之本旨，见去取之从来

注释必须含有两个概念：第一是"注"，指注明出处；第二是"释"，就是解释疑惑。就学术规范而言，当称为注释、注解，俗或易"注"为"註"。若称注脚，则指涉太过狭隘；若称为附注，则显然出于误会。学术论文处理论题相关的文献资料，如果只是关切到"注"，而忽略了"释"，就会影响论题开展的条理化跟周详性。注释的功能，不只是论文格式的恪守而已，同时还肩负观点的表述及识见的别裁创发，举凡文献的进退取舍，多息息相关。

根据章学诚《文史通义·史注》的说法：注释开始于《史记》的《太史公自序》，所谓"明述作之本旨，见去取之从来"。[1] 这两句话，就是注释最原始、最基本，也是最重要的功能。在《太史公自序》中，司马迁自叙《史记》的"述作本旨"，大抵有太史职责、父命续作、宣扬汉威、发愤著述四者，近似论文写作中的研究动机、问题意识。全书旨趣，则别见于《报任安书》，所谓"究天人之际，通古今之变，成一家之言"。《太史公自序》称："紬史记石室金匮之书"，"罔罗天下放失旧闻，王迹所兴，原始察终，见盛观衰。论考之行事，略推三代，录秦汉，上记轩辕，下至于兹"；"厥协六经义传，整齐百家杂语"，"以拾遗补阙，成一家之言"。凡此，皆《史记》之资材，观《自序》可以"见去取之从来"。

就论文写作而言，见去取之从来，即指文献的取舍，揭示资料的出处。写论文，自己作注释，最便于现身说法，交代清楚。自我写作的心路历程，必须呈现出来。如果不现身说法，外人一时不好掌握，所以先秦两汉著书立说，多有一篇序。就写作历程而言，序必定写于成书之后，所以秦汉时代，序都放在一本书的最终，像《庄子》的《天下篇》，《史记》的《太史公自序》。

---

[1]〔清〕章学诚著，叶瑛校注：《文史通义校注》（北京：中华书局，1985、2008），卷三《史注》，页238。

至于调到前头，是简帛变为书卷以后的事。序，无论殿后或居前，反正都是自注的一种。自注，是自己替自己的著作写注释。章学诚说得很清楚，自注不但可以杜绝抄袭剽窃，更可以检验作者三种学养：

> 私门著述，苟饰浮名，或剽窃成书，或因陋就简，使其术稍黠，皆可愚一时之耳目，而著作之道益衰。诚得自注以标所去取，则闻见之广狭，功力之疏密，心术之诚伪，灼然可见于开卷之顷。而风气可以渐复于质古，是又为益之尤大者也。[1]

抄袭剽窃他人的创获发现，自有"著作"以来，无时无之。为了虚浮的名位，不惜以剽窃愚弄天下之耳目。看来"诚得自注以标所去取"，则"闻见之广狭、功力之疏密、心术之诚伪，灼然可见于开卷之初"。可见，自注不失为医抄袭剽掠的良方。开卷的顷刻，从注释的标明去取从违，从中就可以考索作者的闻见、功力与心术。只要阅读自注，作者学养的深厚浅薄，识见眼光的高低广狭，展卷可知。自注，更可以看出学问功力、用心态度。

以《史记》的自注为例，不但出现在《太史公自序》，也偶尔显示于"太史公曰"或正文中。如《留侯世家》言"非天下所以兴亡，故不著"，《萧相国世家》称"非万世功不著"，《汲黯传》谓"非关社稷之计不著"。[2] 从司马迁对文献的笔削去取，可以领略《史记》"述作之本旨"。"太史公"补述实地勘验、父老传说，故《史记》闻见，不止金匮石室之书而已。《淮阴侯列传》为韩信平反冤狱，"太史公曰"称韩信开国之功，可比周公、召公。案诸《鲁世家》《燕世家》，而知周公、召公于姬周开国，为第一等功勋，《史记》

---

[1] 〔清〕章学诚著，叶瑛校注：《文史通义校注》（北京：中华书局，1985、2008），卷三《史注》，页239。

[2] 张高评：《比事属辞与古文义法——方苞"经术兼文章"考论》（台北：新文丰出版公司，2016），第八章《方苞古文义法与〈史记评语〉——比事属辞与叙事艺术》，第三节，"一、笔削取舍，衍为详略互见"，页398～407。

以互见法表现微语隐义，有如此者。[1] 由此观之，《史记》叙事功力之精密，可以想见。《太史公自序》回应上大夫壶遂问："孔子何为而作《春秋》哉？"征引董仲舒《春秋繁露·俞序》称引孔子曰："我欲载之空言，不如见之于行事之密切著明也。"《史记》于宣汉、过秦，乃至讽武帝伐匈奴、封泰山，讥诛戮功臣，称汉法不公，多用"据事直书，是非自见"之《春秋》书法。顾炎武所谓"于序事中寓论断"[2]，则谤书之说无稽，而心术诚信，号称良史、实录，于此可见一斑。

就论文的自注观之，作者功力到底是粗疏还是精密，写作的心术是真诚还是虚伪，阅读注释就可以看得很清楚。心术的诚伪，对论文写作很重要。国内外层出不穷的抄袭事件，主要焦点多在征引文献有无"注明出处"这个小细节、大关键上。无论明引或暗用，他人的研究成果，都得加个注释、注明出处，以示文有所本，兼含礼敬感谢之意。否则，就是心术不正，存心剽窃抄袭他人成果。2011年，德国的国防部长下台，纯粹是缘于论文抄袭，只因没有注明出处。紧接着，德国的教育部长也跟着下台，也是引用没有注明出处，论文涉嫌抄袭。注释，真是小问题大关键。

台湾一些大学发生抄袭事件，闹得沸沸扬扬，不管是硕士、博士，或升等论文，抄袭别人成果，通常容易被原作者发现。发现有抄袭嫌疑被检举之后，审查重点往往在征引他人研究成果，有无表明来源、注明出处。明引或暗用别人辛苦所得的文献、创见或心得，如果没有写明来源，加上注释，等于视同自己的著作或创见，这就触犯了学术伦理的禁忌。因此，要特别强调：论文有没有注释，或者注释注解不周到或草率，会影响论文的质量。甚至严重一点，会有论文是抄袭还是独到见解之争议。争议的焦点，都在注释；小问题大关键，就在注释。作者心术的诚伪，注释可作为试金石、测谎器。注释，

---

[1] 张高评：《〈史记·淮阴侯列传〉与〈春秋〉书法》，载香港岭南大学《岭南学报》（复刊第九辑）2018年11月，页15～38。

[2] （清）顾炎武著，（清）黄汝成集释，栾保群、吕宗力校点：《日知录集释》（上海：上海古籍出版社，2006），卷二十六《史记于序事中寓论断》："古人作史，有不待论断而于序事之中即见其指，唯太史公能之。"页1429。

又称为注脚或脚注，历史学家王尔敏曾说：

> 有专论而无脚注，必定不被承认其为学术研究。……凡引证论据，考订史实、辨别史料、批评异说、补充申解，俱必须利用脚注，清楚而详细说明根据来源。[1]

王尔敏《史学方法·注脚》曾称："有专论而无注脚（注释），必定不被承认其为学术研究。"学生刊物、报章杂志发表的文章，通常不用写注释。其中的创见心得、高明看法，到底是作者自己的心血，还是得自他人的启发？或者直接因袭别人的论点？因为不必交代来源、注明出处，所以就很难判定，到底是作者智慧结晶，还是得自别人的创获。报章杂志，因为并不要求一定要写注释，所以，学术性、客观性、公平性就弱了一些。严格说来，升等评职称，如果呈交报刊杂志这类文章，是不能算数的。只因为没有注解（注脚），究竟是新创还是因袭，不容易判定，所以必定不被承认为学术研究。严谨的学术论文，如果没有注释，一切论点主张就视同作者的心得见解。果真是别人的论点，却不作注释，或没有写明，依著作权而言，等于视为己有，这就触犯了所谓学术伦理的问题。

劳思光说：确定语词的义界，考察命题的真伪，达成推理明确，是方法论的三大任务。[2]这些语词、命题、推理，除了作者原创自得外，只要说法、主张、论点是得自别人心血智慧，不是自己的独到创见，那就务必把来源依据写入注释。如果因袭别人的说法，或者借镜他人成果、参考别人心得，都必须老老实实写进注释里面。甚至别人孤明先发的创见，并非全部引用，只是有所触发，也得怀抱感恩之心，报本返始，把它写进注释。人家可能提了一点、一些，自己却很受启迪，据此才有了引申发挥，也必须饮水思源，对原创者心存感谢。

---

[1] 王尔敏：《史学方法》（台北：东华书局，1977、1983），第四章，第七节"注脚"，页288。
[2] 劳思光：《思想方法五讲》（香港：中文大学出版社，1998），第二、第三讲，页11～32。

我的学术专攻是《春秋》《左传》，很多颠扑不破的观念，实际是从钱锺书《管锥编》得来的。如果光看我的著作，可能看不出传承的痕迹，看不到触发推演的心路历程。但是，我还是很老实地在注释中交代，很感谢钱锺书在《管锥编》里，有这样、那样简短的启示，指出一条光明的道路，让我找到一个美好的学术生长点。在明确的指引之下，我得以成长，继续发扬光大。科学家对于前人的研究成果，通常都要特别提出，以便感谢一番：如果没有前辈的披荆斩棘，将不会有今天的研究和实验。我们人文研究不然！好像感谢别人，就表示自己不行，觉得被比下去，感到很羞愧。有这种想法，真是要不得！包括得自指导教授、上课老师、演讲的启发，都必须诚实地对待。也许你会想：如果提出的话，会不会沦为缺乏创见？应该不至于！

　　因为学术研究必须站在前人的基础上，把前人的研究成果当作探索的起点，而不是当作终点。既然是起点、初步，提到对方，他只是先发投手，赛局输赢还要看后续的成绩表现。如果将来论文完成后，开拓发明很多，对本课题发扬光大不少，明眼人一对照，就会肯定你的补充和发展，不会觉得你逃不出别人的手掌心。只要把别人的研究成果，当作我们研究的起点、支点、跳板，不要把它当作终极、典范，就会往前迈进。学术就是一场接力赛，把学术园地当作舞台，注明所本，感恩所自，好比自报家门。徒弟向师父学习，功夫有没有青出于蓝，成就有没有后来居上，招数使尽，便见真章。论文写作亦然：无论明引或暗用他人研究成果，内在理路，章法行当，自然显露出身家路数。言有所本，说有所据，却故意湮灭，无心指明，此与数典忘祖何异？纵然不注不释，亦难欺于天地之间。

二、论文注释，具备六大功能

　　学术研究涉及引证论据，注释的功能以及用途，特别能够彰显出来。引证论据必须要有注释，考订史实要有注释，辨别史料要有注释，批评异说、补充申解都必须利用注释，清楚和详细地说明根据来源。这里采用的是史学界比较严谨的规范，可以参看台湾"中央研究院"《历史语言研究所集刊》，这种较有指标性的刊物，注释通常会有这样的功能。

严耕望《治史三书》其中之一种《治史经验谈》，在里面谈到论文为了避免正文的累赘，又为了详明周赡，可以自作注文，这和文章作法有关系。讨论问题的时候，通常会有主干线，主干行文如果涉及旁支，牵连到相关、次要、枝节、琐碎的问题，大可不必通通放在正文讨论。否则，就主客混淆、重轻不分、本末取舍无别，读起来就会一团混乱。有些人的著作读起来杂乱无章，概念不清楚，条理欠分明，可能就是这个原因。如果把要讨论的资料无论主从、重轻、本末、精粗、是非、优劣，都一概等量齐观、了无轩轾，一律放在正文里面去论述，其中并无取舍，遑论别择。论文写作如此，不足为训。

学术论文写作之道，一方面要让正文眉目清晰、纲举目张，避免累赘，一方面又要求正文详明周赡、不遗不漏。看起来有点矛盾！实际上可以两全其美，不至于顾此失彼。如果正文之外，再加开一个展示的舞台，善加利用注释，就可以避免正文累赘，又能够详明周赡。文章取材，贵有别择，论文写作亦然：论文资材，当然有主从、重轻、本末、是非、优劣之差别。不过，经由筛选得来，作为论文阐述发挥、讨论佐证、能破能立的材料，都是挑选主轴、重要，抉择本源、精华，取用中正、优秀的文献资料，才进入论述场域。至于搜集研读所及，就本讨论课题而言，虽是次要相关的、轻微末节的，或是相反相对的，却有参考触发价值，就把它移往注释，作为辅助说明。讨论某个专题论点，学界论文已有触及，然质量粗糙、观点错谬、水平拙劣，为不抹杀先发之功、开拓之劳，亦于注释记上一笔。其论著是否粗糙、非是、拙劣，且征信于注释，留待后人公论。严耕望谈注释之讲究，甚有必要：

> 论文为避免正文累赘，而又欲详明周赡，因此，自作注文，是很有必要的。[1]

---

[1] 严耕望：《治史三书》（上海：上海人民出版社，2008），其一《治史经验谈》，"六、引用材料与注释方式"，页77。

就论文正文而言，既要详明周赡又要避免累赘，趋避之际，如何取得平衡协调？善用注释之功能，是解决之道。其中涉及主从、重轻、详略之规划与安排。笔者近年研究《春秋》书法、古文义法，梳理清代章学诚《文史通义》之"《春秋》教"[1]，借镜转化为论文写作，对于注释之功能，遂有如下之体会：注释与正文搭配，攸关论文写作时主从、重轻、详略之规划，以及异同、正误、因革之安排。既有助于行文之清晰，又便利读者之考索。

北京大学中文系原系主任温儒敏曾经号召学者撰写《中文学科论文写作训练》。其中谈到注释的功用有二：其一，补充内容；其二，注明资料出处。同时强调注释是论文的一部分：

> 有些内容，必须在论文正文之外加以说明，这就涉及到论文中的注释问题了。注释，是文章的有机组成部分之一，而不是文章之外的项目。[2]

注释，有注明出处的，即是"注"；有补充内容的，相当于"释"。正文之外还要加以说明的，就叫"注释"。在处理资料，发表观点时，通常遵循从主、从重、从本、从精的原则。其他素材，一方面从轻发落，一方面又不离不弃，于是有注释一体，"在论文正文之外加以说明"。像前文所云，引证论据、考订史实、辨别史料、批评异说、补充申解等等。若不说明，读者就不清楚，甚至可能产生误会。既然有此顾虑，就必须要进行注释。所以，注释是文章的有机组成部分，是不可或缺的元素，并不是论文以外的东西。注释，不是可有可无的，也不是附带陪衬的。这个认知很重要！说它有举足轻重的功能，应该不为过。

---

[1] 张高评：《比事属辞与古文义法——方苞"经术兼文章"考论》（台北：新文丰出版公司，2016），第七章《比事属辞与方苞论古文义法》，页 332～364。又，张高评：《比事属辞与章学诚之〈春秋〉教：史学、叙事、古文辞与〈春秋〉书法》，载台湾中山大学文学院《中山人文学报》（第 36 期）2014 年 1 月，页 31～71。

[2] 任鹰：《结语：毕业论文写作的格式规范及所应注意的几个问题》，见温儒敏主编：《中文学科论文写作训练》，（北京：北京大学出版社，2003、2006），页 651。

注释，既是论文必要的部分，不可缺少。那么，在撰写论文时，就应该参考选取一种叙事手法。像桐城派的古文义法，或《左传》《史记》的叙事手法，都很讲究主次、本末、详略、重轻、异同的分野，这就值得借镜。[1]写作论文，每一段都有一个主诉求主干线，我们放在正文讨论；至于次要的，必须加以交代的，必须特别说明的，就移往注释。这样主次、重轻、本末分明，楚河汉界，论文脉络就很清楚。安排在正文里面的材料，必须详细论说，丰富地佐证，极力地铺陈；放在注释中的，只要交代出处，或简略说明，亦可以针对来龙去脉说个清楚。于是，材料在正文场域，可以重点强调，畅所欲言；移往注释的，只能轻描淡写，不需要太费心、太耗力。

还有一点，既已投入研究，当然会阅读很多二手资料以及相关的研究成果。自己的论点、主张，已写进论文的正文场域中，而那些和自己的论点相近、相关、相似的文献，如何处理较好？建议移作注释，简介内容、注明出处、话说从头，表示学界英雄所见略同，可以相得益彰。假设跟你的主张相反、相对、矛盾，如果丢弃不顾，或视若无睹，无异于毁尸灭迹，湮灭不利证据。两全其美之策，在于保留在注释里面作交代。这样的话，正反并陈、本末兼赅，主从分明、轻重有序，文章看起来条理分明，读起来顺畅通达。

《史记》中有一篇《老庄申韩列传》，里面提到老子是位隐士，究竟是何许人也？读者惑之。司马迁列出四位候选人：第一位是老子，第二位叫李耳，第三位称老莱子，第四位为太史儋。不妨改编司马迁的《老子传》，用论文加以表述：假设司马迁主张老子就是李耳，那么在正文里面就直说老子姓李名耳，传记较详，文字较重。另外三位候选人，司马迁认为不是人选，就移往注释里面交代。于是老子这个人，除了李耳以外，还有老子、老莱子、太史儋三个人选，都正反并陈。赞成的，放在正文中作主要论述与凸显。其余，皆放入注释中作交代。正文只留存主要、重心、赞成、关键的论述。

至于我不主张的、反对的、不同意的，也不湮灭证据，把它移往注释之中。

---

[1] 张高评：《书法、史学、叙事、古文与比事属辞——中国传统叙事学之理论基础》，载香港中文大学《中国文化研究所学报》（第64期）2017年1月，页1～33。

万一我主张错误、取舍偏差，学者还可以从注释文献寻出破绽，进一步提出反驳，引发讨论确认。利用注释的功能，可以一举完成正反并陈、主从异位的论述，此之谓面面俱到。而且，由这种主从分区异位，可见作者的别识心裁。有此规划设计，有助于大家参与学术讨论。有了注释跟正文搭配，就能把纷歧的意见分区呈现：我肯定的放在正文，不以为然的、不赞同的放在注释。这样就很清楚，读者有兴趣就查阅注释，没兴趣就只看正文。看与不看，都提供方便。

　　研究生写论文往往夹泥沙俱下，主客不分、精粗杂糅、重轻失序，导致眉目不清、焦点模糊、杂乱无章，不知所云。我通常建议把次要、相关、轻微、末节的论述，迁地为良，搬到注释去。这样。将有助于主客分明、重轻有序。这样做，学生通常会同意。因为论文字数没有减少。如果我大笔一挥，说这个不妥，通通删掉，学生就会老大不愿意。因为当初搜罗很久，先前写得很辛苦，有些还得来不易。如果有些材料、某些论述移动位置，搬迁到注释里去，注释的文字也算在论文的总字数内，苦心没有白费，所以学生通常欣然赞成。分离注释与正文为二，即是桐城古文义法所谓"安排措注"，不得不然。

　　注释，顾名思义，可分为"注"与"释"。作者学养的深浅，可以从注释看出来。一篇论文，或是一本著作，可以在五分钟之内断定上中下的等级。大概看四个地方：第一，看注释方式；第二，看征引文献；第三，看前面的摘要；第四，看后面的结论。从注释方式，如何判定论文优劣？注释不是只有"注"明出处而已，不容忽略的，还有解疑释惑、说明分析的"释"。明明叫作注释，很多人只作"注"，并无"释"。如果提出论点不作注释，则表示那是自我的发现，自家的思考所得。除此而外，学术探讨还涉及相关成果之取舍依违，将安置于何处作交代？

　　综要而论，笔者以为注释有六大功能：或注明出处，或清晰脉络，或解释异说，或备列佐证，或交代取舍，或辨析疑惑。诚如章学诚所言，从注释中可以看出作者"闻见之广狭，功力之疏密，心术之诚伪"，已见上述，不赘。

三、注释发挥功能，可与正文相得益彰

论文写作，注明征引文献的出处最为基本，值得审慎经营。发挥注释的其他功能，对论文的条理化和说服性是有帮助的。所谓条理化，是指主要论点放在正文，次要、枝节的移往注释。这样处理，提出的论点不再只有一面之词。支持的主张，摆在正文内发挥；不同的意见，则放在注释里面做交代。这样正反并陈，不是更有说服力吗？何况，注明出处，原有报本返始，感谢前贤启蒙之意。

严耕望《治史经验谈》称："自作注文，是很有必要的。"凡是足以妨碍正文"详明周赡"的，可以移作注释；可能造成"正文累赘"的，也应该掺入注释。[1]换言之，注释的内容，原本是要置放于正文中论述的。由于"详明周赡"，追求论证确凿，自是正文论述的本色。但是，详明周赡容易衍生尾大不掉。为了避免弄巧成拙，行文拖泥带水，造成"累赘"，不妨将材料移往注释，如此可以两全其美。可见，注释和正文，唇齿相依，犹如幕前幕后，必须统筹协调，分工合作。

学术论文、读书报告的学术规范和撰写指引，台湾的林庆彰近数十年来，已出版两本相关论著。其中，《读书报告写作指引》一书，提到"论文的附注"，条列、附注有五大作用，值得参考借镜：

> 附注与论文本身，可说是唇齿相依，缺一不可。附注至少有下列作用：（1）提示出处，并陈述资料的权威性；（2）指引读者参考相关资料；（3）补充说明正文中的论点；（4）纠正前人资料的错误；（5）向提供意见或提供资料者表达感谢之意。[2]

---

[1] 严耕望：《治史三书》（上海：上海人民出版社，2008），其一《治史经验谈》，"六、引用材料与注释方式"，页77。

[2] 林庆彰、刘春银：《读书报告写作指引》（台北：万卷楼图书公司，2002），第十章第三节《论文的附注》，页215。

林庆彰提示：注释有五大作用。其一，提示出处并陈述资料的权威性：注明资料来源处，可以强调其不可替代性。其二，指引参考：研究文献，除直接、重要、经典外，尚有间接、次要、一般的论著。列举指引于注释之中，既可见作者闻见的广博，对读者入门亦有接引触发之功。其三，补充论点：正文中的论点，大抵为核心论述，主干阐发，多删繁就简，归于精要。于是语焉不详者，于注释中可以畅所欲言；概括文意者，于注释中可以征信原典；会通诸家者，于注释中大可胪举诸家之说。举凡补充说明，都可借注释完成。其四，纠正错误：学术论著的主体在借能破能立，同时建构作者的创见和心得。匡谬正误，纠正前人缺失的"破"，是达到"能立"的过程和手段。如果直接相关的错误重大，当然摆在正文批驳讨论；否则，移往注释，指出瑕不掩瑜的缺失即可。其五，感谢前贤：一部（篇）论著完成，历经许多人协助，除指导教授外，相关学者师友应该鸣谢，相关单位如图书馆、研究中心、经费赞助单位，都可于注释中表达谢意。假设论文没有"注释"的体例，上述五种状况，放入正文中，就显得突兀不兼容，很难安插处理。有了注释，就重轻有序、主客分明了。

　　举凡论著中，得之于人者，必须作注释；不是自铸伟词者，也必须下注释。何谓"得之于人"？这个论点、说法、概念、原始创意，得自老师、一本书、一场演讲，都必须心存感恩地作注。做人必须要老老实实，做学问跟做人一样，也要诚信不欺，这就是心术的真诚。自己功力疏、闻见窄、学养浅，没有关系，也不违法，但如果心术不正，得之于人者未作注释，就可能违反学术伦理，就有抄袭剽窃的嫌疑。到底有无抄袭剽窃，关键在注释的精粗有无。国内与国外层出不穷违反学术伦理的抄袭事件，绝大部分都是跟注释有关。撰写论文应该用心于注释，千万不可敷衍了事，不可等闲视之。

　　注释的注，在以前有人写成"注"，有人写作"註"。案：清段玉裁《说文解字注》称："注，灌也。《大雅》曰'挹彼注兹'，引申为传注、为六书转注。注之云者，引之有所适也。故释经以明其义曰注。"汉、唐、宋人经注之字，皆作"注"，无有作"註"者。明人始改注为註，良非古义。唯《康熙字典》引《毛诗·序疏》云："註者，著也。言为之解说，使其义著明也。"

此当是后起之义训。总之，作为训释之字，宋以前多作"注"，明以后始兼用"註"。今则多用"注"，罕用"註"字。

　　注释与正文，共同构成学术论文的整体、系统。犹《穆天子传》中的宇宙，穆天子与西王母东西分治，各司其职，各有分工，皆有贡献。[1] 若纯就注释之功能而言，约而总之，复再申述如下：

　　其一，**注明出处**。前文已经谈得很多，此不再赘言。其二，**清晰脉络**。注释与正文，分疆治理，让学术论文主次分明、条理清晰、脉络分明。因为学术资料的处理安排，已经把次要的、异议的、考辨的、枝节的，或者是读者感到疑惑的，通通放在注释里面呈现，让正文聚焦于核心主轴，保持比较流畅的主干通路。其三，**解释异说**。论文写作从问题意识带出核心论述、焦点议题，面对琳琅满目的原典文献或二手资料，取舍从违之际，以问题意识为检验基准，检取相同、相近、相关之论述作为奥援，可以彼此触发，相得益彰。相异、相左，甚至相反的论述，则不妨移于注释中解说。如此，可使论述更加周详不偏。其四，**备列佐证**。孤证不能成立，必列相关佐证；主观直觉、自由心证，不能成立，信据必搜罗齐备，学界相关成果宜竭泽而渔、铁案如山、佐证丰富，然后立说论证信而有征。原典文献、二手资料，连篇累牍，论文写作时，正文务求详明周赡，避免烦琐累赘，他者与我者之取舍，如何能兼容并顾？如果撮举大义，提取精华叙于正文之中，文献资料则放入注释，可以两全其美。其五，**交代取舍**。问题意识的发用，决定了文献的取舍从违。或选取依从，或割舍不用，当有其准则。文献去取之标准，可于注释中强调表述。其六，**辨析疑惑**。疑问困惑，若与研讨之课题直接相关，当于正文中辨明解析。或者关系虽远，间接类及，亦可于注释说明。又或议题疑惑庞杂、涉及广泛，正文叙明其一，而略言其余。又或正文论述过于精简概括，留存若干疑问，为消除疑虑，可于注释中辨析补强。

　　注释和正文的关系，是互相搭配、相得益彰的，这跟匡谬正误也有关系。

---

[1] 顾实编：《穆天子传西征讲疏》（台北：台湾商务印书馆，1976），卷三，页156～159。原文曰：乙丑，天子觞西王母于瑶池之上。西王母为天子谣曰云云，天子答之曰："予归东土，和治诸夏"云云。西王母又为天子吟曰："徂彼西土，爰居其野"云云。

难得的创见、独到的心得、正确的说法、肯定的论点，放在正文里详加论述。这样，可以使我们的主张前后一致，不至于自相矛盾。读者观看阅读，也脉络清晰，条理分明。如果不赞成、不以为然的，可以移往注释，读者全面研读论文，将会知道正反并陈、持论客观、不偏不颇。无论肯定或反对，我者或他者，都列举讨论。只是相异相左之观点放在注释，有个对应而已。

注释也观照因革，"因"是沿袭，"革"是改变。探讨学术问题，无一不涉及因革损益，史学有源流正变，经学、思想、文学都有因革损益。前人的论点，后人接续谈论，就有因袭薪传。因袭太多，开拓便少，创意就不足。如果继承之余，又兼顾开拓，那就有创发开拓之功。论文写作若有创发开拓之功，则适合放在正文强调；因袭太多，缺乏创见的，可以聊备一格，但只能安放在注释里面。这样，主从分治，区隔重轻，对于论文表述的清晰是有帮助的。对于读者的考索，也很便利。

至于辨章学术，考镜源流，注释的此一功能，追根究底，其实是《史记》"互见"法的变通运用，所谓此详彼略，此重彼轻。若再上推穷究，则是"属辞比事"《春秋》教的发用。史料不妨散布，辞文可以断裂；读者排比之、连属之，运用系统思维则有助于解读。如果学术论文，能够留心注释写作，吾人研读其中论述，将可见纲举目张、条理分明，有脉络、有层次；主客异区，泾渭分明；取舍轩轾，一目了然。上海古籍出版社前总编赵昌平教授（1945～2018）称："论文写作与文章义法相通。"从谋篇安章到选字炼句，固然相近；而注释与正文之主从、重轻、本末、详略，最可见与文章义法相通相融。

四、断定有无抄袭，问题关键在于注释

章学诚史学，称美撰述，标榜著作。《文史通义》其中《亳州志人物表例议上》云："既为著作，自命专家，则列传去取必有别识心裁，成其家言。"[1]

---

[1]〔清〕章学诚著，叶瑛校注：《文史通义校注》（北京：中华书局，1985、2008），卷七《亳州志人物表例议上》，页801。

撰写学术论文，近似历史编纂学，在属性上，更追求撰述与著作的标准。所以，章学诚所谓"别识心裁，成其家言"，在论文写作方面，自是理想的标杆。

章氏既标榜著作，又强调"史德"："能具史识者，必知史德。德者何？谓著书者之心术也。"[1]《文史通义》又撰《史注》一文，有所谓"诚得自注以标所去取，则闻见之广狭，功力之疏密，心术之诚伪，灼然可见于开卷之顷"，已具论于前。其中，"心术之诚伪"，探讨著作者的心态，有必要特别强调一下：

（一）所谓"违反学术伦理"，指论文的抄袭剽窃

心术，就是学术良心。治学态度是否独立自主，不投机取巧。写作心态是否真诚务实，不抄袭剽窃，在论文写作方面，得通过种种的测试。某些论点，明明别人谈过，注释中却只字不提；论点得自别人的启发，却都不加以注释。如果一再地援引别人的观点和原创，却不作注释，这就违反了学术伦理，有抄袭剽窃的嫌疑。

著作上所谓"抄袭"，应指著作权规定中所称的"重制权"[2]，或"改作权"[3]，换言之，凡是侵害到著作权人的"重制权"或"改作权"者，就有抄袭剽窃的罪嫌，这是十分严厉的指控。台湾教育事务主管部门公告的规定，使用较人性化的话语，称为"违反学术伦理"。说白一些，就是关涉"抄袭剽窃"的嫌疑。

台湾地区有此规定："取得之著作权，其保护仅及于该著作之表达，而不及于其所表达之思想、程序、制程、系统、操作方法、概念、原理、发现。"而"智

---

[1] 〔清〕章学诚著，叶瑛校注：《文史通义校注》（北京：中华书局，1985、2008），卷三《史德》，页219。

[2] "著作财产权"，第一款，著作财产权之种类，第二十二条："著作人除本法另有规定外，专有重制其著作之权利。"参考萧雄淋：《"新著作权法"逐条释义（一）》（台北：五南图书出版公司，1996，初版；2001，修正二版），第二十二条 《"重制权"》，页244～250。

[3] 同上，第二十八条："著作人专有将其著作改作成衍生著作，或编辑成编辑著作之权利。"萧雄淋：《"新著作权法"逐条释义（一）》（台北：五南图书出版公司，1996，初版；2001，修正二版），第二十八条 《改作及编辑权》，页271～275。

慧财产法院"亦认为："按所谓著作'抄袭'，其侵害著作权人之权利，主要以重制权、改作权为核心。"[1] 所以，未经授权而就"表达"的"重制"或"改作"，可能会构成著作权的侵害。[2] 以上，是有关"著作权法"的基本概念。

简言之，就有关的著作权规定而言，未经授权，就主动"重制"或"改作"他人著作，等同于"抄袭剽窃"的行为，即所谓"违反学术伦理"。《专科以上学校学术伦理案件处理原则》第三条，对于违反学术伦理的情形，内容表述采取列举式。如：

学生或教师之学术成果有下列情形之一者，违反学术伦理：
（1）造假：虚构不存在之申请资料、研究资料或研究成果。
（2）变造：不实变更申请资料、研究资料或研究成果。
（3）抄袭：援用他人之申请资料、研究资料或研究成果未注明出处。注明出处不当，情节重大者，以抄袭论。
（4）由他人代写。
（5）未经注明而重复出版公开发行。
（6）大幅引用自己已发表之著作，未适当引注。
（7）以翻译代替论著，并未适当注明。[3]

以上引述内容之中，其所列举"违反学术伦理"（抄袭剽窃）的情形，类型有七，其中攸关论文"注释"的多达五项，居然超过半数。如所谓未注明出处、注明出处不当、未经注明而重复出版、著作未适当引注、翻译未适当注明等等。所谓"抄袭剽窃"，在"著作权法"上的意义，指不

---

[1] 参考章忠信：《司法机关对于抄袭之要件及判断》，1998年4月3日，详参1997年度刑智上易字第00027号。见"著作权笔记"网站：service@copyrightnote.org.
[2] 章忠信：《"抄袭"有无明确的定义？》，载法学法律网《法学文摘》2003年1月18日。《学术伦理与智慧财产权》，见"著作权笔记"网站。
[3] 台湾教育事务主管部门发布之《专科以上学校学术伦理案件处理原则》，第三条，2017年5月31日公告，详见台教高（五）字第1060059470号函。

法重制他人受著作权保护的著作。[1]可见，疏忽了注释这一小环节，可能就构成"违反学术伦理"的事实。有无抄袭剽窃，问题关键在于是否注释。初学入门者，是万万没有想到的！

中国公布施行的《著作权法》规定：论文写作时，"所引用部分，不能构成引用人作品的主要部分或实质部分"。假如论文的主要部分或实质内容，被"重制"或"改作"，对方就成了抄袭剽窃的嫌犯。辗转引用、巧取豪夺，固然是抄袭。就论文的组织架构来说，结构重复利用，创意再三套搬，也都是抄袭。如：

> 一篇文章的整体结构，如果和另一篇文章的结构雷同，后者又没有区别于原作、高于原作、独立于原作。那后者就是结构引用过度，就是抄袭。[2]

将原作与抄袭之作交相比较，假设"后者又没有区别于原作、高于原作、独立于原作"，近似处、雷同度如此之高，那就是抄袭剽窃，违反学术伦理，触犯学术研究的大忌。纂辑图书，顾炎武比况为铸钱。上乘者，采铜于山；其次，则买旧钱充铸。[3]征引文献，当回归原典，犹如"采山之铜"。其次，则援用成说，犹如买旧钱充铸。最下者，则好逸恶劳，巧取豪夺，转引他人成说，据为己有，窃盗智慧财产。治学欠缺严谨如此，不可为训。

所谓"引用（quotation）"，与"抄袭"之间，初看相似，其实不同。"吾心有主，然后可以应天地万物之变"，乃论文写作之真言。所以，引用他人著作，主要作为自我参证、注释或评论之用。自始至终，皆以自己著作为主，他人著作为辅。

---

[1]《"抄袭"他人著作如何认定》，台湾东华大学智慧财产事区。
[2] 转引中介文献，还容易引起断章取义、以讹传讹。参考文献转引的途径 有从文摘刊物中转引、从网络资源中转引。参考杨静：《论文写作中的抄袭与剽窃》，见百度"原创力文档"。
[3]〔清〕顾炎武著，〔清〕黄汝成集释，栾保群、吕宗力校点：《日知录集释》（上海：上海古籍出版社，2006），卷首《又与人书十》，页1。

> "引用"，是在利用人本身有著作的前提下，基于参证、注释、评论等目的，在自己著作中使用他人著作的一部或全部才属之。此外，两者间为主从关系，必须以自己著作为主，被利用的他人著作仅是作为辅佐而已。[1]

阐述观点、诠释议题之余，或为佐证，或为释疑，或为补阙，或为匡谬。总之，为了"辨章学术，考镜源流"，乃不得不征引相关文献，援用他人著作，以之解说，以之论辨。恪守主从分际，不容喧宾夺主，不使主客易位，章学诚称美之撰述、标榜之著作，大抵如此。

（二）提防抄袭剽窃，注释可作配套的形式规范

"引用"文献，有其学术规范与研究意义，与"抄袭"成说，不可同日而语，已如上述。所以，征引文献，必须好自为之，以免误会或受害。其中关键，正在"注释"的安排和设计上。本节标题"断定有无抄袭剽窃，问题关键在于注释"理当三复斯言。征引文献，既是"作为现代学术研究的主要呈现方式"，而"注释"可以防制抄袭，正是配套的形式规范。论者称：

> 注释作为一种形式规范，所要约束与防止的，就是或隐或显的抄袭，也包括对他人观点的掠美。……抄袭的形式，也包括重复别人的措辞或者名句、转述别人的观点、表述别人的思路的时候没有恰当地指明出处。所谓"偷意"的现象，也是一种抄袭。[2]

掠美他人的观点、重拾别人的措辞、转述别人的观点、复制别人的思路，都是或隐或显的抄袭剽窃。晚唐释皎然著《诗式》，提出"作诗有三偷"，

---

[1]《学术论文的"引用"与"抄袭"之间，到底要如何区别》，台湾经济事务主管部门智慧财产局"校园著作权百宝箱"。

[2] 仇鹿鸣：《学术史回顾的写法——兼谈论文写作中的形式规范与实质规范》，见葛剑雄主编：《通识写作：怎样进行学术表达》（上海：上海人民出版社，2020），页114～129。

以为偷语最下,偷意其次,偷势最上。[1]偷语,暗用前人的语词。偷意,因袭古人的构思。偷势,巧取前辈的意境。以今观之,偷语、偷意、偷势,偷取对象虽有不同,大抵都是变相的抄袭,并无高下之分。就论文写作而言,无论语词、构思的抄袭,或核心论旨的剽窃,都算"违反学术伦理"。

标列注释,就学术论文规范而言,是为了"明述作之本旨,见去取之从来"。在自己的著作中,如果出现"借用别人的思想或表达方式",却未作注释,未指明出处,这就构成了抄袭。《MLA论文写作手册》称:"所谓剽窃或抄袭,是指在自己的著作中,使用他人的观念或说法,而未注明出处。"[2]换言之,论文是否涉嫌抄袭剽窃,取决于是否"注明出处"。未注明出处,等于冒充他人,盗用智慧,这种错误行为,就是剽窃或抄袭。所以,"注明出处",虽是小问题,却是大关键。

注,指注明出处。释,谓释疑辨惑,或解释歧义,或阐释异说。自我的申说论证,安放于各章各节的正文中。参考学界同行的相关见解,移往注释中表述。楚河汉界,开卷了然,不相淆乱,何来剽掠?论文写作如果没有注明出处,将被认定是自家的见解与心得。如果实际上不是,就有剽窃的嫌疑。讲究注释规范,将我者与他者作楚河汉界之区划,将有助于抄袭剽窃之防范。

举凡就论文涉嫌抄袭的,简言之,大多缘于"注释"问题。说得专业些,就是"述"与"作"二者,没能作清楚区隔。复述他人的论点时,真该作个注释!没有处理好,就等于挑战学术伦理。或许抄袭别人的著作,自觉心虚,出处就不注明。于是主客、人我混同,明引、暗用难分,这就违反了学术伦理。毕竟,注释作为研究论文的附随组织,是一种学术规范,必须切实遵守。"注释"对于学术研究,有不可取代的核心价值。复旦大学仇鹿鸣的体会,堪称精湛:

---

[1] 〔唐〕释皎然:《诗式》,见张伯伟编撰:《全唐五代诗格校考》(西安:陕西人民教育出版社,1996),页216。

[2] 参考[美]约瑟夫·吉鲍尔迪著,王健文译校:《MLA论文写作手册》(*MLA Handbook for Write of Research Papers*)(台北:书林出版公司,2010),第二章《抄袭》,2.1"剽窃的定义":剽窃行为犯了两项错误:第一,是偷窃行为。第二,这是诈欺。页54～55。

注释的核心，是标明发明权所在。承认某项工作是由谁首先完成的，谁最早提出了某个观点。只有确立了这一坐标系，才有可能说明在前人工作的基础上，我做出了什么样的贡献；我对于前人观点有什么样的阐发、批评和纠正，甚至完全推翻了前人的观点。[1]

注释最基本的功能，不只是"见去取之从来"而已！报本返始，感恩先发之人，是其一。标示发明权所在，确立一个坐标系，是其二。此后相关议题之成果，有无补充、发展，有何批评、纠正，有何阐发、推翻，多可据先发坐标为基准，进行考察、对照，是其三。注释之于学术研究，岂可小觑哉？

论文征引文献，无论明引或者暗用，一旦违反学术伦理的嫌疑成立，就成了终生的遗憾。所以，注释的有无，看似小问题，却是大关键。有人因此学位不保，有人因此丢掉乌纱帽，变成人生的污点，一辈子的噩梦。因此，撰写论文应该老老实实、循规蹈矩地加注作释。做学问应从谨小慎微做起，千万不要因为注释没能处理好，成为压死骆驼的最后一根稻草。所以注释的有无，牵涉到心术的诚伪。事关重大，不可轻忽大意。

五、注释的学术价值

注释，标示作者的发明权所在，不只是学术论文不可或缺的体式而已，更是检验学风旗向、学术良知的试金石。学术论文的价值，往往因注释功能的充分发挥，而获得显著提升。所以，学术研究，必须尽心致力于注释的撰写。复旦大学李剑鸣说：

> 注释不仅是论著学术性的标志，而且也是反映学风和学术道德的重要指标。……充分发挥注释的功能，可以提升论著的学术价值。因此，

---

[1] 仇鹿鸣：《学术史回顾的写法——兼谈论文写作中的形式规范与实质规范》，见葛剑雄主编：《通识写作：怎样进行学术表达》（上海：上海人民出版社，2020），页114～129。

> 无论初学者，还是成名学者，都不可忽略注释问题。[1]

注释不只是论著学术性的标志，而且是反映学风与学术道德的重要指标。李剑鸣有一篇论文，批评一些研究清史的学者，论述明明得之于别人，却不注明出处，好像那些创见心得都是作者自己的，其实不然。但是因为没有注释说明，所以在这本书中曾有批评，认为学风败坏，学术道德有瑕疵。他主张充分发挥注释的功能，可以提升论著的学术价值。由此可见，无论是初学者或成名学者，都不可以忽视注释的问题。"入门须正，立志须高"，初学者要养成良好习惯，以后才不会触忌犯讳。就算资深学者，也应该注重注释问题，不可等闲视之。

对学术的继承与创新来说，注释是一种有效的保障。议题有所开创，不妨放在正文畅谈；有所因袭借镜，则移往注释场域指明。诚如李剑鸣所言："如果用注释标出前人的观点，作者自己的见解就自然显现出来了。"也许有人会说：论说诠释，动辄注明他人的论点，是否就犯了观点失语症，变成了代言人？这攸关声量的重轻小大，要避免喧宾夺主，就得谨守主客之分际。应该把别人的成果当作研究的起点，重要的是将自己论点得发扬光大。把有所创发的部分写到正文里面，畅所欲言；薪传别人的论点，则移放注释之中。如此一来，主客分流，述作异域，读者对照、比较，作者的创见心得不就显现出来了吗？如果在别人的基础上还能够更进一步，还能够发明创造，甚至后来居上，青出于蓝，那是研究的终极追求。

论文，一定有得自别人启发之处。全盘接受别人的论点，只有因袭，没有创发，那不叫研究。创新，是继承别人的优长外，更见开创自家特色。不管是继承还是创新，注释都是有效的保障。研究某个课题，学术界目前有哪些经典论著，有哪些创见发现，有哪些高明的见解，都安排在注释中呈现出来。不管是赞成的或是反对的，是正面的或反面的，学术史相关而重大的讯息，

---

[1] 李剑鸣：《历史学家的修养和技艺》（上海：上海三联书店，2007），第十一章《体例与规范·标注的方式》，页389。

都可以借注释表露无遗。由此可见，注释的功能不可小看，除与正文彼此发明、相得益彰外，还可作为学术研究的指引。理想的注释，是文献学的总汇，目录版本学的节本，专题研究书目的指南，特定议题探索的大凡。

在注释与正文场域的对照中，主从、异同、正误、因革，以及述作、优劣、得失，都次第呈现。故曰："注释还可以为进一步的研究指引门径。"综上所述，笔者以为，注释之学术价值大抵有七，揭示如下：作者学养之深浅、闻见之广狭、取舍之原委、眼光之高下、功力之疏密、心术之诚伪、学风之旗向，皆灼然可见于注释之中。注释之惨淡经营，诚有助于论文之条理化与说服力。

学术论文的注释，从"标所去取"的趋向，可以看出作者的别裁特识。"学养之深浅，闻见之广狭"，固然可从征引文献、解读问题看出。从注释对文献的取舍从违，亦不难理解作者"眼光之高下，功力之疏密"。甚至学术良心是真诚不欺，还是剽窃造伪，也容易从注释之明引或暗用中看出。有了注释，可以提供读者进行对照。先于作者发表的论文著作，叫作前贤；正在写论文的人，就是后进。前贤后进之间作比较，问题论述究竟谁精致谁粗糙，层面的广阔或狭隘，质量的优秀或普通，但看注释，都可以看出来。

关于原创和因袭之辩证，这本是文学、艺术创作论的问题。其实，文化传承、产品开发、论文写作，也都触及这类课题。简言之，这是述与作、因袭与变革、模拟与创造、继承与开拓的问题。文章写作与学术研究，要求"接着讲"，禁忌"照着讲"。兴起、变革、补充、发展、创造、开拓，就是"接着讲"；而称述、因袭、模拟、继承，甚至偷意、偷势，就是"照着讲"。《礼记·乐记》云："作者之谓圣，述者之谓明。"圣优于明，而作胜过述。《论语·述而》谈到孔子自言"述而不作"，可见述和作是不同的。述，就是演练前人的论点，就是因袭、继承、称述，《礼记·乐记》所谓继志继声。就论文写作而言，别人有优点、长处、创见，当然值得学习继承，但不宜沉醉、停格在别人的论点上。要针对别人提出的观点，进一步深入思考、广博触发、精致论述，如此创造发明，才叫"作"。

《礼记·乐记》称"作者之谓圣，述者之谓明"，可见"述"与"作"

是有优劣之别的。程千帆先生探讨刘知幾《史通·模拟篇》，提出"离合"的判断标准："但以今作与古作，或己作与他作相较，而第其心之离合。合多离少，则曰模拟；合少离多，则曰创造。"[1]离，指疏离；合，指符合。今古比较、人我比较，以离合之多少，断定模拟或创造，可作文学价值检验的准则。创造就是作，模拟等于述。不管是研究经学、史学、思想、小说、文学、戏剧，源流正变、因革损益之际，普遍存在这种状况。讲白一点，前人后人、自己与他人经过比较，如果熟悉感强烈，就接近模拟。假设陌生化洋溢，就是变革多，创造开拓成分大。

前人的论点非常不错，当然应当学习，但是已非常成熟且久为众所知的成果、观点，大量充斥在自己的文章里，影从附和，无所不在，论点跟人家相似、相近、相关、相同的太多，疏异、远离的很少，这就是述多于作，创造性很少，论文就缺乏价值。一篇论文或一本著作，论点不可能都得之自己的创发，如果见解和他人相关、相近的部分比较少，疏离的多，这叫作创造，称为"作"。论文或专著，到底是述还是作，从注释是容易看出来的。因为"述"大多摆在注释，"作"则安排在正文。举凡高明的创获、核心的论旨、难得的发现、独到的见解，尽可能放在正文中论述阐发。凡是需要引证、考订、辨惑、补充、歧异、指引、匡正的，都转移位置，放入注释之中。或者为了维持正文的详明周赡，避免繁碎累赘；或是为了交代取舍，备列佐证，都可以摆放在注释中，安插在注释里。

冯友兰提倡新理学，是就宋明理学接着讲，不是照着讲。照着讲，是述；接着讲，是作。照着讲，是模拟；接着讲，是创造。学术研究像接力赛，前贤同行探讨到什么地步，我们后生应该要百尺竿头更进一步。虽然只是硕士生、博士生，学养可能有待加强，但只要追求"接着讲"若干创见心得，比起全部"照着讲"，当然其价值不可同日而语。注释的贡献，可以是小兵立大功，注释处理的优劣得失，是决定学术论文"接着讲"还是"照着讲"的

---

[1] 程千帆：《文论十笺》，下辑《模拟（论模拟与创造）》，见莫砺锋编：《程千帆全集》（石家庄：河北教育出版社，2001），第六卷，页227。

关键，岂可等闲视之？

注释和正文，犹如集体作战，不必强分主战场或次战场，也不必分前线战斗或后方补给，必须协调分工，团结合作。又好比戏剧制作与演出，幕前舞台演出固然是成败优劣的关键，但是幕后团队的支持补给，也必然影响演出的质量。相形之下，注释绝对不是论文的附属品，不是可有可无的点缀物。注释在学术论文写作中的角色，看似小问题，却是大关键，已如上述。作战如果缺了后方补给，演出少了幕后英雄，战果可能功亏一篑，演出自然荒腔走板。所以，为了名实相符，应该正名为"注释"，不可以称为"附注"。善用注释与正文的分工合作，相得益彰，提出创新的观点和独到的见解。

违反学术伦理的事件层出不穷，除涉嫌造假、心术不正外，其他疑似抄袭剽窃的个案，大多与疏忽注释功能，或未发挥注释作用有关。从中国台湾的助理教授升等案、市议员学位抄袭案，到德国国防部长、教育部长下台案，墨西哥总统涉嫌论文抄袭案，此中有一共通焦点，即学界成果与作者论说混同无别，未尝将二者分疆分治，更未将他人观点移置注释。既未标注出处来源，又未说明去取从违，于是混淆人我，皆视同自己之作。细案深考，比对勘查，雷同者过多，巧合者不少，于是罪证确凿，百口莫辩。换言之，切合者众，疏离者寡，即是模拟、因袭。"照着讲"多于"接着讲"，非剽窃抄袭而何？由此观之，若不讲究注释写作的艺术，容易有抄袭剽窃的嫌疑。甚至误蹈法网而不自知，不可不审慎，不可不警诫。

至于注释的格式问题，可参看中国台湾"中央研究院"《中国文哲研究集刊》注释的体例。《集刊》体例分工很细：引用专书、引用论文、引用报纸，各有格式。还有，再次征引、第三次征引时，是论文或是专著，也都有些不同。其余上网检索亦可得，不赘。

第十五章 结　论

文艺学借重科学的信息论，用于图书之传播、阅读、接受、反应，而有所谓"反馈"之说。[1] 传播，指信息或知识双向互动交流之过程。知识信息透过媒介传播，形成传播行为。专著、论文，即传播媒介，阅听的大众为信息之接受者。信息之传达与接受间，产生正反馈与负反馈，是所谓传播效果。[2] 此一理论，可以移用，借为论文作者与读者双向交流之参考。

一、论文之撰写与阅读，必须知所先后

专著一旦出版，论文一旦刊登，就会生发传播、阅读、接受等系列之连锁反应。信息论所谓正反馈与负反馈，即指读者两极化之响应或评价。审查学术著作，内行人阅读研究论文，有几个地方一定先睹为快。按优先级：第一，看摘要；第二，看结论；第三，看绪论（前言）。明乎此，吾人撰写论文知所先后，将有利于传播与营销。

作者的学术敏感度与研究"企图心"，但观绪论与结论，便可以即器以求道。论文的选题指向、问题意识、文献掌握、研究方法，以及成果评估、贡献预测，可从绪论（前言）导览看出。此《文心雕龙·章句》所谓

---

[1] 陈辽：《信息和文艺》，详见王春元、钱中文主编：《文学理论方法论研究》（长沙：湖南文艺出版社，1987），页 162、179。

[2] 董天策：《传播学导论》（成都：四川大学出版社，2004），第四章第二节《媒介的性质》，页 70～71。［英］丹尼斯·麦奎尔（Denis Mc Quail）等著，杨志弘、莫季雍译：《传播模式》（*Communication Models for the Study of Mass Communications*）（台北：正中书局，1996），页 16～17。参考张高评：《〈苕溪渔隐丛话〉与宋代诗学典范——兼论诗话刊行及其传媒效应》（台北：新文丰出版公司，2012），第二章，页 45～47。

"启行之辞,逆萌中篇之意"。绪论作为一篇之冠冕,发踪指示之功独大,导览简报的作用次之。至于作为全书的伏笔、张本,亦不容忽视。绪论必须用心经营。

至于创获、发明、心得,则体现于结论之中。结论,篇幅短、文字少,方便瞬间掌握,及时知晓。摘要(含关键词),则精益求精,浓缩绪论、结论之芳华,萃取结论、绪论的精髓,览者读之,可以"望表而知里,扪毛而辨骨"。故论文的写作,自当用心于摘要,尽力于结论,方可称为"知所先后"。

如果一篇论文,缺了绪论、结论,或可就摘要所揭示,检验全文的谈论。因摘要与全文的关系密切,诚如朱熹《中庸章句·序》所云:"放之,则弥六合;卷之,则退藏于密。"摘要即全文"退藏于密"的结晶,乃具体而微的精髓。所以摘要写作必须务本踏实,是非妍媸,如实传真。假如表里不一,虚实异调,那么论著的评价就会大打折扣。

可见,古人所称"凤头、猪肚、豹尾"六字法,凤头与豹尾部分,赢得读者关注最多。摘要、结论、绪论看过之后,读者行有余力,才轮到关注目次章节与全文内容的对应。其次,才是文献征引与诠释解读;至于注释与正文的辩证关系,往往作为压轴检验。以上所言先后顺序,大抵即是行家审阅论著(文)的次第。

一本专著,在摘要、结论、绪论之后,接续的观览对象,最有可能是目次(目录),亦即全书的写作大纲。摘要所提示,绪论所陈说,结论所总括,三者与大纲内容应该一致,前后论说应不矛盾冲突。例证对应学理,标题文字与探论范畴里外如一,设章分节立项符合比重原则。诸如此类,自是检验考察的重点。

二、论文的主体论述,追求丰富、精彩、创发、开拓

绪论以下各章节,篇幅几占全稿五分之四,实即明陶宗仪《南村辍耕录》所谓"猪肚"之部分。意指论著的具体内容,当追求丰富、精彩、创发、开拓。夷考其实,这部分之所以坚实、透辟,水到渠成,引人入胜,就一部完成的论著看来,似即"摘要"的演绎、申说、举例、论证,又似"结论"的大前提、

小前提,故"放之,则弥六合"如此。

论著各章节的内涵,诸如文献的运用、诠释的方法、资料的取舍、议题的开展、亮点的凸显、论说的阐释、章节的推敲、脉注绮交的讲究等等,即陶宗仪譬喻为"猪肚"的部分,实三段论式的大前提、小前提。大小环节的演绎是否顺理成章,有无偏差乖谬,内外考证的论述是否言之成理、正确无误,林林总总,都应该接受读者的考察与检验。

至于章节比重的考虑,文献征引之后的诠释解读,资料的取舍,议题的开展,亮点的凸显,论说的阐释,章节的推敲,脉注绮交的讲究,以上课题,已详述于本书第七章至第十一章之中。读者接受或反馈,都在这些节骨眼上。各章论述具在,翻查可见。

本书内篇第十四章,为《论文注释与学术规范——学术论文为什么要用心于注释》,阐述注释与论文写作的相辅相成关系。在方法学、史料学上,注释具有可验证性和可重复性,乃现代学术研究的主要呈现方式。王尔敏说:"有专论而无脚注,必定不被承认其为学术研究。"仇鹿鸣谓:"注释的核心,是标明发明权所在。"李剑鸣称:"注释不仅是论著学术性的标志,也是反映学风和学术道德的重要指标。"注释对于论文写作的重要性,由此可见。

论文写作,为文章写作的一环。主从、重轻、本末、精粗、是非、优劣,不可等量齐观,为便于论说诠释之脉络分明,故有注释的体例。论文写作,近似历史编纂学。论文之有注释,犹史书之有史注。与正文搭配,攸关论文写作时,主从、重轻、详略、异同之规划,以及真伪、是非、本末、源流之安排。主客因分流而脉络清晰、条理分明,既有助于行文之流畅,更便利读者之考索。

论文既要详明周赡,又要避免正文累赘,这得靠注释的辅助。注释作为学术论文的一种规范,其功能大抵有六:注明出处、清晰脉络、解释异说、备列佐证、交代取舍、辨析疑惑。诚如章学诚所言,作者"闻见之广狭,功力之疏密,心术之诚伪",多可以从注释中看出。另外,作者学养之深浅、取舍之原委、眼光之高下、学风之旗向,亦灼然可见于注释之中。注释积极经营,诚有助于论文的条理化与说服力。

举凡高明的创获、核心的论旨、难得的发现、独到的见解，尽可能放在正文中论述阐发。那些需要引证、考订、辨惑、补充、歧异、指引、匡正的，都转移地盘、乔迁位置，摆放在注释中，安插在注释里。如果学术论文能够留心注释写作，将可见纲举目张、条理分明，有脉络、有层次；主客异区，泾渭分明；取舍轩轾，一目了然。注释的功能，若能善加发挥，正可与正文相得益彰。同时，断定有无抄袭剽窃，问题关键在于是否作注释。诚如《文史通义·史注》所谓："心术之诚伪，灼然可见于开卷之顷。"为了提防抄袭剽窃，注释堪称配套的形式规范。

文章写作与学术研究，要求"接着讲"，禁忌"照着讲"。兴起、变革、补充、发展、创造、开拓，就是"接着讲"；若只是称述、因袭、模拟、继承，甚至于偷意、偷势，就是"照着讲"。接着讲的，安排在正文中申说；照着讲的，移放到注释中交代。泾渭分明如此，论文写作，既是赏心乐事，也可望宾主尽欢。注释之于论文写作，看似小问题，其实是大关键，故不殚其烦，书重辞复如此。

外篇

相关学科之借鉴

第一章　创意发想与理想选题

　　学术研究追求独到创新，贵在能发人所未发，言人所未言。所以，研究发想是否追求创意，关系论文选题的良窳，更影响到研究成果之优劣得失，以及学术水平之高下利钝。语云："所有成功的故事，开始于一个伟大的想法。"这伟大的想法，十之八九指的就是创意的发想。

　　创造发明，是科技产品的生命，更是文学艺术作品的灵魂。探究科技产品的创意发想，可以提供新创发明诸多启示，如英国戴森爵士（Sir James Dyson），发明无袋真空吸尘器（无扇片电风扇）；瑞士工程师麦斯楚（George de Mestral），模仿鬼针草而发明魔术贴（Velcro，也称"魔鬼毡"）；受鹦鹉螺的启发，美国建造了第一艘核子潜艇；电影的蒙太奇艺术（Montage），则是从建筑学的装配构成转换而来。同理，如果我们提炼文学、艺术中的独特创意，当有助于推陈出新、自成一家。种种研究案例显示：创意，不仅是产品研发的利器，还是经营管理、规划设计的导航器，更是文艺创作、谈吐思辨、教学研究的指南针。

　　创意，学名叫作创造性思维、创造思考能力，简称创造思维或创意思维（Creative Thinking），又简称创造力、创意。一些工商管理学院往往很注重创意经营、创意管理，由于台湾中小企业繁荣发达，企业主不见得有企业管理的学养，于是企管系的教授现身说法、金针度人，举例说明、系统介绍经营管理的创意个案，或译介欧美日本的创意理念，往往深入浅出，引人入胜。由于文字浅显易懂，很适合初学入门之参考。规划远景，设计未来，需要创意发想，就如同经营管理、文艺创作一般。[1]"创意就是财富!"这句话对企业之经营管理、工程之规划设计来说,实为至理名言。

人亦有言:"科技源于人性,创意来自人文。"人文学科中,文学艺术之追求创意、体现创意,更是无所不在,无时不在。研读中国文学史,有一个口头禅,所谓"汉赋、唐诗、宋词;元曲、明清小说",就文学的源流正变、因革损益而言,每一种都代表着推陈出新、独到创获的成就。其实,何止如此,自《诗经》《楚辞》以下,举凡卓越之作家,无一不是创意大师,优秀的文学艺术作品,无不是新创代雄的杰作。无论王国维《宋元戏曲史》所谓"一代有一代之文学",或是赵翼所云"江山代有才人出,各领风骚数百年"[2],某一代文学之所以有特色,才人之所以能各领风骚,殊途同归,都趋向于创意思维的发用。文体不分诗、文、赋、词、小说、戏曲,人不分古今、西东、朝野、雅俗,举凡流芳百世、传世不朽之文学或艺术,起心动念,无不根源于创意发想。

创意发想,原指从无到有、独到新创而言,基本上需扬弃惯性思维,跳脱专业联想障碍。其特色为超越传统、妙脱蹊径;为不可思议、匪夷所思;

---

[1] 有关创意发想,可参考:傅伟勋:《从创造的诠释学到大乘佛学——"哲学与宗教"四集》(台北:东大图书公司,1990)。刘长林:《中国系统思维》(北京:中国社会科学出版社,1990)。傅伟勋:《学问的生命与生命的学问》(台北:正中书局,1994)。王国安:《换个创新脑》(台北:帝国文化出版社,2004)。[美]迈克尔·米哈尔科(Michael Michalko):《创新精神:创造性天才的秘密》(*Cracking Creativity: The Secreats of Creative Genius*)(北京:新华出版社,2004)。[美]史蒂夫·瑞夫金(Steve Riukin)、佛拉瑟·西戴尔(Fraser Seitel)著,甄立豪译:《有意义的创造力》(*Idea wise*)(台北:梅霖文化公司,2004)。[美]强纳森(Frams Johansson)著,刘真如译:《梅迪奇效应》(台北:商周出版社,2005)。[美]温德(Jerry Wind)、库鲁克(Colin Crook)著,萧幼麟译:《超凡的思维力量》(*The Power of Impossible Thinking*)(台北:台湾培生教育出版公司,2005)。[日]大前研一著,谢育容译:《创新者的思考》(台北:商周出版社,2006)。张高评:《创意造语与宋诗特色》(台北:新文丰出版公司,2008)。张高评主编:《文学艺术与创意研发研究论文集》(台北:里仁书局,2011)。

[2] 〔清〕赵翼著,李学颖、曹光甫校点:《瓯北集》(上海:上海古籍出版社,1997),卷二十八《论诗》,页630。

为谢绝标准化、公式化；为不雷同、不盲从。其显而易见之表现，为思维形式之反常性、思维空间之开放性、思维成果之独创性。[1] 其观照视野，能从多角度、多侧面、水平式、全方位去考察问题，避免局限于单一的、垂直的、惯性的思维。[2] 上述有关创意的界定说明，得自经营管理学之归纳，亦适用于规划设计、谈思讲辩，当然用来诠释文学作品与作家、艺术品与艺术家，往往相悦可解。

一、论文写作从取材诠释到成果，其憧憬期许与创意发想相当

发想，就是起心动念、原始初衷。理论上是论文写作的源头活水，也是支撑论文写作从取材、解读、诠释，到心得、成果的一股能量与动力。宋严羽《沧浪诗话》开宗明义即言："入门须正，立志须高。"论文写作取法乎上，追求新创与独到，将来成果提出，虽不切中，当不致太悬远。研读古今硕儒之治学语录，诗评家对名篇佳作之提示，多不约而同聚焦于创意发想。研究与写作，以创发独到为终极追求，即严羽"入门须正，立志须高"之提示。

北宋胡瑗对神宗问，以为儒者之学，有体、有用、有文。[3] 宋学标榜明体达用，实即内圣外王之憧憬和期许，胡安定之创意发想极肯綮、极宏伟。清初顾炎武著《日知录》，高悬著书指标："其必古人之所未及就，后世之所不可无，而后为之。"[4] 有此准的，故言之有物，充实而有光辉。赵翼《瓯北诗话》论诗，追求"诗家能新"，且称："意未经人说过，则新。书未经

---

[1] 田运主编：《思维辞典》（杭州：浙江教育出版社，1996），见《创造思维》，页207～208。

[2] 匪夷所思，不可思议，本为禅学术语，今借以指创意发想。如把一粒阿司匹林（Aspirin）泡在花瓶里的水中，瓶里插的鲜花会更新鲜、更耐久。见董桥：《柳条皮与水杨酸》，收于《董桥散文》（杭州：浙江文艺出版社，1996），页123。

[3] 〔清〕黄宗羲著，〔清〕全祖望补修，陈金生、梁运华点校：《宋元学案》（北京：中华书局，1986、2007），卷一《安定学案》，页25。

[4] 〔清〕顾炎武著，〔清〕黄汝成集释，栾保群、吕宗力校点：《日知录集释》（上海：上海古籍出版社，2006），卷十九《著书之难》，页1084。

人用过，则新。"《读杜诗》则云："不创前所未有，焉传后无穷？"[1]一心憧憬"不经人道，古所未有"之诗语与诗思。胡瑗、顾炎武、赵翼之文思或诗思，起心动念，多暗合创意发想之自觉。胡、顾、赵三家，皆可作论文写作取法乎上的老师。

乾隆年间状元金德瑛（1701～1762），其诗骨坚意警，不主故常。曾评价陶渊明、王维、韩愈、王安石四家桃源诗，以为摩诘以下，"承前人之后，故以变化争胜。使拘拘陈迹，则古有名篇，后可搁笔，何庸多赘？"提示承前而变化之，可以争胜，且言"苟无新意，不必重作"[2]。这是何等期许与气魄！唯有变化，足以争胜。《南齐书·文学传论》所谓"若无新变，不能代雄"。至于赵翼《论诗》云"江山代有才人出，各领风骚数百年"，亦以新变自得为动能，以创新独到为指标。推而至于一代有一代之文学、一家有一家之文学者，亦皆有其创意发想。举凡绝美之好诗妙文流传不朽者，大多出于匪夷所思、不可思议之创意发想。

创意，是一种"高山仰止，景行行止"的终极追求。如果能够抱着"虽不能至，然心向往之"的憧憬，则取法乎上，成绩不至于太平凡。文史学界的大家名家，著作论说之所以卓越不凡者，多尽心于取材，致力于信证。如顾炎武《日知录》，一年才撰得十余则，盖泛观博览，取材原典，犹古人铸钱，采铜于山，其取材难能而可贵如此，成果可以预期，必是"古人之所未及就"。钱穆不满康有为《新学伪经考》的立论，为了驳斥其抵牾，于是先编著《刘向歆父子年谱》，著其实事，疏通证明，"实事既列，虚说自消"[3]。程千帆强调，学术论文贵在创新；创新之道，在掌握第一手资料："我宁可从某些具体对象入手，然后从中概括出某项可能成立的规律来。而不愿从已

---

[1] 〔清〕赵翼：《瓯北诗话》卷五，见郭绍虞编：《清诗话续编》，页1202。参考张高评：《清初诗话与宋诗宋调》（台北：万卷楼图书公司，2017），第四章《赵翼〈瓯北诗话〉论苏、黄与宋诗》，第三节，"二、诗家能新"，页152～155。

[2] 〔清〕陆以湉：《冷庐杂识》（北京：中华书局，1984），卷七《金总宪论诗》，引金德瑛之说，页399。

[3] 钱穆：《两汉经学今古文平议》（北京：商务印书馆，2001、2003），《刘向歆父子年谱·自序》，页7。

有的概念出发，将研究对象套入现成的模式。"[1] 起心动念从原始文献入手，也是采铜于山、"书未经人用过"的概念。邓广铭治宋史，坚信"史学即是史料学"，所以撰写文章，"都是因为加意地对于有关史料作了充分的鉴别、审查，和由此及彼的考证，然后才使研讨的问题得出了较新的成果"。王运熙治古典文学，首先注意的是"占有充分的材料"，"材料不足，证据不够时，不轻易下断论"。研究伊始，正确的治学态度，就决定了论文的高度；创新的格局，也影响了论文的结局。

讲究研究方法，致力于顾炎武所谓"古人之所未及就"，尽心于赵翼所倡"意未经人说过"，进行创意诠释，有助于提升论文质量，成果容易独到创新。方法，是一种工具之学，像望远镜、显微镜一般，让我们看得更远，探得更深，说得更清楚。如果研究的初衷，期许自己写好这篇论文，就不得不讲究研究方法，因为"工欲善其事，必先利其器"。方法，就是研究的利器。像比较研究法，可以较成功地得出源流正变、因革损益，甚至优劣得失、精粗深浅。如王国维、陈寅恪，运用比较法研究上古史、中古史，所得成就，可作典范。程千帆著有《文论十笺》《古诗考索》《被开拓的诗世界》《俭腹抄》等书，也是针对主题、题材、形象、风格，进行多角度、多方面之比较；[2] 或者吸收古代诗论的研究成果、提升到理论层次。当然，"有何可比、何从去比、如何去比"（舒芜《千帆诗学一斑》），必须要有深厚的学术根底，毕竟徒法不能以自行。

善用统计法，让数据说话，可以增强说服力、取信度。譬如《春秋》学问题，《公羊》学者提出"《左氏》不传《春秋》"说，认为《左传》跟《春秋》经之关系，远不如《公羊传》密切，《公羊传》《穀梁传》才是解经的正宗、嫡传。南京师大赵生群提出数据作论证：解释《春秋》，应以有经有

---

[1] 巩本栋编：《程千帆沈祖棻学记》（贵阳：贵州人民出版社，1997），上辑，《程千帆学记·闲堂自述》，页10。参考同上《关于学术研究的目的、方法及其他》，页116～125；同上《贵在创新——关于学术论文写作的问答》，页125～134。

[2] 程千帆：《程千帆全集》（石家庄：河北教育出版社，2001），第八卷《相同的题材与不相同的主题、形象、风格——四篇桃源诗的比较研究》，页125。

传为当然，《左传》较《公羊》尽心致力。深受质疑的"经有传无"，《左传》数量最少，约有 550 条；《公羊传》最多，约有 1300 条；《穀梁传》其次，也 1100 条以上。[1] 诉之数据，有助于佐证论说。宋代人才出仕的地理分布，北方与南方中举之比例消长，学界研究多用数据取胜：王水照研究嘉祐二年（1057）贡举，号称最为"得士"，经由统计分析，此年录取进士，福建 64 人最多，浙江 39 人、江西 38 人居次；傅璇琮、龚延明《宋登科记考》考证出此榜进士 262 人，以地域分布言，亦以福建、浙江、江西为次序，结论一致。北京大学张希清研究北宋贡举登科人数，以数据显示：北宋平均每年录取人数，约为唐代的 4.5 倍，元代的 30 倍，明代的 4 倍，清代的 3.6 倍。于是得出结论：北宋取士人数之多，"在科举史上，是空前的，也是绝后的"[2]。数字会说话，信据确凿而坚实。论文写作所得，颠扑不破如此，当然独到创新。

　　研究学术选择方法，当如相体裁衣，量身定做。选对了方法，研究就有一半的成功胜算。自我期许，希望研究有创新独到成果，除了慎选研究方法外，调整视角、转换观点，也是一种创新的思维，颇有利于学术生长点的开发和茁壮成长。如梁启超研究文学，多采用文化的视角，将文学问题放到文化范畴内作讨论，他主张研究学问，"往往容得许多方面的观察，而且非从各方面观察，不能得其全相"。王国维《红楼梦评论》，提倡从哲学、美学、伦理学的视角，去评论文学、研究小说。[3] 这种文学批评模式，很有创新性、开拓性。一般而言，沉潜学问，必定养成专业。就研究视角而言，专业是两面刃，其失在固必、墨守、执着、自信，而无所触发，此之谓专业联想的障碍。所以，有必要培养转换视角看问题的眼光。陈寅恪为杰出的唐代文史学者，所著《秦妇吟校笺》《元白诗笺证稿》，以史事笺注诗文，又从诗文梳理出

---

[1] 赵生群：《〈春秋〉经传研究》（上海：上海古籍出版社，2000），第五章《〈左传〉有经无传辨》，页 174～176。

[2] 张希清：《北宋贡举登科人数考》，见《国学研究（第二卷）》（北京：北京大学出版社，1994），页 393～425。

[3] 王国维：《王观堂先生全集》（台北：文华出版公司，1968），第五册《静庵文集》，《红楼梦评论》，页 1636。

史事,会通文学、史学、哲学,进行学科整合之研究,此种转换研究视角的史识,盖植根于所谓创意发想。[1]葛兆光任职于复旦大学文史研究院,关注他山之石,钦佩异域之眼,提倡"从周边看中国",强调多元视野;主张虏学、域外和中国学作比较。[2]观点转换,最有利于学术创新。

　　尽心致力,把今天的创意发想,变成明日创新的成果、独到的心得,将是学术的憧憬,研究者的自我期许。学界研究创造思维的体现,有九大法式,即改造、取代、合并、扩大、缩小、转换、排除、颠倒、重拾。[3]这九大法式,在推敲论文选题时,已开始产生作用;在研读文献、谈说议题、解构作品、阐释论点时,更值得借鉴引进,作为诠释的利器、创发的指针。以宋代文学而言,夺胎换骨、点铁成金,无异于改造;求变追新,自成一家,就是取代;以文为诗,以诗为词等,实乃合并;遗妍开发,续广唱和,近似扩大;自外返内,退藏于密,则是缩小;至于化俗为雅,翻案生新,则是转换;诗中有画、画中有诗,借禅为谈,水墨书趣,则是匪夷所思,颠倒梦想。凡此,皆是宋人生于唐后,面对"开辟真难为"之困境,生发"影响之焦虑"之余,创作时所激荡出之创意发想。学术研究从选题到写作,从取材到诠释,创意发想可作一以贯之的领头雁,和指点航向的指南针。孔子称:"我欲仁,斯仁至矣!"虽不一定随心所欲,然取法乎上,亦可以得乎中。

　　台湾"中央研究院"前院长李远哲院士,为诺贝尔化学奖得主,因此有机会与其他诺贝尔奖得主聚会、相交。他说他观察到这些诺奖得主具有的共同特点往往是:敢于和别人不同,敢于提出一些想法,相信这样可以改变世界。"敢于和别人不同",属于求异思维,是创造性思维的前锋。"敢于

---

[1] 周勋初:《当代学术研究思辨》(南京:南京大学出版社,1993),《以诗证史的范例——陈寅恪〈韦庄秦妇吟校笺〉》,页327。

[2] 葛兆光:《域外中国学十论》(上海:复旦大学出版社,2002),《隔帘望月也是洞见》,页129～130。

[3] [美]史蒂夫·瑞夫金著,甄立豪译:《有意义的创造力》(台北:梅霖文化公司,2004),页57～205。

提出一些想法",就可能展示转换、排除、改造、取代等创造力。雷同附和他人的观点,不假思索地从众,是一种惯性思维,创意的刽子手,永远与发明创造绝缘。

丁肇中院士是 1976 年诺贝尔物理学奖得主。丁院士曾说:"基本的知识,是别人给的。要学会推开书本,向前走!"尽信书,不如无书。推开书本,独立思考,优游于知识的海洋,可以另辟乾坤,自成一家。六祖惠能《坛经》提示"应无所住而生其心";管理学大师大前研一也说:"答案不只一个,请思考!"[1] 敢于不苟同、不苟异,就迈向了创新之路。由此观之,创意发想堪称成功的火车头。相信世界可以改变,敢于求异,勇于发想,卓越不凡的成就,或植基于此。

我曾有幸参加香港中文大学中文系"沧海观澜——古典文学体式与研究方法学术研讨会",因应大会主题,我从创意发想视角切入,以阐释文学体式与研究方法。文学体式以唐宋诗、词、文、赋为例,研究方法则不限于文学,或以传播阅读论其传媒效应,或以经学史学叙事阐说系统思维。要之,皆攸关创意发想之思考术,而观照于学术之创新与独到。[2]

创意发想,为谈吐思辨之指针,规划设计之导航。一流之文学作品,必体现创意造语之智慧,古今中外,了无例外。学术探讨若以创意发想为先驱,本立而道生,盈科而后进,将有助于研究成果之独到创新。今拟就两大层面作论说:首先,谈文体研究与视野开拓。分为二子题:其一,诗词文赋间之破体。诗词文赋于绘画、佛禅、仙道、老庄之出位,多运用组合思维进行创意造语,虽非本色,然极天下之工,可以长善救失,改造文学体格,有功于文学之生存发展。其二,仿拟、唱和、续广之作,无论余美遗妍开发,或挑战典范当行,关键都在于追求超越优胜,自成一家。模拟与创造,分野如何?程千帆提示:"合多离少为模拟,合少离多为创造。"准此检验,有助于优

---

[1] [日]大前研一著,谢育容译:《创新者的思考》(台北:商周出版社,2006),第二章《答案不只一个,请思考》,页 79～121。

[2] 详见张高评:《创意发想与学术研究》,载北京大学中文系、香港中文大学中文系合编:《中国文学学报》(第 7 期) 2016 年 12 月,页 183～207。

劣高下、得失工拙之判定。

其次，文学探讨与策略借鉴，则分三子题：其一，传播阅读与接受反应。知识之流通，自手写誊抄化为雕版印刷，卷轴变为书册，具有"易成、难毁、节费、便藏"四大优长，蔚为知识之爆炸、变革之推手，势必影响宋元以降士人之接受与反应。因此，印刷文化史之探讨，值得提倡，堪称前瞻式论题。其二，史传、叙事与系统思维。史传，为小说、变文、歌行、戏剧诸叙事文学之源头。经史学家以系统思维诠释《春秋》《左传》《史记》，其关键锁匙在比事属辞。自《春秋》衍化为《左传》，可看出经学叙事转为史学叙事之轨迹。若能借镜参考，则在抒情传统之后，叙事传统堪当学界探讨中国文学之"预流"。其三，《史记》互见与系统思维。司马迁私淑孔子，《史记》典范《春秋》，故苏洵所云"本传晦之，而他传发之"之互见法，实为"属辞比事"《春秋》书法之转化与发用。就叙事法而言，乃主从、详略、重轻、实虚、曲直、显晦诸法之体现。从史学叙事衍化为文学叙事，《史记》堪作叙事学之分水岭。发想创意如此，以之落实于论文选题、研究方法，展现为学术成果，当能推陈出新，亮点无限。试分门别类，稍加申说论述于后。

二、文体研究与视野开拓

范仲淹《岳阳楼记》[1]，会通叙事、描写、抒情、议论四体而一之。王安石《游褒禅山记》[2]，游记而杂以议论，就后世之文体分类学而言，体例未免不纯。然突破文体局限，以开放自由之精神创作，堪称不落俗套。刘勰《文心雕龙·通变》称："设文之体有常，变文之数无方。"[3] 这牵涉到尊体、本色与破体、变体诸辨体课题。六朝文学已发其端，至两宋而讨论热烈，

---

[1] 〔宋〕范仲淹：《岳阳楼记》，见曾枣庄、刘琳主编：《全宋文》（上海：上海辞书出版社，2006），卷386，页420～421。

[2] 〔宋〕王安石：《游褒禅山记》，见曾枣庄、刘琳主编：《全宋文》，卷1408，页50～51。

[3] 〔南朝梁〕刘勰著，詹锳义证：《文心雕龙义证》（上海：上海古籍出版社，1989），卷六《通变第二十九》，页1079。

渐有共识。

  钱锺书《管锥编》称："名家名篇，往往破体，而文体亦因以恢弘焉。"[1]破体，打破文学体式，进行创造思维。既恪遵王若虚《文辨》"定体则无，大体则有"之原则[2]，又改善体格，突破传统格局，另作新奇组装。在宋代，"破体"有长足之发展。诗、词、文、赋、四六诸文体间，多曾作若干新奇组合，孕育了新风格，活泼了文学生命，蔚为"诗分唐宋""唐宋变革"的辉煌。

（一）诗、词、文、赋的破体，与绘画、佛禅之出位

  文学为求改良体制，从事突破创新，于是有"破体""出位"的现象。[3]面对"一切好诗，到唐已被作完"的困境和挑战，宋人无不热衷学习唐人。以学习优长为手段，期许自成一家为目的，于是致力于破体与出位，所谓学唐、变唐、新唐、拓唐云云，即是创意之发挥。

  宋人致力于以文为诗、以赋为诗的破体，将诗与散文、辞赋进行移植与融通，于是诗歌除本色特征外，又吸纳散文之流畅、知性，以及辞赋之铺排与层面刻画。另外，苏轼移植诗歌之语言、主题，辛弃疾融通散文之语言、特色，开创"以诗为词""以文为词"之豪放词风。词中破体或向诗回归，或朝文变革，蔚为豪放词风，遂与婉约风格分庭抗礼。[4]

---

[1] 钱锺书：《管锥编》（台北：书林出版公司，1990），第三册《全上古三代秦汉三国六朝文》，一五《全汉文》，卷十六，页890～891。

[2] 〔金〕王若虚：《滹南遗老集》（台北：台湾商务印书馆，1983，文渊阁《四库全书》本），卷三十七《文辨》，页6a。

[3] 张高评：《宋诗之新变与代雄》（台北：洪叶出版公司，1995），三《破体与宋诗特色之形成（一）》，页161。

[4] 张高评：《破体与创造性思维——宋代文体学之新诠释》，载台湾中山大学《中山大学学报》（第49卷第3期，总第219期）2009年3月，页20～31。杨海明：《杨海明词学文集》（镇江：江苏大学出版社，2010），第一册，卷一《唐宋词风格论》，第十章《以诗为词》，第十一章《以文为词》，页77～108；第五册，卷六《唐宋词美学》，第四章《别立一宗：词中"变体"的向诗回归》，页265～268。

宋人借鉴绘画之线段、色彩、向背、层次，形成"诗中有画"。[1]或借绘画以抒情，有纤竹、枯木、一角、半边之类，是所谓"画中有诗"。[2]苏轼、黄庭坚、陈师道作诗，以禅思为诗思，将禅学与诗歌结合，别开生面、出位创新，于是禅音佛影洋溢于诗歌之中。[3]

宋型文化注重事胜前代，古所未有。这种"超胜意识"，往往可以转化为创造的动力。追新求变，期许自成一家，是宋人之雄心企图。宋诗的大家名家，往往尽心致力于此。

宋人尽心致力于自成一家，故明清诗学讨论"唐诗宋诗""唐音宋调"，沸沸扬扬。清叶燮《原诗》高度推扬宋诗之优长[4]，钱锺书《谈艺录》标榜"诗分唐宋"的文学事实[5]。宋诗的自成一家，渐成学界的共识。

（二）仿拟、唱和、续广之作与遗妍开发、创意造语

所谓遗妍，指文本基型中留存的不确定和空白，有待进一步想象、挖掘、补充、开发、拓展。[6]德国文学理论与批评家沃尔夫冈·伊瑟尔（Wolfgang Iser，1926～2007）谈接受美学，所谓作品之"召唤性结构"。[7]宋人述作、

---

[1] 张高评：《宋诗之传承与开拓》（台北：文史哲出版社，1990），下编《宋代"诗中有画"之传统与创格》，页255～515。

[2] 伍蠡甫：《中国画论研究》（北京：北京大学出版社，1983），《试论画中有诗》，页194～242。又，李泽厚：《美的历程》（天津：天津社会科学院出版社，2001），九《宋元山水意境》，页289～291。

[3] 张高评：《禅思与诗思之会通——论苏轼、黄庭坚以禅为诗》，载浙江大学中文系编：《中文学术前沿》（第2辑）2011年11月，页91～101。

[4] 张高评：《清代诗话与宋诗宋调》，第三章《清初尊宋诗学与唐宋诗之异同》，"叶燮《原诗》"，页87～92。

[5] 钱锺书：《谈艺录》（台北：书林出版公司，1988），一《诗分唐宋》，页1～5。

[6] 〔宋〕寇準：《追思柳恽汀洲之咏，尚有余妍，因书一绝》，诗曰："杳杳烟波隔千里，白苹香散东风起。日落汀洲一望时，愁情不断如春水。"见傅璇琮等主编：《全宋诗》（北京：北京大学出版社，1991），卷八十九，页997。

[7] 朱立元：《接受美学》（上海：上海人民出版社，1989），页111～112；金元浦：《接受反应文论》（济南：山东教育出版社，1998），第四章《阅读：双向交互作用的动态构成》，"阅读现象学"，页158～159。

仿拟、唱和、续广等创作方式，所谓"同题共作"，多见遗妍之开发。[1]

同题共赋，《全宋诗》中多见。优劣得失、高下胜负，如何判定？程千帆《文论十笺》称："今作与古作，已作与他作相较：合多离少，则为模拟；合少离多，则为创造。"[2] 堪作规准。

宋型文化存在超胜意识，讲究事胜前代。《全宋诗》所载次韵、和作诗，致力突破，寻求创造，翻新出奇，精刻过前人者往往有之。如苏轼、黄庭坚次韵酬唱诗，开发遗妍，创意造语者多，往往后出转精，精刻过于前人。

后人与前人共赋一题，出于遗妍开发者，为续作、广作、补作之什。如苏轼、黄庭坚，同作《薄薄酒二首》；杜甫作《丽人行》，苏轼则作《续丽人行》，姜邦杰、杨万里、高斯得则再续、三续《丽人行》；白居易作《长恨歌》，杨万里续之；鲍照、王筠先作《行路难》，李白则继作《行路难》。

宋人之学古变古，从传播阅读、接受反应来，经历挑战权威、疏离本色、创造诠释，终至自成一家。宋代诗人面对唐之大家名家，当有如哈罗德·布鲁姆（Harold Bloom，1930～2019）所谓"影响的焦虑"[3]。于是想要青出于蓝、补充前人之不足，积极追求超胜、开发遗妍、创意造语，自是脱颖而出的策略之一。

《全宋诗》中，共赋一题者不少。如诗人同赋《明妃曲》《望夫石》《归去来》《阳关图》《妾薄命》《桃源行》，及《秋怀》诗、《严陵钓滩》禽言诗之伦。同题共作之现象，自有竞争超胜之意识。[4] 程千帆所称模拟或创造之判定，值得参考。

---

[1] 参考张高评：《创意造语与宋诗特色》（台北：新文丰出版公司，2008），第九章《同题竞作与宋诗之创意研发》，页400～401；第十章《同题竞作与宋诗之遗妍开发》，页445～447。

[2] 程千帆：《文论十笺·模拟》，见莫砺锋主编：《程千帆全集》（石家庄：河北教育出版社，2001），第六卷下辑，页226～227。

[3] [美]哈罗德·布鲁姆：《影响的焦虑：诗歌理论》（南京：江苏教育出版社，1973）。参考乐黛云：《比较文学原理》（长沙：湖南文艺出版社，1989），页58～59。

[4] 杨联陞：《国史探微》（台北：联经出版公司，1983），《国史诸朝兴衰刍论》，附录《朝代间的比赛》，页45～47。

三、文学探讨与策略借镜

史蒂夫·乔布斯提示：借用与联结，是创新的两个关键词。大前提是："你得先知道别人做了什么！"[1] 学术研究能够借用、联结，则成果可以独到创新。研究宋元明清之学术，如果能够"借用"印刷传媒效应，以之"联结"到专攻的经学、史学、义理、文学上来，则学术成果势将呈现不一样的视野。

中古欧洲，古腾堡发明活字版印刷，促成宗教革命、文艺复兴，颠覆了传统，成就了变革。[2] 早于古腾堡五至六世纪之东方宋朝，提倡雕版印刷，形成右文政策，其所生发的传媒效应如何？朝廷对雕印图书"欲迎还拒"的心态，印本图书无远弗届、化身千万的传媒魅力，可作佐证。

（一）传播阅读与接受反应（发散思维、侧向思维）

从传播、阅读、接受、反应四位一体的层面来探讨文学，是一个值得提倡的研究方法和视角。这种研究，不限于文学，亦可触类延伸到对经学、史学、思想、义理的探讨上。

印本图书之日传万纸、多且易致，于知识之传播流通，较之传统写本，显然较占优势。宋代的诗人、词人、文人，同时为学者专家者多，如欧阳修、王安石、苏轼、杨万里、陆游、朱熹等。诚如苏轼《李氏山房藏书记》所预言："文词学术，当倍蓰于昔人。"[3]

史学家陈寅恪谓："华夏民族之文化，历数千载之演进，造极于赵宋

---

[1] ［美］史蒂夫·乔布斯：《求知若饥，虚心若愚！贾伯斯的10句经典名言》，载《天下杂志》2011年10月6日。

[2] ［法］费夫贺（Lucien Febvre）等著，李鸿志译：《印刷书的诞生》（*The Coming of the Book*）（台北：猫头鹰出版社，2005），第八章《印刷书：变革的推手》，页248～263。

[3] 〔宋〕苏轼著，孔凡礼点校：《苏轼文集》（北京：中华书局，1986），卷十一《李氏山房藏书记》，页359。

之世。"[1] 南宋严羽《沧浪诗话》揭示，"国初之诗，尚沿袭唐人。至东坡、山谷，始自出己意以为诗，唐人之风变矣"；批评南宋江西诗派"乃作奇特解会，遂以文字为诗、以议论为诗、以才学为诗"。[2] 凡此，皆印本文化生发之传媒效应。

明胡应麟《少室山房笔丛》提出：印本书籍有"易成、难毁、节费、便藏"四大优势。[3] 知识传媒之工具一旦改变，必生发阅读、接受之连锁反应。商品经济，讲究供需相求，西方与东方、16世纪与11世纪并无不同。

学界研究雕版印刷，大多集中在版本学、校雠学、目录学、文献学，以及书籍史、刻书史的层面上。钱存训著《中国纸和印刷文化史》，凸显"印刷文化史"之研究课题，希望学界能针对印刷术的发明、传播、功能和影响，多作因果的分析和探讨。[4]

为响应钱存训号召，笔者已出版《印刷传媒与宋诗特色》《苕溪渔隐丛话与宋代诗学典范——兼论诗话刊行及其传媒效应》两本专著，论证宋诗特色之形成，有得于印刷传媒之推助。同时，因为雕版印刷之流行，生发若干传媒效应，理出16个课题，提供学界参考。[5] 学者不妨推而广之，以探讨宋代经学之复兴、史学之繁荣、理学之昌盛，和文学之推陈出新。

（二）史传、叙事与系统思维

20世纪以来，学界受西方叙事学影响，热衷提倡叙事学，以考察古典

---

[1] 陈寅恪：《金明馆丛稿二编》（北京：三联书店，2001），《邓广铭〈宋史职官志考证〉序》，页277。

[2] 〔宋〕严羽著，郭绍虞校释：《沧浪诗话校释》，（北京：人民文学出版社，2005），五《诗辨》，页26。

[3] 〔明〕胡应麟：《少室山房笔丛》（上海：上海书店，2001），卷四《经籍会通四》，页45～46。

[4] 钱存训：《中国纸和印刷文化史》（桂林：广西师范大学出版社，2004），绪论，页20～21。

[5] 张高评：《承前启后——中国文化讲座续编》（香港：学海书楼，2019），《从传播、阅读到接受、反应——图书刊行与文风士习》，页1～28。又，张高评：《宋代印刷传媒与读者之接受反应》，载《宝鸡文理学院学报》（第41卷第2期，总第200期）2021年4月，页82～91。

小说与戏曲，提出叙事亦文学之一大传统。研究视角聚焦在叙事要素、情节结构、人物形象、立场观点、主题意识上，以诠释解读中国传统叙事。

中国叙事传统，滥觞于《春秋》。研究传统叙事，当推其本、溯其原到《春秋》的叙事上。《春秋》之义，昭乎笔削，体现而为比事属辞。[1] 或笔或削，一变为有无、忽谨、异同、详略、重轻、虚实、显晦、曲直诸书法，再变而为史法、文法、义法。史学、古文、叙事，皆其支派与流裔。[2]

属辞比事的历史编纂学，由其事、其文、其义，三位一体、交互参透而成。以之建构之《春秋》学，暗合系统思维的理路，既作为创作系统，亦形成诠释系统。掌握属辞比事之《春秋》教，则古文、史传、小说、戏曲之叙事支派，乃至叙事歌行，多不难考索而得。[3]

（三）《史记》互见与系统思维

"爰始要终，本末悉昭"，为"古春秋记事之成法"。[4] 然《春秋》编年，故诠释解读《春秋》，关键在"属辞比事"《春秋》教之系统运用。或书或不书，或详或略，皆以笔削见义法。司马迁《史记》私淑孔子，典范《春秋》，亦发用此种书法，遂成史传文学、叙事文学的经典名著。

《史记》体为纪传，叙事传人，往往"本传晦之，而他传发之"。为掌握史实真相，期求始终本末悉昭，宋苏洵提出"互见法"，实为"属辞比事，《春秋》教"之转化与发用。[5] 如项羽、刘邦之史事，本传之外，各有互见。

---

[1] 张高评：《比事属辞与章学诚之〈春秋〉教：史学、叙事、古文辞与〈春秋〉书法》，载台湾中山大学文学院《中山人文学报》（第36期）2014年1月，页31～58。

[2] 张高评：《书法、史学、叙事、古文与比事属辞——中国传统叙事学之理论基础》，载香港中文大学《中国文化研究所学报》（第64期）2017年1月，页1～33。

[3] 张高评：《〈春秋〉〈左传〉〈史记〉与叙事传统》，载《国文天地》（第33卷第5期，总第389期）2017年10月，页16～24。

[4] 刘师培：《左盦集》（台北：华世出版社，1975），卷二《古春秋记事成法考》，页1，总页1445。

[5] 〔宋〕苏洵著，曾枣庄、金成礼笺注：《嘉祐集笺注》（上海：上海古籍出版社，1993），卷九《史论中》，页232～233。

为尊者讳，为长者讳，往往以侧笔见态为互见。阙于本传，而详于他传，功过互见，讽谕自在言外。[1] 又有名实相违，而以曲笔传真者，亦用互见法。如秦始皇之出身，《秦本纪》外，又互见于《秦始皇本纪》《吕不韦列传》《留侯世家》。垓下决战，韩信功最高，然不见于《淮阴侯列传》，却互见于《高祖本纪》。知叙事传人往往互见，以"爱始要终，本末悉昭"研读之，方能通晓《史记》。

司马迁撰写《淮阴侯列传》所运用的，正是属辞比事、据事直书之《春秋》书法。如排比寄食亭长、漂母饭信、胯下之辱三事，以塑造韩信之形象。连属武涉、蒯通游说之辞，出于详笔、重笔，以凸显韩信之忠心。记述韩信临终语，吕后亲口转述，加上蒯通、高帝当面对质，则韩信之未叛可见。"太史公曰"文末，推崇韩信之功勋，谓"其汉家勋"可以媲美周公、召公之徒。通考《史记》鲁燕世家，周公、召公皆开国成家，为第一等功勋。韩信于汉家功勋，比事可知。

梁玉绳《史记志疑》为韩信申冤，其诠释所据依，皆《淮阴侯列传》原典文献。所谓据事直书，是非自见。《淮阴侯列传》之去其烦重，连属文辞，以平反冤狱，当有得于属辞比事之《春秋》教，既可为尊者讳饰，又成功还原历史真相。[2]

四、结论

古典文学的体式，姿态横生，不一其律。一代有一代之文学，一家有一家之文学，一地有一地之文学，风华殊异，各领风骚。求奇追新，形成了源

---

[1] 张高评：《〈史记〉忌讳叙事与〈春秋〉书法——以征伐匈奴之相关人事为例》，载香港岭南大学《岭南学报》（复刊第十二辑）2019 年 12 月，页 19～59。张高评：《〈春秋〉五例与〈左传〉之忌讳叙事》，载《国文天地》（第 35 卷第 5 期，总 413 期）2019 年 10 月，页 103～107。

[2] 张高评：《〈史记·淮阴侯列传〉与〈春秋〉书法》，载香港岭南大学《岭南学报》（复刊第九辑）2018 年 11 月，页 15～38。

流正变；尊体、破体，呈现了因革损益。叶燮《原诗》说：文学创作"踵事增华，因时递变"，所以发展多元，生生不息。所谓"前者启之，而后者承之而益之；前者创之，而后者因之而广大之"。掌握源流正变、因革损益，以考察文学体式，则思过半矣。本文提出破体、出位、遗妍开发、创意造语诸方面研究视角，而归结到"若无新变，不能代雄"，多根源于文学写作之创意发想。今再以创意发想之观点，反馈作学术研究之探讨，此《庄子》濠梁之辩所谓"请循其本"。

科技产品创新，要靠"借用与联结"；学术研究创新，不妨找"他山之石"，拿来攻错。学术研究最忌单科独进，文学探讨亦不得抱残守缺、故步自封。跨学科、跨领域整合研究，容易找到新的学术生长点，不妨尝试。而探讨策略，借用相关学科的研究方法，联结到研究的课题上，则是突破困境、创新学术之一道。本文提供文学探讨的策略借镜有二：其一，传播阅读与接受反应；其二，史传叙事与系统思维。前者借用传媒效应、印刷文化史之研究，关注传播、阅读、接受、反应间的互动关系，可借以研究文学，更可推广于经学、史学、义理思想之探讨。后者借用《春秋》经典诠释之法，凸出系统思维之方法论，聚焦局部与整体、要素与系统间的关系；着重从整体宏观掌握事物，强调事物的结构和功能。此种创意之思维，可移以探究史传、史传文学、叙事文学，以及中国文学之叙事传统。

清初顾炎武著作《日知录》，标榜两大著作指标：其一，古人所未及就；其二，后世之所不可无。顾氏起心动念，都是创意发想。"古人之所未及就"，近似本文所云"遗妍开发"；"后世之所不可无"，即是"创意造语"。治学贵在取法乎上，不妨以顾炎武的著述指标，作为吾人研发学术的标杆。虽或不能至，而心向往之可也。

第二章 《春秋》笔削书法、历史编纂与叙事传统

近代学术，注重精细分工，自我构建一座又一座的高墙，彼此之间殊少交通，不相往来。于是，我们从学校获得的知识，专业而细碎，缺乏整体的观察、综合的认知。如果肠胃肝脏的专科医师，不去过问控管这些脏器的自律神经，如果研究中国史传文学、小说戏曲叙事学，而不旁涉《春秋》书法、史家笔法、叙事传统，一味单科独进，脚痛医脚，将永远无法解决问题、突破困境。尤其论文写作，千头万绪，牵连广大，应该打破学科局限，进行跨学科之借鉴，跨领域之整合。

"文章之道，与众事相通。"四十多年前，鲁实先教授《史记》课，曾如是说。论文写作，自是严肃而庄重之要事，亦是文章写作之一环，两者之间当有交集，可以相通相融，相济为用。义理学求善，可以师法；考据学求真，值得借镜；辞章学求美，应该参考。学术研究追求独到创获，所以论文写作自始至终，都应该尽心于创意发想，致力于超胜意识。若能体现学科整合，跨领域借镜，则无异于指出向上一路，堪称论文写作之能事。

论文写作，与一般作文表意不同：其心路历程涉及比事、属辞，纂述、别裁，诠释、创发，考辨、求真，理称、辞达。换言之，论文写作，或即《春秋》书法，或近历史编纂。王葆心著《古文辞通义》，其《总术》篇综论经史子之学与文章创作之关系。熊礼汇释"文之资于经者"曰：

> 文章原出五经，不但立论之本出于经，而且机杼、物采、规模、制度亦取于经。[1]

---

[1] 熊礼汇：《〈古文辞通义〉要义概说》，见王葆心编撰，熊礼汇标点：《古文辞通义》（武汉：武汉大学出版社，2008），页31。

南朝梁刘勰著《文心雕龙》中《宗经》篇以为，"若禀经以制式，酌雅以富言，是即山而铸铜，煮海而为盐也。故文能宗经，体有六义"云云。[1] 清方苞义法说，本于《周官》分职、《春秋》书法，故其机杼、物采亦自此脱化。[2] 故文章宗法经籍，不止立论有本，机杼、规模亦从中取资。为文如此，论文写作亦然。

德国人奥托·李林塔尔（Otto Lilienthal，1848～1896），研究飞行原理，借鉴鸟类翅膀结构，联结空气动力学，于1891年造出一架滑翔机。接下来五年，滑翔2000多次，三次大改结构。1896年8月9日，李林塔尔驾驶最新滑翔机，想超越极限，不幸坠机身亡。美国俄亥俄州莱特兄弟奥维尔·莱特（Orville Wright，1871～1948）和威尔伯·莱特（Wilbur Wright，1867～1912），本行自行车业，对发明飞行器也有高度兴趣，知道李氏失败的关键在于平衡。解决了平衡，人类在天空飞行，再也不是梦想。

莱特兄弟的成功，就是借镜李林塔尔滑翔机的成败得失，联结到本身专业——自行车的平衡上，长善救失，所以莱特兄弟成功了。后世感谢这划时代的贡献，把发明飞机的桂冠送给了莱特兄弟俩。莱特兄弟运用了创造思维的改造和取代，体现了史蒂夫·乔布斯"借用和联结"的创新实践。撰写论文，犹如研发产品，应该效法莱特兄弟的改造取代、乔布斯的"借用与联结"。就学科属性而言，《春秋》义法、历史编纂学、创意发想、考据学、修辞学、章法学，甚至桐城义法，多得借镜、参考、运用。

孔子作《春秋》，有笔削去取、有言外之意、有据事直书、有排比事迹、有修饰其辞、有书法、有义法，更有所谓"属辞比事"之《春秋》教，而且重视别识心裁、独到见解。凡此，皆对论文写作启示良多。

---

[1] 〔南朝梁〕刘勰著,范文澜注：《文心雕龙注》(北京：人民文学出版社,1958、2014),《宗经第三》："文能宗经，体有六义：一则情深而不诡，二则风清而不杂，三则事信而不诞，四则义贞而不回，五则体约而不芜，六则文丽而不淫。扬子比雕玉以作器，谓五经之含文也。"页23。

[2] 张高评：《比事属辞与古文义法——方苞"经术兼文章"考论》(台北：新文丰出版公司,2016),第七章第一节《属辞比事、〈春秋〉书法与古文义法》,其中论及《春秋通论》《春秋直解》《周官析疑》《周官集注》诸经学论著,页309～326。

一、转相抱注、互为体用与孔子作《春秋》

　　文献素材,是学术研究的础石,为拟定大纲提供信而有征的利基,乃论文写作功德圆满的后盾。而大纲的拟定、论文的写作、问题意识(著述旨趣、核心论旨)与文献征信之间,将如影随形,道不离器。学术研究的心路历程,与孔子据鲁国春秋时代文献,以作成《春秋》相近。史料经由笔削去取,而予夺褒贬自见于言外,故《孟子·离娄上》称孔子"作"《春秋》[1],不云"述"《春秋》。

　　孔子作《春秋》,如何参酌"鲁史记"之文献史料,而撰写一部寄托褒贬、寓含劝惩的著作?其中历程,攸关《春秋》书法如何揭示与展现。清章学诚《文史通义·答客问上》有比较清晰的提示:

> 　　史之大原,本乎《春秋》。《春秋》之义,昭乎笔削。笔削之义,不仅事具始末,文成规矩已也。以夫子"义则窃取"之旨观之,固将纲纪天人,推明大道。所以通古今之变,而成一家之言者,必有详人之所略,异人之所同,重人之所轻,而忽人之所谨,……而后微茫杪忽之际,有以独断于一心。[2]

　　孔子作《春秋》,就素材之运用而言,写作手法有二:一曰笔,即书写而载存之;二曰削,即删去而不取。何者宜载存,何者当删弃,笔削去取"鲁史记"之际,取决于孔子著《春秋》之初衷本心,而体现为作《春秋》之褒贬旨义。孔子著《春秋》之起心动念,和《春秋》作成后表现之微语隐义,就论文写作而言,就是问题意识、主体概念、核心思想,往往是关键论

---

[1] [美]浦安迪:《中国叙事学》(*Chinese Narrative*)(北京:北京大学出版社,1996、1998),第一章《导言》,页4。
[2] 〔清〕章学诚著,叶瑛校注:《文史通义校注》(北京:中华书局,1985、2008),卷五《答客问上》,页470。

述、独到心得。《春秋》的旨趣如何表述？孔子独断于一心的本义如何体现？或笔或削之书法，为其中关键。

　　常事不书，违礼悖德则书，此笔削之大原则。于是《春秋》有书、有不书，或笔或削之间，互发其蕴，互显其义。由于互文见义，孔子作《春秋》的微语隐义可以求索而得。或笔或削，或取或舍，中有独断于一心之别识，而成就《春秋》之历史哲学。就论文写作而言，对文献素材进行筛选取舍，与孔子取舍"鲁史记"，借笔削以见旨义相当。素材文献之笔削去取，既关系到学术眼光之高下偏狭，又涉及问题意识之贯彻、主体概念之表现、诠释系统之开展，以及创见心得之凸显。诚如章学诚所云："《春秋》之义，昭乎笔削。"研究之创发卓识，亦取决于素材之取舍、文献之征信，以及辞文之损益修饰。

　　章学诚文史兼善，为乾嘉学术之奇葩。他进一步阐发《春秋》"笔削之义"，以为不单是形式上"事具始末，文成规矩"而已。事，指编比史事；文，指缀文修辞。要之，即是比事与属辞之功。就论文写作而言，亦有殊途同归之处。论文之素材文献，犹《春秋》之史事：《春秋》借史事之笔削取舍，而见孔子"窃取之义"；论文因文献之筛选、取舍、汰存、予夺，而可见作者之问题意识，著作之重点方向。孔子作《春秋》，固因事而属辞；后人读《春秋》，则即辞以观义。

　　精确而流畅的语文表达，是论文写作的基本要求。学术论文的属性，是知性理性的语文，切忌感性表述，不宜情绪发言。若有批驳漏失、匡正谬误，语言气度上也应该如散文家陈之藩所云，"理直而气和，义正而辞婉"。论文写作，初则看材料说话，就文献阐述，实事求是，不蔓不枝。待论文写就，检验"具始末"之文献事证，阅读"成规矩"之辞文表达，则心得创见多经由其事、其文表出。由此观之，事、文、义三位一体，素材、文辞、旨趣亦环环相扣，互为体用。

　　论文写作的心路历程，和孔子作《春秋》类似，主要在经过比事与属辞以见义旨的书法上。《春秋》如何借比事与属辞见义，其书法之或笔或削是一大关键。如何透过或笔或削之取舍，以见"独断于一心"之史识，则是核心焦点。论文写作如何呈现问题意识，如何聚焦核心论述，如何凸显心得亮点，这些都是重大的学术工程。章学诚强调：孔子《春秋》之所以能"成一家之言"者，必然取决于"详人之所略，异人之所同，重人之所轻，而忽人之所谨"（详见后文）。《春秋》之笔削书法，涉及详略、异同、重轻、显晦，元代赵汸《春秋》属辞谓之为"互发其蕴，互显其义"。换言之，就是将原本分开单陈的表述，进行系统论述，综合为一个整体。研究笔削见义，很像西方文学批评所谓互文性（Intertexuality）。俗语云：戏法人人会变，巧妙各有不同。先圣作《春秋》，吾人写论文，亦然。

"鲁史记"（也称"不修春秋"，乃孔子笔削删定《春秋》前，鲁国之旧史）、孔子《春秋》，同记春秋时事，前者无义，后者有义，笔削之故。司马迁《史记》、班固《汉书》，同叙西汉史事，而史识高下有别，或笔或削殊异之故。司马光《资治通鉴》与朱熹《通鉴纲目》不同，亦缘于笔削不一而史义有殊。学术研究、论文写作亦同一机杼。文献佐证、论点阐说因袭处较多，增益补阙、自我创造发明者少，无异于丧失话语权，了无主体意识，则此文可以不作。学术既称为公器，素材文献自非私密不可得而见，何以初学入门与老学宿儒之创见心得高下有别？亦缘于文献之梳理、予夺、广狭、取舍不同，数据之重轻、详略、异同、忽谨有异，诚如章学诚所云，详略、重轻之价值判定，异同、忽谨之依违抉择，多"独断于一心"，中有别识心裁，认知既悬殊，故所得有优劣等差。论文写作亦然。

就素材文献运用于论文写作而言，他人所略、所同、所轻、所谨者，我亦略之、同之、轻之、谨之，依样画葫芦，故步自封，垂直思考，成果将陈陈相因，无所发明。论文如此，可以不作。举凡能"成一家之言"者，比事与属辞、笔削与去取，要皆翻转新变，反常合道，匪夷所思，不可思议，大抵多不循惯性思维：人略，则我详尽之；人同，则我殊异之；人轻，则我贵重之；他人谨守，则我忽视之。斟酌于文献之有无、多少、繁简、单复之间，而尽心于有、多、繁、复文献之铺陈，论点之深化阐扬，是所谓详人之所略。翻转乎是非、功过、利病、得失之价值判断，此之谓重人之所轻。重审内外、华夷、小大、渐顿之影响，是所谓异人之所同。省思君臣、尊卑、经权、名分，而不拘泥于枭臼，是所谓忽人之所谨。能徜徉于文献之中，又超然跳脱于文献之外，能入能出，可以自成一家之言。孔子参考鲁史书策，以作成《春秋》，其事、其文本诸鲁史，其义则"丘窃取（私为）之"。《春秋》之可贵，在有别识心裁之"义"；而义不徒托空言，皆从据事、凭文表出。不即不离，若即若离，遂成历史哲学，所谓"变本""踵事"，《春秋》有之。

论文写作借鉴《春秋》之书法，则致力于正误、优劣、高下、偏全之辨析，发挥求异思维、侧向思维、组合思维、系统思维，而创前所未有；尤其特别关注"详人之所略、异人之所同、重人之所轻、而忽人之所谨"诸可觉差异。观点不同凡俗，视野匪夷所思，研究方法亦与同行殊途异辙，尽心致力于务详、求异、反差，能以如是之精神治学，是冯友兰说理学，陈之藩谈文学、科学，所谓"接着讲"，而不是"照着讲"。[1] 史蒂夫•乔布斯言创意，所谓"借用与联结"，而大前提是"你得先知道别人说些什么"。由此观之，孔子作《春秋》，书法之互文性、系统性、创发性、独到性，对于论文写作，值得借鉴。

二、学术论著之抉择去取、化裁调剂与历史编纂学

司马迁（约前145～约前90）纂修《史记》，著书立说，立言不朽，无论当时或后世，都是艰巨而伟大之学术工程。或誉为实录，或称为信史，或推崇为"史家之绝唱，无韵之《离骚》"[2]，都是无上的礼赞。这些桂冠和成就，跟司马迁世袭太史令，娴熟历史编纂学息息相关。从广搜博览、征实考信，到整齐诸家、折衷夫子，到论次其文、自成一家，其中过程多富于文、史、哲论文写作的借镜意义。

《史记》的历史编纂学，《太史公自序》现身说法，极为剀切明白。原本"天下遗文古事，靡不毕集于太史公"，于是司马迁为太史令，"䌷史记

---

[1] 张高评：《论文选题与研究创新》（台北：里仁书局，2013），第一章《绪论："照着讲"与"接着讲"》，页5，引用冯友兰说理学、陈之藩谈文学和科学之说。

[2] 鲁迅著，顾农讲评：《汉文学史纲要》（南京：凤凰出版社，2009），第十篇《司马相如与司马迁》，页73。

石室金匮之书"读之,犹有未足;《报任安书》又加上"网罗天下放失旧闻,王迹所兴,原始察终,见盛观衰"[1],包括亲临现场考察,父老口述历史。《汉书·司马迁传》称,"司马迁据《左氏》《国语》,采《世本》《战国策》,述《楚汉春秋》"[2],于是才可能"考其行事,综其终始,稽其成败兴废之理"。近代学者考察司马迁著《史记》所见书籍,或云不下70种,或云共104种。

由此观之,司马迁网罗"放失旧闻",抽绎"金匮石室"之书,作为修纂《太史公书》之准备功夫,搜罗文献,可谓不遗余力。必如此尽心致力,方有助于考行事、综终始、稽成败、明兴废。"究天人之际,通古今之变,成一家之言",是《史记》所以传世不朽之著述旨趣,也是司马迁纂修《史记》从一而终之问题意识。叙述故事、整齐世传,固然准此方向;考信六艺、折衷夫子,亦以此为圭臬;乃至"约其辞文,去其烦重",错综故章,俾次得失,亦多不离此三语,为指南,为归趣。孔子作《春秋》、左丘明传《左氏》、司马迁成《太史公书》,蔚为中国叙事传统之经典,皆成一代伟构。圣贤著书立说,如此按部就班,盈科而后进,堪作今人撰写学术论文、发表创见心得之典范与借镜。

清代乾嘉学者章学诚所著《文史通义》之《答客问中》,分传统史学为三大类,曰"有比次之书,有独断之学,有考索之功",且谓"高明者多独断之学,沉潜者尚考索之功"。至于比次之书,"独断之学,非是不为取裁;考索之功,非是不为按据"[3]。其《答客问下》专论比次之道,表现在三方面:或详略去取,精于条理;或辨同考异,慎于严核;或钩玄提要,达于大体。[4]

---

[1] 〔汉〕司马迁著,〔日〕泷川资言考证:《史记会注考证》(台北:万卷楼图书公司,1993),卷一百三十《太史公自序》,页19～20。参考周一平:《司马迁史学批评及其理论》(上海:华东师范大学出版社,1989),第三章《论史学研究的目的、任务》,页24～34。

[2] 〔汉〕班固等著,〔唐〕颜师古注,〔清〕王先谦补注:《汉书补注》(台北:艺文印书馆,1958),卷六十二《司马迁传·赞曰》,页25,总页1258。

[3] 〔清〕章学诚著,叶瑛校注:《文史通义校注》(北京:中华书局,1985、2008),卷五《答客问中》,页476、477。

[4] 〔清〕章学诚著,叶瑛校注:《文史通义校注》(北京:中华书局,1985、2008),卷五《答客问中》,页482。

章学诚论史学的这些见解，对于文、史、哲学科的论文写作，深具启发意义。

所谓比次之道，指文献史料编比列次的匠心，乃历史编纂学的初阶工程。史书之修纂，网罗旧闻，遍观史料，为首要工作。故《严氏春秋》《孔子家语·观周》称："孔子将修《春秋》，与左丘明乘如周，观书于周史，归而修《春秋》之经，丘明为之传，共为表里。"[1] 孔子作《春秋》，观书于周史，参考"鲁史记"策书成文，从而修之，因笔削以见旨义。左丘明著《左传》，观览诸国史乘、百国宝书，唐陆淳《春秋集传纂例》所谓"广采当时文籍，故兼与子产、晏子及诸国卿佐家传，并卜书梦书及杂占书、纵横家、小说讽谏等，杂在其中"。由于博采诸家，叙事尤备，所以"能令百代之下，颇见本末，因以求义，经文可知"[2]，故较诸《公羊传》《穀梁传》之解经，其功最高。《左氏传》以史传经，蔚为历史叙事之经典者，以此。

就史学之源流而言，"史之大原本乎《春秋》"，《春秋》如何参酌"鲁史记"、百国宝书，以成就孔子"一家之言"的历史哲学？从网罗梳理文献，到史料取舍，到裁决判断，而至于体现出独断心得，其中之心路历程，可以提供论文写作之参考与借镜。宋程颐（1033～1107）有《春秋传》一书，曾言"观百物然后识化工之神，聚众材然后知作室之用"[3]，对于先网罗文献史料，进而提供作文发论之资材，极具启发性。清章学诚《与陈观民工部论史学》对于"史家诠次群言"，更有详尽明白之提示：

夫工师之为巨室，度材比于爕理阴阳；名医之制方剂，炮炙通乎鬼神造化；史家铨次群言，亦若是焉已尔。是故文献未集，则搜罗咨访不易为功，……观史迁之东渐南浮，则非心知其意不能也，此则未及著文

---

[1] 章太炎：《春秋左传读叙录》，见《章太炎全集》（台北：学海出版社，1984），第二册，"驳沈氏《严氏春秋》引《观周》篇"，页858～859。

[2] 〔唐〕陆淳：《春秋啖赵集传纂例》（台北：大通书局，1970年影印清钱仪吉《经苑》本），卷一《三传得失议》，页4，总页2358。

[3] 〔宋〕程颢、程颐：《二程全书》（台北：台湾中华书局，《四部备要》本），《伊川经说》，卷四《〈春秋传〉序》，页1。

之先事也。及其纷然杂陈，则贵决择去取。人徒见著于书者之浑然善也，而不知刊而去者，中有苦心而不能显也。既经裁取，则贵陶镕变化，人第见诵其辞者之浑然一也，而不知化而裁者，中有调剂，而人不知也。即以刊去而论，……如以化裁而论，……此皆中有调剂，而人不知也。[1]

工程师构造楼房，必先审度木、竹、砖、瓦、钢筋、水泥诸建材；中药名医之调理药草处方，或本或草，或动或植，或寒热，或盈虚，皆如造化之燮理阴阳，厨师之调和鼎鼐。建材、药材、食材以及一切资材准备就绪，建筑、医疗、烹调之工作，方能进行顺利而无碍。"史家诠次群言"，论文写作搜集资料，访求文献，以备著作论断，面对的情况也是类似的。无论史家纂修历史，学者撰写论文，多方搜求文献，都是"未及著文之先事"，而且是要事。因为，这是研究的础石，决断的利基。有了丰富多元"搜罗咨访"得来的文献，初看"纷然杂陈"，借由问题意识的引导，作为筛选梳理的指针，对于文献素材进行"抉择去取"，其中自有调剂化裁者在。其中的抉择去取、化裁调剂，与工程师、中医师、烹调师之为巨室开处方、配食材，有异曲同工之妙。草拟大纲，论文写作，自可以从中获得许多触发。

章学诚《文史通义·答问》有言："文人之文，与著述之文，不可同日语也。著述，必有立于文辞之先者，假文辞以达之而已。"所谓"立于文辞之先者"，当指《答客问中》所谓"春秋经世之意，必有文字之所不可得而详，绳墨之所不可得而准"之"独断"。[2] 独断、别裁，当指历史眼光而言，刘知幾、章学诚所谓"史识"者是。[3] 钱穆《中国史学名著》论《史记》，称"写史须有见识，有选择、有组织，不能老是要参考资料"。史家在网罗旧闻、搜

---

[1] 〔清〕章学诚：《章学诚遗书》（北京：文物出版社，1985，据武兴嘉业堂刊本断句影印），卷十四《方志略例一·与陈观民工部论史学》，页125。

[2] 〔清〕章学诚著，叶瑛校注：《文史通义校注》（北京：中华书局，1985、2008），卷五《答问》，页489。

[3] 梁启超：《中国历史研究法补编》（上海：上海古籍出版社，1998），第二章《史家的四长·史识》，页164～165。

集散佚之后，文献既已齐备，进一步须作抉择去取、化裁调剂之独断，此则攸关史识之发用。章学诚《文史通义·答客问上》所谓"必有详人之所略，异人之所同，重人之所轻，而忽人之所谨"；有此别识心裁，方有可能独到创获，自成一家。论文写作相当于章氏所云"著述之文"，所谓"必有立于文辞之先者"，即指问题意识、主体概念、中心思想而言。

方苞说古文义法，所谓"义以为经，而法纬之"，义居先，法随后，论文写作、著述之文，亦与之相通。如就司马迁著《史记》而言，其抉择去取，夫子自道，昭然可取：如于《留侯世家》称，张良"所与上从容言天下事甚众，非天下所以存亡，故不著"；于《萧相国世家》，"非万世功不著"；于《汲郑列传》，"非关社稷之计不著"。[1] 有此抉择去取之史义，犹孔子作《春秋》，于文献作笔削去取，别识心裁之史识，可见"自成一家"之所以然。韩信之方略兵谋，刘邦、项羽兴亡之所系，故于《淮阴侯列传》详叙井陉口背水之阵，以树立领导统御威望，预造谋略破敌形象。其余，如夏阳、潍水诸役，皆略叙；击楚、破代，亦只"约举"；定三秦，则"一言蔽之"，亦采略叙。或详或略，而史识别裁呼之欲出。[2]

由此可见，叙事之详略、重轻，攸关一篇之取义与旨趣。下笔之前，"必有立于文辞之先者"，成竹在胸、意在笔前，差堪仿佛。王兆鹏教授说文献征引，强调"以观点带出文献"，即指以问题意识驱遣文献、驾驭资料。从司马迁著《史记》，相较于《汉书》，能"成一家之言"者，率皆由于此。

三、《春秋》笔削、叙事传统与研究方法之借镜

春秋时期左丘明之《左传》、晋陈寿《三国志》、南朝刘宋裴松之《三国志注》，是史学；明冯梦龙原著、清蔡元放改撰之《东周列国志》，明罗

---

[1] 张高评：《比事属辞与方苞论古文义法：以文集之读史、序跋为核心》，载香港中文大学《中国文化研究所学报》（第60期）2015年1月，页225～260。

[2] 张高评：《〈史记·淮阴侯列传〉与〈春秋〉书法》，载香港岭南大学《岭南学报》（复刊第九辑）2018年11月，页15～38。

贯中《三国演义》，是小说，属于文学。历史的编纂、文学的创作，走的是不一样的心路历程。就事件本身的表述来说，前者是历史叙事，后者则是文学叙事。何谓叙事？有西方学者把"叙事"单纯化，说成"讲故事"。[1] 虽不周延尽致，倒也易懂易知。

近几十年来，运用西方小说叙事学观点，研究中国古典小说戏剧者，十分普遍。风气既开，借镜西方（小说）叙事学以探讨《左传》《史记》《三国志》诸史传者，亦风起云涌，方兴未艾。虽然"中国古典小说，渊源于史传"[2]，已成为小说学界的常言，甚至口头禅，但小说、戏剧等叙事文学，与史传如《左传》《史记》《三国志》等之叙事，有何渊源或关联，后世小说戏曲之叙事如何转换接受，至今仍是一片学术处女地，期待开发、拓垦、利用、接受。

《礼记·经解》称："属辞比事，《春秋》教也。"孔子笔削"鲁史记"，而纂成一万六千余言之《春秋》。《孟子·离娄下》引孔子曰："其义，则丘窃取（私为）之矣！"史事，或笔或削；史文，或损或益。或笔或削，或损或益，关系到"如何书"之法；透过"如何书"之法，可以体现"何以书"之义。简言之，史义即借史事、史文以揭示之。故吴怀祺《中国史学思想史》云："《春秋》的编纂上有史义，行文中有史义，叙事上也凝含着史义。"[3] 会通史文、史事、史义而一之，作系统之探究，自是考索史义、属辞比事的不二法门。欲考索中国小说"史传"传统者，推本溯源，当于此中求之。

（一）笔削去取、详略异同与三国史学之研究

裴松之注陈寿《三国志》，征引史籍丰富，举凡习凿齿《汉晋春秋》与《襄阳记》、鱼豢《魏略》、王沈《魏书》、虞溥《江表传》、韦昭《吴书》、

---

[1] 浦安迪：《中国叙事学》（北京：北京大学出版社，1996、1998），第一章《导言》，页4。
[2] 陈平原：《中国小说叙事模式的转变》（北京：北京大学出版社，2003），第七章《"史传"传统与"诗骚"传统》，页209～222。
[3] 吴怀祺：《中国史学思想史》（合肥：安徽人民出版社，1996），第二章，第五节，"《春秋》的史义与属辞比事"，页38。

张勃《吴录》、胡冲《吴历》诸图书文献，多所采撷与接受。从裴松之对史料之依违取舍，最可见史家之别识心裁。其中或同或异、或详或略、或重或轻、或晦或明、或曲笔或直书诸手法，大抵为孔子作《春秋》时，于事笔削去取，于文因革损益法之发用。文献之取舍与夺，即是"丘窃取之"之义，必寓含史笔文心最可作为史传文学、叙事文学研究之借镜与参考。

两岸叙事学研究者，思跳脱西方叙事学框架，拟疗愈中国文论之失语症，重返中华文化之精神家园。所提处方多元，津梁多方，莫衷一是。以我观之，莫若《庄子》所谓"请循其本"，回归经学叙事、史学叙事、文学叙事之传统，此孔子所谓"本立而道生"。《三国演义》镕铸《三国志》，又有所修改、颠覆、转化、创新，小说祖始史书，自不待言。王文进《裴松之〈三国志注〉新论——三国史的解构与重建》专著[1]，持《三国志注》与相关史籍对读参照，而后知《春秋》书法、史家笔法、文学叙事，乃至传统叙事之方法，已不疑而具。钱穆、逯耀东前后指出：《三国志注》之成书，与当时史学兴盛、经学蜕变有关。[2] 鄙意以为，《裴注》之笔削史乘，当是经史会通转化之体现。由此观之，常言"中国古典小说滥觞史传"，此书可作信证。

裴松之注《三国志》，"鸠集传记，增广异闻"，"上搜旧闻，傍摭遗逸"。此犹孔子作《春秋》，以"鲁史记"为蓝本；司马迁纂修《史记》，以金匮石室之书、天下遗文古事为底本。传记佚闻，互有异同、详略、重轻、晦明。吾人对读参照、折衷取舍，而文心可以求索，史义呼之欲出，史观昭然若揭。王教授《裴松之〈三国志注〉新论》，即就《裴注》与《三国志》对读参照，或持《裴注》与习凿齿《汉晋春秋》《襄阳记》、范晔《后汉书》并观比勘，而陈寿《三国志》或裴松之《三国志注》之史外传心[3]、借事明义[4]，可以

---

[1] 王文进：《裴松之〈三国志注〉新论——三国史的解构与重建》（台北：新文丰出版公司，2017），页21～346。

[2] 钱穆：《中国史学名著》（台北：三民书局，2001），《范晔〈后汉书〉和陈寿〈三国志〉》，页101。逯耀东：《魏晋史学的思想与社会基础》（台北：东大图书公司，2000），页413。

[3] 〔宋〕胡安国称：孔子作《春秋》，"乃史外传心之要点"。见《春秋胡氏传》（台北：台湾商务印书馆，1979，《四部丛刊》初编本），卷首《进表》，页1。

[4] 〔清〕皮锡瑞：《经学通论》（北京：中华书局，1986），四"论《春秋》借事明义之旨"，页21～22。

曲曲传出。

谈论三国学，就得牵涉到史观：或以蜀汉为正统，或以曹魏为正统。陈寿，四川人，曾任职蜀汉。著《三国志》，虽尊曹魏为正统，然而"运笔之际，仍时时流出维护故国家邦之私"，"这片故国乡怀，始终隐藏在作史时所删减旧籍的曲折笔锋之间"。陈寿于属辞比事之际，"故国家邦之私"不可以书见，于是"推见至隐"，微隐显晦流露于《三国志》之中，论者所谓"回护"，即此是也。曲笔回，是《春秋》忌讳叙事之艺术，从或笔或削之斟酌中，巧用"推见至隐"之书法。《三国志》发用详略、重轻之历史编纂法，能成一家之言，造就一代之史传。陈寿，蜀人，修书于晋，不能无所讳。自《三国志·魏纪》创为回护之法，历代本纪遂皆奉以为式。[1] 由此观之，陈寿之笔削回护，当不止于《魏纪》。

经由或笔或削，史事遂生有无、异同，辞文遂见显晦、曲直，于是言外意旨可得而考求。元赵汸《春秋属辞·假笔削以行权》标榜二语，最为知言："以其所书，推见其所不书；以其所不书，推见其所书。"[2] 通全书前后观之，或模拟、对比相关史事，或联结、绾合相关之文辞，如此或可比事以旨义，或可约文以见义。[3] 由此观之，比事属辞之法，堪作为传统叙事诠释解读之利器与津梁。

古典小说之叙事，固渊源于史家笔法；而史家笔法，又宗法《春秋》书法。推本溯源，中国叙事传统，自以"属辞比事"之《春秋》教为祖始。杜预《春秋序》所谓书、不书，称、不称者，即指《春秋》之笔削。清章学诚《文史通义·答客问》曾言："史之大原本乎《春秋》，《春秋》之义昭乎笔削"；若以夫子"义则窃取"之旨观之，"（《春秋》）必有详人之所略，异人之

---

[1] 〔清〕赵翼：《二十二史札记》（台北：乐天出版社，1971），卷六《〈三国志〉多回护》，页74～76。

[2] 〔元〕赵汸：《春秋属辞》（台北：大通书局，1970，清编《通志堂经解》本），卷八《假笔削以行权第二》，页1～2，总页14801。

[3] 参考张高评：《笔削显义与胡安国〈春秋〉诠释学》，载《新宋学》（第五辑）2016年8月，页275～308。

所同，重人之所轻，而忽人之所谨"。提示吾人：详略、异同、重轻、忽谨之依违取舍，即是独断别裁、一家之言、历史哲学、历史识见之所由生。推而广之，史料编比之多寡、偏全、有无，亦关涉笔削取义。渲染铺陈、书重辞复，亦是史义、史观借由属辞之展示。如习凿齿蜀汉正统论之史观，主要选取三顾茅庐、七擒孟获诸场景，进行详写重叙、渲染铺陈。[1] 董仲舒《春秋繁露·祭义》云："书之重，辞之复，呜呼，不可不察也，其中必有大美恶焉。"[2] 但看诸葛亮神话重笔详绘建构如此，以蜀汉为正统之史观，于是成功形塑。

或书、或不书，影响到文献征存之有无、存缺，史料取舍之多寡、详略、偏全、异同，史家笔法之浓淡、曲直、虚实、晦明、重轻。史家苦心孤诣之经营擘画，于是史义出、史观见，此所谓"《春秋》之义，昭乎笔削"。鱼豢《魏略》，仇蜀亲魏，妙用笔削见义，于是消解"三顾茅庐"之佳话，淡化君臣相得之形象，无中生有，宣称"亮乃北行见备"。裴松之《三国志注》详《魏略》所叙"虽闻见异辞，各生彼此，然乖背至是，亦良为可怪"，即持偏执异辞之书法，品评鱼豢《魏略》。[3] 三国史家，往往称我仇彼，存己废人，除鱼豢《魏略》外，王沈《魏书》、韦昭《吴书》亦多专美本国。[4] 此自详人之所略，异人之所同，重人之所轻，而偏人之所载，从中可以识其史义与史观。

史料之笔削去取、依违与夺之际，自见史家之别识心裁、历史哲学。陈

---

[1] 王文进：《裴松之〈三国志注〉新论——三国史的解构与重建》（台北：新文丰出版公司，2017），壹《习凿齿与诸葛亮神话之谛造》，页 21～75。

[2] 〔汉〕董仲舒著，〔清〕苏舆注：《春秋繁露义证》（台北：河洛图书出版社，1975），卷十六《祭义第七十六》，页 16，总页 311。

[3] 〔晋〕陈寿著，〔南朝宋〕裴松之注，卢弼集解：《三国志集解》（台北：艺文印书馆，1958），卷三十五《蜀书·诸葛亮传》，裴松之《注》引鱼豢《魏略》，页 5，总页 786；参考王文进：《裴松之〈三国志注〉新论——三国史的解构与重建》（台北：新文丰出版公司，2017），页 84～92。

[4] 参考王文进：《裴松之〈三国志注〉新论——三国史的解构与重建》（台北：新文丰出版公司，2017），叁《论王沈〈魏书〉与陈寿〈三国志〉的史观差异》，页 111～150；伍《论裴松之〈三国志〉中的"三吴之书"》，页 198～213。

寿著《三国志》，于王沈《魏书》之史料，刻意视而不见，几乎弃而不用。以王沈《魏书》之史观，美魏毁蜀，重北轻南。《三国志》削而不载，弃而不取，是所谓"略人之所详，而重人之所轻，异人之所同"，删集裁抑之际，即见笔削针砭之旨义。大抵详略见重轻，重轻见笔削，或彼或削乃见一书之史观。由详略、重轻、异同、笔削之书法，"陈寿刻意隐藏在《三国志》中的《春秋》书法"，当不难推求之。盖史料之裁汰拣择，攸关笔削见义之大凡。苟将《三国志》与《裴注》引《魏书》之史料对读比勘，然后知陈寿蜀汉遗民"尊蜀抑魏之《春秋》大义的隐微笔法"，多借详略、重轻、异同之书法，而曲曲传出。自史料之笔削去取，可以考察史观之指向。学界质疑"《三国志》过度回护魏、晋"，观《三国志》详略、重轻之书法偏向，持《春秋》笔削示义之说考察之，则是非、疑似、回护之际，自有助于问题之定夺与判准。由此观之，王文进之纵论三国学，思重建三国历史，所用方法与策略，与《春秋》笔削之学不谋而合。

王文进研治《三国》学，以陈寿《三国志》为关键核心，划分史书文献为二：其一，成书于《三国志》前之史书，考察陈寿之去取从违，以见史观与历史哲学。其二，成书于《三国志》之后，观其所详、所重、所偏、所主，相互参照，亦足以推求史家笔法与《春秋》书法。王文进曾言：陈寿于所见书，"对其中部分内容弃而不用，或加以删节，极可能隐含着陈寿取舍史料背后的史观"。就笔削示义而言，确是一针见血之论。如鱼豢《魏略》、王沈《魏书》、韦昭《吴书》、胡冲《吴历》，与《三国志》相较，的确可以就删弃取舍，以见笔削、抑扬、褒贬与史观。如韦昭《吴书》标榜东吴"应运东南"，以为东吴文化堪与北方分庭抗礼，《三国志》多删略裁减，使之边缘化；胡冲《吴历》夸饰东吴之立国战略，大书特表临终托孤，皆为陈寿所删减弱化。略其所详，轻其所重，人取我去，人笔我削，遂成《三国志》之书法、陈寿之史观。至于虞溥《江表传》，于东吴详书、重叙、偏载，美化之、强调之，于孙氏江东霸业多所颂扬，于赤壁之战形塑周瑜、鲁肃之英雄形象，观其笔削，其拥吴仇蜀自不待言。此自为史笔之详、重、偏、美，可知史家叙事之视角，史家之史观指向。

由此观之，王文进确实解构了三国学，重建了三国的历史。其策略运用，主要在笔削书法之考察与阐发。观照史料取舍之有无、多寡、异同、偏全，探讨史家笔法之晦明、详略、曲直、虚实、浓淡、重轻，或就史事之编比探论，或就史文之修饰商榷，两两比观对读之。而陈寿、裴松之、习凿齿、鱼豢、王沈、虞溥、韦昭、张勃、胡冲，乃至范晔，诸三国史家之史观、史义、历史哲学，昭然若揭，呼之欲出。此一种胎源于《春秋》，发明于《左传》，大成于《史记》之传统叙事书法，其后开枝散叶，影响深远。吾人寻根探源，思量重返中华文化之精神家园，固然可据笔削书法以研讨《春秋》《左传》《史记》，更可以持此以考察《汉书》《后汉书》《新唐书》《新五代史》《资治通鉴》，乃至《通鉴纲目》之书法、史观、史义、历史哲学。中国传统叙事学渊源于史传，特重"叙"；西方叙事学渊源于小说，较侧重"事"。东西方叙事学之出入异同，从此可以管窥一二。而王文进之大作，自可作为传统叙事学之见证。《春秋》笔削书法，堪作传统叙事学诠释解读之利器，亦由此可见一斑。

方苞专擅《春秋》《周礼》，古文宗师《左传》《史记》，主"义法"之说，为天下倡，明示以《春秋》书法为古文义法。义，指"何以书"，所谓"言有物"。法，示"如何书"，所谓"言有序"。就属辞比事之《春秋》教而言，"法"即其事之编比，其文之连属。方苞倡义法，所谓"义以为经，而法纬之"。[1] 纺织先纵线、后横线，作文意在笔先，绘画胸有成竹，道理与之相通。举凡史观、史义、立场、视角、旨趣、代言、形象塑造、历史哲学、孤怀别识云云，皆是著经、修史、为文之形上将帅。事案之排比、对比、比兴，辞文之约束、修饰、连缀，皆脉注聚焦于"义"，此即方苞论义法，所谓"义以为经，而法纬之"。可见，《礼记》称"属辞比事"之《春秋》书法，方苞倡"义经法纬"之古文义法，诚可提供古典小说、史传文学、叙事传统之借镜与参考。[2]

---

[1] 张高评：《比事属辞与古文义法：方苞"经术兼文章"考论》（台北：新文丰出版公司，2016），第七章《比事属辞与方苞论古文义法》，页 301～368。

[2] 张高评：《书法、史学、叙事、古文与比事属辞：中国传统叙事学之理论基础》，载香港中文大学《中国文化研究所学报》（第 64 期）2017 年 1 月，页 1～35。

从《春秋》笔削示义，到史传比事见义、属辞显义，其流派衍为历史叙事、文学叙事。其要，归于义法之发用而已矣！

（二）《春秋》笔削书法与传统叙事学之推广

罗贯中《三国演义》（原本全称为《三国志通俗演义》）之人物情节，殊异于陈寿《三国志》；裴松之《三国志注》之叙事传人视角，复不同于《三国志》。此犹晚明冯梦龙原著，清蔡元放改撰之《东周列国志》[1]，与《左传》之信史相较，人物、情节、对话亦存在有无、异同、详略、重轻、虚实之不一。此无他，史事之或笔或削，辞文之因革损益，各自有其心裁，遂生差别相。

古典小说与史部纪传，心气虽同源共本，而皮色判然殊绝。《东周列国志》本事，以《左传》为底本；犹《三国演义》，参考《三国志》《三国志注》而成书，而又有所增损取舍。《春秋》属辞比事之教，"彼此相形，而得失见；前后相絜，而是非昭"[2]。若较论《东周列国志》与《左传》，一为小说，一为史传；而小说之八实二虚，亦本《左传》而演义。据笔削可以昭义之原理，试比较二书之详略、重轻、虚实、有无、异同，就比事与属辞二途，可以验证小说与史传之分野。史学与文学之差异，此中可见。

推而广之，宋人倪思著《班马异同》三十五卷，以比较方法论衡《史记》（司马迁）与《汉书》（班固）之异同。清人继之，有杨于果《史汉笺论》、杨琪光《史汉求是》两部专著最具代表。其他清代学者专文专论，讨论《史记》《汉书》优劣得失，更是众声喧哗，世不绝书。[3] 如何自班、马之异同，看出《史记》《汉书》之优劣？清蒋中和《马班异同议》以为："班、马之优劣，更

---

[1] 〔明〕冯梦龙原著，〔清〕蔡元放改撰：《东周列国志》（台北：三民书局，2012），卷首，刘本栋《〈东周列国志〉考证》，页1～6。

[2] 〔清〕姜炳璋：《读左补义》（台北：文海出版社，1968，影印同文堂藏版），卷首，《纲领下·属辞比事》，页8，总页106。

[3] 张新科、俞樟华：《史记研究史略》（西安：三秦出版社，1990），第三章《宋代开〈史记〉评论的风气》，页84～94。

系于识，而非徒系于文。"[1] 优劣之判，关键在"系于识"，诚哉斯言！识，犹言别识心裁、独断特书。要之，多缘于笔削去取而生发之、体现之。

《史记》《汉书》之优劣，"系于识，而非徒系于文"。识，即史识，为史家之别识心裁、历史之洞察力。观察的程序，关注全部到局部，再由局部到全部。[2] 史学、史才，近《孟子》所谓其事、其文；史识，即孔子曰"其义，则丘窃取之矣！"富于史学者，长于比事；精于史才者，工于属辞。史识之高下，取决于事、文、义三者之会通，攸关笔削去取之系统思维。今若重探班、马之异同，《史记》《汉书》之优劣，不妨借镜《春秋》"笔削见义"之书法，就二书史事之有无、详略、重轻、忽谨相比较，或就辞文之繁简、异同作论衡，则思过半矣。

《史记》以会通、整合之方式探讨，当是未来研究之一大趋势。如以"《春秋》属辞比事与《史记》互见之书法"为研究课题，牵涉到下列六个子题：其一，因避讳，不敢明言其非。其二，为嫉恶，不忍隐蔽其事。其三，阙于本传，而详于他传。其四，缘属辞比事而互见。其五，世家与本纪互见。其六，列传与本纪互见。学者不妨就史事之有无、异同、详略，辞文之重轻、显晦、曲直，各个层面进行探讨。要之，即是就或笔或削之《春秋》书法，转化运用之。其他研究题目，如《〈史记〉世家笔削与〈左传〉史事考论》《〈史记〉世家损益〈左传〉辞文述说》《〈史记〉列传对〈左传〉之受容——以〈管晏列传〉〈循吏列传〉为例》，若持《春秋》笔削之书法诠释之，肯定涣然冰释，怡然理顺。有志之士，曷兴乎来！

---

[1] 〔清〕蒋中和：《眉三子半农斋集·马班异同议》，转引自张新科、俞樟华：《史记研究史略》（西安：三秦出版社，1990），页 85～86。

[2] 梁启超：《中国历史研究法》（上海：上海古籍出版社，1998），附《中国历史研究法补编》，第二章《史家的四长·史识》，页 164～165。

第三章　辨章学术、考镜源流与训诂考据

　　姚鼐《述庵文钞序》："余尝论学问之事，有三端焉，曰义理也，考证也，文章也。是三者苟善用之，则皆足以相济；苟不善用之，则或至于相害。"[1] 戴震亦以为言。其后，曾国藩亦云："有义理之学，有词章之学，有经济之学，有考据之学。此四者，缺一不可。"[2] 论文写作，就表达方式而言，近似文章学或辞章学。因此，与义理学、考据学、经济学之间，当互通有无，相济为用。无论三合一或四合一，诚如方苞所言，"苟善用之，则皆足以相济"。

　　吴世昌曾说："社会科学要有考据，正如自然科学中必须有数学作基础。"[3] 如果不懂数学，任何科学都不能作。同理，昧于考证，义理与辞章的研究，大抵也做不好。程千帆更明确主张："考据学的研究，跟文艺学的研究要结合起来"；文艺批评的研究，要建立在考据的基础之上。同时指出："文献学和文艺学要相结合，也就是要特别关注你所研究的这个对象的文献真伪问题。"《全唐诗》存有69首牟融诗，陶敏《〈全唐诗·牟融集〉证伪》，论证确认是伪诗。[4] 所以，研究唐诗，探讨辞章文学，不能疏离考据。否则，将如方苞所言："苟不善用之，则或至于相害。"

　　唐诗《金缕衣》："劝君莫惜金缕衣，劝君惜取少年时。花开堪折直须折，莫待无花空折枝。"对于首句"金缕衣"的解读，足以影响本诗意境的层次。

---

[1]　〔清〕姚鼐：《述庵文钞序》，见贾文昭编著：《桐城文论选》（北京：中华书局，2008），页91。

[2]　〔清〕曾国藩：《求阙斋日记·问学》，辛亥（1851）七月，见贾文昭编著：《桐城文论选》（北京：中华书局，2008），页325。

[3]　吴世昌：《吴世昌全集》，（石家庄：河北教育出版社，2002），第2册（第二卷）《文史杂著》之《对古典文学研究的几点看法》。

[4]　莫砺锋：《治学经验谈：功底与眼光》，载《中国研究生》2009年第12期。

1968年，河北满城汉墓一号墓出土中山靖王刘胜的金缕玉衣。古人相信，玉能够保持肉身不坏，所以，汉代帝王下葬都用"珠襦玉匣"，即指金缕玉衣。[1] 黄永武先生指出：若依据出土文献之金缕衣，诠释本诗，当作"寿衣"解，则以死后之荣宠，远不如生前的行乐。[2] 可见，合考据之真实，有助于欣赏诗歌之美妙。

一、文学、史学研究与考证信据

文史论文之写作，一般都采用归纳法：罗列丰富事例，概括出共相交集，形成原理原则。事证类例琳琅满目，由此而括之结论，乃益加颠扑不破，此章法学所谓"虚实相生""器道两进"之道。

《文心雕龙·辨骚》称屈原作《离骚》"将核其论，必征言焉"，此二语堪作文学批评、论文写作之金玉良言。刘勰以为，屈原《离骚》有同于《诗经》之《风》《雅》者，更有异乎经典者。总结上述概念，是从八个事例归纳得出的。《文心雕龙》评屈原《离骚》称：

> 将核其论，必征言焉。故其陈尧舜之耿介，称禹汤之祗敬，典诰之体也；讥桀纣之猖披，伤羿浇之颠陨，规讽之旨也；虬龙以喻君子，云蜺以譬谗邪，比兴之义也；每一顾而掩涕，叹君门之九重，忠怨之辞也。观兹四事，同于《风》《雅》者也。至于托云龙，说迂怪，丰隆求宓妃，鸩鸟媒娀女，诡异之辞也；康回倾地，夷羿毕日，木夫九首，土伯三目，谲怪之谈也；依彭咸之遗则，从子胥以自适，狷狭之志也；士女杂坐，

---

[1] 金缕玉衣，汉代规格最高的丧葬殓服，大致出现在西汉文景时期。据《西京杂志》记载，汉代帝王下葬都用"珠襦玉匣"，形如铠甲，用金丝连接。这种玉匣就是金缕玉衣。出土玉衣的西汉墓葬，共有18座，而金缕衣墓有8座。

[2] 黄永武在《金缕衣，说从头》中说：金缕衣，在唐人诗中，意义有四：一、寿衣；二、僧伽的黎衣或仙女的披衣；三、歌妓的华衣；四、一般华丽的衣服。若作寿衣解，也是可以通的。见《中外文学》（第5卷第11期）1977年4月，页58～64。

乱而不分，指以为乐，娱酒不废，沉湎日夜，举以为欢，荒淫之意也。摘此四事，异乎经典者也。[1]

刘勰论屈原所作辞赋，列举典诰之体、规讽之旨、比兴之义、忠怨之辞四端八例，以之论证《离骚》有同于《风》《雅》者，信据确凿，具体而明白。再举屈原赋诡异之辞六，谲怪之谈四，狷狭之志二，荒淫之意二，以论证屈赋之内容"异乎经典"。由此推衍，屈原辞赋，就渊源所自而言，"虽取镕经义"；而就创意造语而言，更"自铸伟词"。往复论证如此，屈原《离骚》及辞赋之文学价值与地位，乃昭然若揭，令读者信服。《文心雕龙》考镜源流、辨章学术之道，采用"将核其论，必征言焉"的考而后信之方法，值得论文写作参考。

陶渊明作《桃花源记并诗》，提出"乐园"主题，继《诗经·硕鼠》、《老子》"小国寡民"章、《礼记·礼运》"大同"章、《庄子·山木》"建德之国"、《列子·黄帝》"华胥氏之国"之后，而踵事增华。至隋唐五代，陶渊明所称桃花源，究竟是人间乐土，还是世外桃源？武陵渔人所见，是避世逃秦之后代子孙，抑或是长生不老之仙家仙人？唐宋诗赋往往体现道教仙乡、乐土意识、心灵安顿，引发诸多讨论。[2] 苏轼贬惠州、谪儋州，集一生无可如何之遇，偏和陶渊明诗文。在儋州，作《和陶〈桃花源〉并引》诗前有长序。东坡诗序，长于思辨，备列考证，能破能立，以之建构议题论述，堪称理称辞举，博洽可信。诗序称：

世传桃源事，多过其实。考渊明所记，止言先世避秦乱来此，则渔人所见，似是其子孙，非秦人不死者也。又云杀鸡作食，岂有仙而杀者乎？

---

[1] 〔南朝梁〕刘勰著，范文澜注：《文心雕龙注》（北京：人民文学出版社，1958、2014），卷一《辨骚第五》，页46～47。

[2] 张高评：《宋代乐土意识与人间桃源》，见陈登武、吴有能主编：《谁的乌托邦：500年来的反思与辩证》，（台北：台湾师范大学出版中心，2017），页59～77。参考唐长孺：《魏晋南北朝史论论丛续编》（北京：三联书店，1959），《读〈桃花源记旁证〉质疑》，页163～174。

旧说南阳有菊水，水甘而芳，民居三十余家，饮其水，皆寿。青城山老人村，……桃源盖此比也欤？……尝意天壤间，若此者甚众，不独桃源。予在颍州，梦至一官府，人物与俗间无异，而山川清远，有足乐者。顾视堂上，榜曰"仇池"。觉而念之，……明日，以问客，……（客）曰："……此乃福地，小有洞天之附庸也。"杜子美盖云："万古仇池穴，潜通小有天。"他日工部侍郎王钦臣仲至谓余曰："……仇池，有九十九泉，万山环之，可以避世，如桃源也。"[1]

苏轼在《和陶〈桃花源〉并引》之诗序里，断定武陵渔人所见，并非神仙，桃花源只是人间乐土，并非世外仙界。为支持上述主张，苏轼提出四个证据，作为佐助：其一，仙家不杀生；其二，南阳菊花水，民寿百余岁；其三，青城山老人村，长寿有见五世孙者；其四，益州仇池，万山环之，可以避世如桃源。简言之，人间之福地洞天，媲美桃源而可居可游者，有二要素：一曰道极险远，二曰山川清远。可见，桃源只是远在人间，非在世外。苏轼此序，为文学性论文提供绝佳之论证典范，能破而后能立。欲期论题主张屹立不摇，则须繁称博引，举证精确。苏轼为其《和陶〈桃花源〉并引》诗作序，信有此妙。

实事求是，考而后信，是清代考据学追求真理的精神。清初顾炎武著《日知录》，为乾嘉考据学之开山。其著书旨趣，标榜"其必古人之所未及就，后世之所不可无"，不雷同、不剽窃，堪作论文写作追求之典范。顾氏论点之创新，往往为孤明先发，提供后世无数启示。如说"《史记》于序事中寓论断"：

古人作史，有不待论断，而于序事之中即见其指者，惟太史公能之。《平准书》末载卜式语，《王翦传》末载客语，《荆轲传》末载鲁句践语，

---

[1] 〔宋〕苏轼著，〔清〕冯应榴辑注，黄任轲、朱怀春校点：《苏轼诗集合注》（上海：上海古籍出版社，2001），《和陶〈桃花源〉并引》，页2199～2201。参考张高评：《宋代乐土意识与人间桃源》，四《天下尽桃源，不必武陵春》，见陈登武、吴有能主编：《谁的乌托邦：500年来的反思与辩证》，（台北：台湾师范大学出版中心，2017），页77～90。

《晁错传》末载邓公与景帝语,《武安侯田蚡传》末载武帝语,皆史家于序事中寓论断法也。[1]

顾炎武别具慧眼,发现司马迁《史记》一种特殊的叙(序)事手法,称为"于序事中寓论断"。详言之,即是"古人作史,有不待论断,而于序(叙)事之中即见其指者"。论点的提出,列举《史记》之《平准书》《王翦传》《荆轲传》《晁错传》《武安侯田蚡传》五个例证,提炼其中共相,归纳出此中核心论点,一言以蔽之,曰"以叙事为议论"。易言之,即是"于序事中寓论断"或"不待论断,而于序事之中即见其指"。就叙事学或史学方法而言,顾炎武此说,堪称石破天惊,诚"古人之所未及就,后世之所不可无"。综观《史记》全书,"于序事中寓论断"者,不止顾氏所称引五例,亦不限文末之载语或对话,学界已多所阐发。[2] 然论发凡起例,椎轮大辂,顾炎武首发之功不可没。推而广之,何止《史记》?历代史传凡触及微言讳书者,多不期然而体现此法。即以历史叙事解经之《左传》,亦多所运用。由此观之,辨章学术,贵在文献足征;文献足征,立说方能启发后人,方有助于后人增益而广大之。

司马迁私淑孔子,《史记》典范《春秋》。孔子作《春秋》,于定、哀之际所书,多运以《春秋》笔法,推见至隐;司马迁记述开国功臣事迹,亦往往妙用此种书法。《史记·淮阴侯列传》叙事传人,最得比事属辞之《春秋》教,而读者或忽之。韩信"勇略震主,功盖天下",号称三大功臣之首,然大不幸而命丧钟室,夷信三族。世人粗读《淮阴侯列传》,未尝不信其偏辞,以为韩信背叛汉王,咎由自取,罪有应得。清梁玉绳《史记志疑》独排众议,为韩信平反冤狱,为司马迁代言"据事直书,是非自见"笔法,梳理

---

[1] 〔清〕顾炎武著,〔清〕黄汝成集释,栾保群、吕宗力校点:《日知录集释》(上海:上海古籍出版社,2006),卷二十六《史记于序事中寓论断》,页1429。

[2] 白寿彝:《司马迁寓论断于序事》,见《司马迁与〈史记〉论辑》(西安:陕西人民出版社,1982),页136～155。张高评:《于叙事中寓论断与以事为义 —— 以〈左传〉解经为讨论核心》,见《春秋书法与左传史笔》(台北:里仁书局,2011),第三章,页81～118。

出十余条证据，极辩其无反状，为韩信申冤，此亦顾炎武所云"于序事中寓论断法"，其言曰：

> 一饭千金，弗忘漂母；解衣推食，宁负高皇？不听涉、通于拥兵王齐之日，必不妄动于淮阴家居之时。不思结连布、越大国之王，必不轻约边远无能之将。宾客多，与称病之人何涉？左右辟，则挈手之语谁闻？上谒入贺，谋逆者未必坦率如斯。家臣徒奴，善将者亦复部署有几。是知高祖畏恶其能，非一朝夕。胎祸于蹑足附耳，露疑于夺符袭军。故擒缚不已，族诛始快。从狶军来，见信死，且喜且怜，亦谅其无辜受戮为可悯也。[1]

司马迁著《史记》之《太史公自序》，表明要为"扶义倜傥之人"立传，故《淮阴侯列传》之著述旨趣，在为韩信昭雪冤狱，还开国第一功臣以历史公道。提出十余条疑谳，多据司马迁"于序事中寓论断"之直书笔法，再综合运用比事属辞之《春秋》书法，展示铁案论证，阐明"信之死冤矣"，为冤狱翻案。再由此推论，可知韩信遭汉皇擒缚、族诛，不过是"畏恶其能"、诛戮功臣而已。论文写作研讨问题时，常常要辨清疑似，驳斥谬误，端正是非，追索真相，进而大破大立，凸显创意之论述。考据求真，始能提出令人信服之论点。论文之所以为论文，这是写作的焦点和亮点。《史记·淮阴侯列传》之直书是非、互见虚实，梁玉绳为之拈出，值得论文写作借镜。

诗歌为文学作品，如何理解诗歌的幽微？训诂笺释为其一；评点提示为其二。又有撰写诗话、笔记，编纂诗选诗钞，作为知人论世之资者，翁方纲谓之"宋人注宋诗"。《石洲诗话》以为"说部之书，至宋人而富"，如《西溪丛话》《容斋随笔》《苕溪渔隐丛话》《韵语阳秋》《后村诗话》《诗人玉屑》，"此即宋人注宋诗也"。诗歌为文学创作，诗话为文学评论，两者当转相灌注。毕竟，文学作品是理论批评的土壤。翁方纲为宋诗派，因见

---

[1]〔清〕梁玉绳：《史记志疑》（台北：新文丰出版公司，1984），卷三十二《淮阴侯列传》，页1263～1264。〔汉〕司马迁著，〔日〕泷川资言考证，〔日〕水泽利忠校补：《史记会注考证附校补》（上海：上海古籍出版社，1986），卷九十二《淮阴侯列传》，页39～40，总页1622。

吴之振等编选《宋诗钞》，而提出"宋人注宋诗"之命题。[1] 由于诗话笔记或论诗及事，或论诗及辞，于辨章学术，考镜源流，应张本继末，巨细靡遗，故无论其事、其辞，多有助于笺证诗作。挟丰富多元的诗话笔记，以诠释解读诗歌，所谓"合之则双美，离之则两伤"。学术论文若涉及诗、词、文、赋、小说、戏曲、诗话、词话、曲话、文话、赋话、小说话，以及评点、资料汇编等文献材料，不妨如翁方纲一般，视为考据真理之佐助。

二、汉学、宋学与训诂考据之学

清代乾嘉间考据学昌盛，蔚为汉学宋学之争。在文字、声韵、训诂方面，尤为考据之强项。大抵议论不轻出，出则言必有据。所谓信据，少则三五条，多则十余、数十条。如钱大昕《十驾斋养新录》，提出"古无轻唇音"及"舌音类隔之说不可信"之说，堪称研治上古音之创见。所谓铁案如山，不可移易若此，值得论文写作当兼顾考据之参考：

> 凡轻唇之音，古读皆为重唇。《诗》：凡民有丧，匍匐救之。《檀弓》引《诗》作"扶服"，《家语》引作"扶伏"；又"诞实匍匐"，《释文》："本亦作'扶服'。"《左传》：昭十二年，"奉壶饮冰以蒲伏焉。"《释文》："本又作'匍匐'"，蒲，本亦作"扶"。昭二十一年，"扶伏而击之。"《释文》："本或作匍匐。"《史记·苏秦传》："嫂委蛇蒲服。"《范雎传》："膝行蒲服。"《淮阴侯传》："俛出下蒲伏。"《汉书·霍光传》："中孺扶服叩头。"皆匍匐之异文也。[2]
>
> 古无舌头、舌上之分。知、彻、澄三母，以今音读之，与照、穿、床无别也。求之古音，则与端、透、定无异。《说文》："冲读若动。"

---

[1] 〔清〕翁方纲：《石洲诗话》，见郭绍虞编：《清诗话续编》（北京：人民文学出版社，1983），卷三，页1423。

[2] 〔清〕钱大昕：《十驾斋养新录》（台北：台湾中华书局，1981，《四部备要》本），卷五《古无轻唇音》，页9。

《书》："惟予冲人"，《释文》："直忠切"。古读"直"如"特"，冲子犹"童子"也。字母家不识古音，读冲为虫，不知古读虫亦如"同"也。《诗》："蕴隆虫虫"，《释文》："直忠反"，徐："徒冬反"，《尔雅》作"爞爞"，郭："都冬反"，《韩诗》作"烔"，音徒冬反。是"虫"与"同"音不异。古音"中"如"得"，……古音"陟"如"得"，……古音"直"如"特"，……古音"竹"如"笃"，……古读"猪"如"都"，……古读"追"如"堆"，……古读"沈"如"潭"，……古读"陈"如"田"，……古人多舌音，后代多变为齿音，不独知、彻、澄三母为然也。[1]

民国初年，古史辨学派延续乾嘉学风，致力于疑古考证。顾颉刚提出"古史层累说"，以盘古开天神话为例，亦广征先秦两汉魏晋六朝文献史料，绝非蹈虚臆说，捕风捉影。其后，将古史层累概念，转化为人物故事层累，用来研究"孟姜女哭长城"之民间传说，亦斐然有成。据顾颉刚《孟姜女故事的转变》考证：孟姜女夫杞梁（殖）死，最初载于《左传·襄公二十三年》，只言"杞梁之妻辞吊"而已。《礼记·檀弓》，增加了"哭夫"情节；《孟子·告子》，赋予孟姜"善哭"的本领；《说苑》《善说》《立节》，以及《列女传·贞顺》载孟姜女"向城而哭，隅为之崩，城为之阤"，变其本而加厉，则述孟姜女哭声崩倒齐国城墙。进一步踵事增华，便将齐城墙再移接演化为秦长城，于是民间故事演变轮廓基本成型。从此看来，探索民间文学，拼凑人物形象，考索故事流传，征信文献史料，仍为最可信据之研究方法。

钱锺书《管锥编》，展示若干研读心得，提示许多洞见卓识，足以启益后学，嘉惠士林。如强调"《春秋》书法，即后世之修辞学"命题，亦经由繁称"三传"，博引史传、叙记而得出，与信口开河、向壁虚造者，不可同日而语。如云：

> 昔人所谓《春秋》书法，正即修词学之朔，而今之考论者忽焉。[2]

---

[1] 〔清〕钱大昕：《十驾斋养新录》（台北：台湾中华书局，1981，《四部备要》本），卷五《舌音类隔之说不可信》，页 16～19。

[2] 钱锺书：《管锥编》（台北：书林出版公司，1990），第五册，页 21。

《春秋》僖公三十三年记："陨霜不杀草",定公元年记："陨霜杀菽";《穀梁传》谓有"举重""举轻"之辨:草"轻"而菽"重",举"不杀草",则霜不杀菽可知;举"杀菽",则霜亦杀草可知。《春秋》之书法,实即文章之修辞。[1]

　　《公羊》《穀梁》两传,阐明《春秋》美刺"微词",实吾国修词学最古之发凡起例。"内词""未毕词""讳词"之类,皆文家笔法,剖析精细处,骎骎入于风格学(stylistic)。[2]

　　钱锺书持修辞学诠释"《春秋》书法",堪称孤明先发,言人所未尝言。就《春秋》诠释学而言,无异于提供一盏明灯,照亮经学海洋。前往上古,可以联结《左传》及《春秋》五例、《公羊》学属辞,中古可以传承杜预发传之体三、为例之情五;推而至于中唐之啖(助)赵(匡)《春秋》学、南宋胡安国《春秋传》、元代赵汸《春秋属辞》、近代孔广森《春秋公羊通义》、张应昌《春秋属辞辨例编》等,而有益于《春秋》比事属辞之学之探讨。

　　宋代程朱之学虽主义理,亦兼重辨章考镜。换言之,程朱虽为宋学宗师,然治学方法亦不废章句训诂。以朱熹而言,除《四书集注》《诗集传》《楚辞集注》《韩文考异》外,考据学、辨伪学、校勘学,皆极精湛,成就不亚于清儒之研治汉学者。[3] 清乾隆嘉庆间,汉学昌盛,标榜训诂考据,而直斥宋学之宗义理思辨,以为空泛无根,于是衍为汉学宋学之争。其实,训诂考据是研治学术的必要方法,经学、史学、文学论点的提出,过程与方法,不离章句训诂;当然,义理哲学之论点主张,其推衍基础,亦不疏离训诂考据。朱子《文集》载有《语孟集义序》,其言谓:

---

[1] 钱锺书:《管锥编》(台北:书林出版公司,1990),第三册,页967。
[2] 钱锺书:《管锥编》(台北:书林出版公司,1990),第三册,页967。
[3] 钱穆:《朱子新学案·朱子之校勘学》称:"清儒自负以校勘、训诂、考据为能事,然朱子于此诸项,并多精诣。论其成绩,亦决不出清儒下。"见《钱宾四先生全集》(台北:联经出版公司,1998),第五册,页213。

> 汉魏诸儒，正音读、通训诂、考制度、辨名物，其功博矣。学者苟不先涉其流，则亦何以用力于此？而近世二三家，与夫学于先生之门人者，其考证推说，亦或时有补于文义之间。学者有得于此而后观焉，则亦何适而无得哉？[1]

朱子肯定汉魏诸儒训诂考据之学，以为"其功博矣"。同时强调治学当"先涉其流"，然后考证推说，以求"有补于文义之间"。故朱子《论孟精义》取二程之说为宗，"既又取夫学之有同于先生者，与其有得于先生者"，凡九家之说，是所谓辨章学术，考镜源流，自是考证之能事。朱子治学，说义理，亦自见训诂考据之功夫，如说《易》之恒卦："恒，是个一条物事彻头彻尾"，古字"像一只船两头靠岸，可见彻头彻尾"。说《中庸》"博厚高明悠久"："所积者广博而深厚，则所发者高大而光明"；"悠，是据始以要终，久，是随处而常在"。释《孟子》"以意逆志"："逆，是前去追迎之之意。盖是将自家意思去前面等候诗人之志来，如等人来相似。……不似而今人便将意去捉志也。"[2] 释《尚书·洪范》"皇极"云："皇，是指人君；极，便是指其身为天下做个样子，使天下视之以为标准"；"'中'不可解作极，'极'无中意，只是在中，乃至极之所，为四向所标准，故因以为中"[3]。又解释《老子》"当其无，有车之用"云："无，是毂中空处。惟其中空，故能受轴而运转不穷。犹伞柄上木管子，……缘管子中空，又可受伞柄而开阖下上。车之毂，亦犹是也。《庄子》所谓'枢始得其环中，以应无穷'，亦此意。"要皆训诂考据之事，而说义理者岂能外之而不讲？

---

[1]〔宋〕朱熹著，郭齐、尹波点校：《朱熹集》（成都：四川教育出版社，1996），第七册，卷七十五《语孟集义序》，页3945。

[2] 钱穆：《钱宾四先生全集》（台北：联经出版公司，1998），《朱子新学案》，第四册，页322、323～324、331。

[3] 钱穆：《钱宾四先生全集》（台北：联经出版公司，1998），《朱子新学案》，第四册，页308。

朱子尝云："读书玩理外,考证又是一种功夫。"[1] 善哉斯言。吾人写作论文,往往界定范畴、定义概念、统括论点、取舍是非、评骘得失,则训诂考据之功夫不可不讲究。北宋儒者之经说经解,除传统之训诂注疏外,或有不规规于训诂章句,而尽心于辟新径、创新解,致力于发新论、立新义者。然考察传世宋刻经书,以《左传》注疏本 27 种居冠,其他如《礼记》《周礼》《尚书》《周易》《毛诗》之宋刻经书注疏本,传世之数量亦分别高居 18、14、10、8、8 种之多。学风士习如此,《四库全书总目》所谓"先有是《疏》,而后讲学诸儒得沿溯以窥其奥"。从拘守故训、不越注疏,到自出议论、稍尚新奇,终至于以己意言经,发明经义。宋代《春秋》诠释史,章句训诂与义理阐发间,多呈现徊两端之双重模态。[2] 义理与考据,"合之则双美,离之则两伤",亦由此可见。

戴震(1724～1777),生于清代乾隆、嘉庆之际,其考据学成就为当世所推崇,其义理学之独创,则见赏于章学诚。戴震一身而兼擅考证与义理,于乾嘉学术史上为绝无仅有。[3] 戴震之特异处,在以考据名物训诂为治学手段,而以闻道、明道为最终目的。如:

> 故训明,则古经明;古经明,则贤人圣人之理义明,而我心之所同然者,乃因之而明。[4]

> 经之至者,道也。所以明道者,其词也。所以成词者,未有能外小学文字者也。由文字以通乎语言,由语言以通乎古圣贤之心志,譬之适

---

[1] 钱穆:《钱宾四先生全集》(台北:联经出版公司,1998),《朱子新学案》,第四册,页 292;第五册,页 331。《朱熹集》,第五册,卷五十四《答孙季和》,页 2690。

[2] 张高评:《北宋〈春秋〉学之创造性诠释——从章句训诂到义理阐发》,载《中国典籍与文化论丛》(第 19 辑)2018 年 7 月,页 89～129。

[3] 余英时:《论戴震与章学诚》(香港:龙门书店,1976),其六《戴东原与清代考证学风》,页 86～92。

[4] 〔清〕戴震:《戴东原集》(台北:台湾商务印书馆,1979,《四部丛刊》初编本),卷十一《题惠定宇先生授经图》,页 9～10,总页 115～116。

堂坛之必循其阶，而不可以躐等。[1]

　　戴震治学的终极追求，在闻道、明道。所谓"道"，或指天道，或指人道。换言之，即是天人性命之学，胡适之所谓"戴东原的哲学"是也。[2] 戴震以"故训明"，作为明古经、明理义之基础功夫。又以为小学、文字、语言之通晓，为通晓古圣贤心志之阶梯，必循序渐进，方足以通经而明道。论文写作，要在阐发精微、张扬论点，往往涉及名物、训诂、考据，欲明理张义，势不能不讲究辨章考镜之学。

　　以上，就文学、史学、义理、经学之研究而言，辨章学术，考镜源流，无不须要取证于史料，考信于文本文献。此与乾嘉汉学之注重考据求真，考而后信，并无不同。戴震不云乎："故训明，则古经明；古经明，则贤人圣人之理义明。"诚哉斯言！

　　欲提出创见心得，必须繁称博引，备列考证；欲凸显亮点，成一家之言，必须罗列信据，铁案如山；阐发蕴义，必须淋漓尽致而后已。可以挑战质疑，耐得起推敲；可以纵横批驳，经得起检验。要之，诸家有关章句训诂、考据文献之方，多值得论文写作之参考。

　　由此观之，论文写作之过程，或辨章学术，或考镜源流，处处皆与考据学之实事求是、追求真理相通。

---

[1] 〔清〕戴震：《戴东原集》（台北：台湾商务印书馆，1979，《四部丛刊》初编本），卷十《古经解钩沉序》，页 2～3，总页 104。

[2] 胡适：《戴东原的哲学》（台北：远流出版公司，1986），页 20～58。

第四章　修辞功夫、文章义法与论文写作

学术论文，注重知性与理性。而不失温文儒雅，也是文章体式之一。就算打笔战、辟邪说、攻异端，匡谬指瑕，也当如散文家陈之藩所言"理直而气和，义正而辞婉"。就写作态度来说，学术论文和一般文章没有两样。否则，如全篇摆出理直气壮、义正辞严、得理不饶人、神圣不可侵犯的架势态度，如何能令人信服接受？如何能心悦诚服，相悦以解？犹治丝益棼，徒乱人耳目而已，绝非治学的正确态度。

《文心雕龙》中《章句》篇称："人之立言，因字而生句，积句而为章，积章而成篇。篇之彪炳，章无疵也；章之明靡，句无玷也；句之清英，字不妄也。振本而末从，知一而万毕矣！"[1]一般文章如此，学术论文亦不例外。一篇论文、一部专著，动辄几千几万字。所以，撰写论文必须具备娴熟文字驾驭的功夫。从最基本的遣词造句，到较复杂的谋篇安章，最好都能做到韩愈所谓"文从字顺各识职"，孔子所标榜"辞，达而已矣"，这就牵涉及修辞学、章法学、古文义法等专业课题。

修辞学、章法学，虽属新兴学科，但作为方法之学，实不难入门。至于古文义法，虽由清代桐城方苞主倡标榜，然西汉司马迁《史记·十二诸侯年表序》早作揭示，实由归纳《春秋》《左传》《史记》诸史传之书法、史笔而来，绝非向壁虚造。南朝梁刘勰《文心雕龙》创作论二十篇，亦时作阐发。自宋代起，历代文话、笔记、序跋、评点，亦时作阐述提点。论文写作之历程，既似历史编纂学，又近文学创作论，若能多借鉴、多触发，则"外文绮交，

---

[1]〔南朝梁〕刘勰著，范文澜注：《文心雕龙注》（北京：人民文学出版社，1958、2014），下篇，卷七《章句第三十四》，页570。

内义脉注",论文撰作之表里精粗,自然圆融无碍。

一、论文写作讲究"草创、讨论、修饰、润色"的修辞功夫

积字而成句,缀句而成文,选字用词,谋篇安章,乃学者之能事。文字,既是表现媒介,又是驾驭工具:其初阶,能表情达意,似已足矣;其进阶,则重在能阐释发挥;其极致,则贵能说服接受。赫胥黎(Aldous Leonard Huxley,1894~1963),为英国作家,诗歌、小说、剧本、文艺评论多有作品传世。所作小说为寓言体,长于讽刺,以《美丽新世界》《针锋相对》最知名。1936年在伦敦有场演讲,宣称文字运用,与天下事都息息相关,他说:

> 文字是思想的工具,思想所到之处,文字一一传送。文字是塑造思想的模型,思路要正确,用字必须妥帖。[1]

刘勰《文心雕龙》除《章句》篇之外,《体性》《风骨》《情采》《镕裁》《声律》《丽辞》《比兴》《事类》《练字》《隐秀》《附会》《总术》诸篇,对于修辞学、辞章学,多已发凡起例,具体而微。陆机《文赋》、刘知幾《史通·叙事》、陈骙《文则》、胡仔《苕溪渔隐丛话》、魏庆之《诗人玉屑》,以及历代诗话、词话、文话、小说评点,多论及用字缀句之文章修辞。言为心声,以文字代语言,各循其音义。赫胥黎称"文字是思想的工具""文字是塑造思想的模型",无论工具或模型,我们都得学会操作熟练、驾驭从容,赫胥黎于是断言:"思路要正确,用字必须妥帖。"论文写作从文献诠释、观点传达、疑义解析、理念发挥,到辨章学术、考镜源流、创意发想、独到心得,何者无须文字为媒介?何者可以忽视文字之为利器?思路与观点正确,固然要凭借文字;文章之妥帖有说服性,亦仰赖文字传播之效验。唐代韩愈

---

[1] 董桥:《品味历程——董桥自选集》(香港:天地图书公司,2002),《赫胥黎怕堂皇空洞的字》,转引赫胥黎1936年在伦敦演讲之片段,页179。

《科斗书后记》所谓"凡为文辞，宜略识字"[1]，此言不虚。

文字运用，必须经过修饰和锤炼，才能平实适当表意，流畅通达论说。所以驾驭文字的能力十分重要，清代戴震所谓"经之至者，道也；所以明道者，其词也；所以成词者，字也。由字以通其词，由词以通其道，必有渐"[2]。所以古代的经学家、史学家、思想家、文学家都长于选字用词。可见，长于修辞谋篇，并不是文学家的专利。

朱熹为思想家，宋代理学代表，撰写《韩文考异》《楚辞集注》，研治韩愈文章、《楚辞》，诠释解读别开生面，自成一家。其主要特色，"即由古人之'言'，以通其'心'于千百年之上；既得其'心'焉，又转据之以定其'言'之真伪"[3]。言为心声，释文考言，犹即器求道，可以得其心声与心象。文本文献既由文字缀联以成书，由辞可以通其道，故曰"凡为文辞，宜略识字"，其于论文写作亦然。

学术论文是理性、知性，尤其是逻辑性的表达，大抵叙事、论说、描写必须运用裕如，至于抒发情绪、展示性情，则非所宜言。论文写作的当下，就得随时注意修辞的求真、求善、求美，等到完稿、发表、出版之前，也要付以种种的切磋斟酌功夫。孔子弟子曾参有言："动容貌，斯远暴慢矣；正颜色，斯近信矣；出辞气，斯远鄙倍矣。"[4] 出言使辞，当避免凡陋，应忌讳悖理。可见表意方法之合宜，自是谈说写作之基本要求。

春秋时，郑国为蕞尔小邦，又地处晋、楚诸大国之间。幸赖名臣子产主政，外交辞令连战皆捷，树立了弱国外交之典范。郑国外交辞令之所以无不如志，主要在于历经"草创、讨论、修饰、润色"四道程序，这是论文写作值得取资借鉴的地方。《论语·宪问》载：

---

[1] 〔唐〕韩愈著，马其昶校注：《韩昌黎文集》（台北：河洛图书公司，1975），卷二《科斗书后记》，页55。
[2] 〔清〕戴震：《戴东原集》（台北：台湾商务印书馆，1979，《四部丛刊》初编本），卷九《与是仲明论学书》，页7，总页99。
[3] 余英时：《方以智晚节考》（北京：三联书店，2004），页89引。
[4] 〔宋〕朱熹：《四书章句集注》（北京：中华书局，1983、2002），其三《论语集注》，卷四《泰伯第八》，页103～104。

子曰："为命，裨谌草创之，世叔讨论之，行人子羽修饰之，东里子产润色之。"[1]

郑国的外交辞令，最先，由裨谌起草文稿，经子太叔（即世叔，也作子大叔、游吉）寻究论议，再转给外交官公孙挥（子羽）增损修饰，最后才交付子产润色文采。《左传·襄公三十一年》载："郑国将有诸侯之事，子产乃问四国之为于子羽，且使多为辞令。与裨谌乘以适野，使谋可否，而告冯简子，使断之。事成，乃授子大叔使行之，以应对宾客，是以鲜有败事。"[2] 南宋朱熹《论语集注》称："郑国之为辞令，必更此四贤之手而成，详审精密，各尽所长。是以应对诸侯，鲜有败事。"[3] 一篇学术论文的写作，果真恪守"草创、讨论、修饰、润色"程序，作层层之构思、推敲、斟酌、锤炼，相信成果发表也将如郑国公孙侨（子产）主导的外交辞令，无往不利，成就非凡。

翻译文字，要求信、达、雅，这应该是至高标准、理想境界。学术论文能做到"信、达、雅"的水平，恐怕也是凤毛麟角。典雅、雅致、文雅，除非文学素养极高，一般人是做不到的。而"信"，真实不诬，是基本要求。"达"，顺畅通达，可以作为进阶指标。遣词造句，清楚正确，切合事实，谓之"信"。叙事论说，简练明澈，淋漓通畅，谓之"达"。学术论文如果做到征信、通畅，也算难能可贵了。另外，精准得体也很重要。表意说理不偏不倚，恰如其分，诗话笔记谓之"禁体物语"[4]，《文心雕龙》谓之巧构形似[5]。论文

---

[1] （清）刘宝楠：《论语正义》（台北：文史哲出版社，1990），卷十七《宪问第十四》，页560。

[2] （春秋）左丘明传，（晋）杜预注，（唐）孔颖达疏：《春秋左传注疏》（台北：艺文印书馆，1955），卷四十，页20，总页688。

[3] （宋）朱熹：《四书章句集注》（北京：中华书局，1983、2012），其三《论语集注》，卷七《宪问第十四》，页151。

[4] （清）俞琰辑，易缙云、孙奋扬合注：《历代咏物诗选》（台北：广文书局，1968），俞琰《序》："咏物一体，……其佳者，往往拟诸形容，象其物宜，不即不离，而绘声绘影。"页4。

[5] "自近代以来，文贵形似，窥情风景之上，钻貌草木之中。吟咏所发，志惟深远；体物为妙，功在密附。故巧言切状，如印之印泥，不加雕削，而曲写毫芥；故能瞻言而见貌，印字而知时也。"（南朝梁）刘勰著，范文澜注：《文心雕龙注》（北京：人民文学出版社，1958、2014），卷十《物色第四十六》，页694。

写作不同于作诗，不必离形拟意，也不要求"禁体物语"，选字行文总以贴切肯綮为要。总之，信息传播者多费些心思修辞，阅读接受者就可以减少些错认误读。

刘勰《文心雕龙》是古代文学批评的名著，其中，《章句》《附会》《镕裁》诸篇，讨论篇章修辞，尤其值得参考。《章句》篇云："篇之彪炳，章无疵也；章之明靡，句无玷也；句之清英，字不妄也。"可见字、句、章、篇之密切相关，得失与共。又曰："启行之辞，逆萌中篇之意；绝笔之言，追媵前句之旨。故能外文绮交，内义脉注；跗萼相衔，首尾一体。"对于论文的联络照应，纲领标题与问题意识之交互参透，有绝佳之启发。《附会》篇对主题意识与纲领节目之交流互动，更有具体之提示，其言曰：

> 凡大体文章，类多枝派；整派者依源，理枝者寻干。是以附辞会义，务总纲领；驱万涂于同归，贞百虑于一致。使众理虽繁，而无倒置之乖；群言虽多，而无棼丝之乱。[1]

若将《文心雕龙》所言"文章"，移比作学术论文，论说亦顺理成章，了无扞格。依源、寻干、会义、务总、同归、一致云云，即指问题意识、重点核心、绮交脉注、亮点警策、义法结穴，以及独到创获。论文的章节项目、标题引文、论说佐证，甚至辅以注释，是所谓枝派、附辞、众理、群言、万涂、百虑，都应如万水朝宗、百枝共本。唯有论文写作形成有机结构，主题之凸显，与章节文本之照应，才能"互发其蕴，互显其义"，转相发明，相得益彰。

文字的修饰锻炼，要做到文从字顺、各司其职，犹相体裁衣、量身定做，这牵涉到修辞学的课题。业师黄庆萱所著《修辞学》，将修辞学分为两大层面：其一，表意方法的调整；其二，优美形式的设计。颇可借镜转化以作为论文写作的参考。写作学术论文，借鉴于修辞学，对于恰如其分地表述理念创获，当有加乘效果。中文世界现在琳琅满目之修辞学论著，多沿袭陈望道《修辞

---

[1] 〔南朝梁〕刘勰著，范文澜注：《文心雕龙注》（北京：人民文学出版社，1958、2014），卷九《附会第四十三》，页650～651。

学发凡》之途，以辨析辞格为能事。其中异军鹊起，以修辞成效作为分类依据者，惟业师黄永武先生《字句锻炼法》，在修辞学之论著中，堪称特立独行，不惟孤明先发，而且绝无仅有。

论文写作如果想要提升说服性、逻辑性，就不可不多用顶真、层递、连环、排比诸修辞技巧。假设论文倾向义理、思想属性，推衍历程最好在主用逻辑思维之时也能兼顾形象思维。为了促使论文的概念或意象，能化抽象为具体，变模糊为清晰，转陌生为熟悉，不妨多多选用譬喻、比拟、示现、映衬（烘托、对比）、正反相生、虚实相成、往复、翻迭诸修辞技巧。尤其是论著的书名、论文的篇名，以及章节项目的标题，亦不妨参用直陈、俪句，借以凝练其词、精简其句。[1]

作为外交辞令，草创、讨论、修饰、润色的程序，是不可或缺的。黄庆萱《修辞学》曾征引《论语·宪问》这段话，作为"修辞次第"之借镜。[2] 因此，可以把修辞手法推广到论文的实际写作，引用、节短、排比、譬喻，最为常见。其他修辞学之运用，如衬映、层递、顶真、连环、互文、省笔，亦所在多有。运用之妙，存乎一心而已。

二、论文写作强调联络照应，与章法学并无二致

文章写作，触手纷纶，为便于登堂入室，文章作法遂应运而生。虽说"文无定法"，然所谓章法，在专家学者为默识心通，其中自有写作的潜在规则。传统文学评点的书籍，最重视谈立意、得意、主脑、先立地步这些方面，就论文写作而言，即是问题意识、研究构想、核心论旨、关键议题。善加经营

---

[1] 黄永武：《字句锻炼法》（台北：洪范书店，2002），以修辞成效作为分类依据，在修辞学之论著中，绝无仅有。以锻句的方法为例，分为五类：一、怎样使文句灵动，列有10法；二、怎样使文句华美，列有5法；三、怎样使文句有力，列有10法；四、怎样使文句紧凑，列有4法；五、怎样使文句变化，列有6法。其他，尚有运字法，13；代字法，23；增字法，8；减字法，5。

[2] 黄庆萱：《修辞学》（台北：三民书局，1975），前言，页2。

擘画，可作行文的指南针，章节论点的推进器。如清代刘熙载《艺概》所云：

> 古人意在笔先，故得举止闲暇；后人意在笔后，故至手忙脚乱。杜元凯称左氏"其文缓"，曹子建称屈原"优游缓节"。"缓"，岂易及者乎！[1]
> 凡作一篇文，其用意俱要可以一言蔽之：扩之，则为千万言；约之，则为一言，所谓主脑者是也。[2]

行文"意在笔先"，则吾心有主，可以应天地万物之变。成竹在胸，故神闲气定，举止从容整暇。若反其道而行，"意在笔后"，则六神无主，无所适从，手忙脚乱，不知所措。《左传》辞章"其文缓"，屈原辞赋"优游缓节"，关键亮点都是"意在笔先"，以立意为将帅，以素材为兵卒，故能指挥若定，从容不迫如此。论文写作亦然，问题意识、研究构想如将帅，能以观点带文献，则驾驭资料，驱遣文本，无入而不自得。若反其道而行，以文献牵绑观点，则杂乱无章，不成系统。论文之主旨观点、问题意识，犹同作文之用意，可以"一言蔽之"。一篇之主脑，往往是一篇之警策所在，诚所谓"约之，则为一言"，"扩之，则为千万言"。一篇论文，一部专书写作，问题意识、核心论旨，与全文、全书联络呼应如此，则思过半矣。

（一）史传叙事之道，通于论文写作

杜预《春秋经传集解·序》称《左传》"或先经以始事，或后经以终义，或依经以辩理，或错经以合异"，《左传》诠释《春秋》之方法，对于论文写作，颇有启示。《左传》解读《春秋》，视经为主脑、为主意、为马首是瞻，犹论文写作：阐释文本意蕴、主体概念，发挥问题意识、创见心得，或先之，或后之，或依之，或错之；设章立节，征引论证，都脉注于"意"、绮交于"经

---

[1]〔清〕刘熙载著，徐中玉、萧华荣校点：《刘熙载论艺六种》（成都：巴蜀书社，1990），卷一《文概》，页119。

[2]〔清〕刘熙载著，徐中玉、萧华荣校点：《刘熙载论艺六种》（成都：巴蜀书社，1990），卷六《经义概》，页164～165。

旨"。《左传》释经如此，即《左传》所载外交辞令，《史通·言语》以为"语微婉而多切，言流靡而不淫"，亦无不如是。

推而至于战国策士，如苏秦、张仪之言，雄辩狙诈，恣横捭阖，亦多预占地步，胸有成竹，所谓先立意，有主脑。如清代刘熙载《艺概》所云：

> 战国说士之言，其用类能先立地步，故得如善攻者，使人不能守；善守者，使人不能攻也。不然，专于措辞求奇，虽复可惊可使，不免脆而易败。[1]

杜牧（803～约852）《注〈孙子〉序》，以兵法譬喻作文，特重立意，以"丸之走盘"妙喻行文与立意之关系："丸之走盘，横斜圆直，计于临时，不可尽知；其必可知者，是知丸不能出于盘也！"[2]《战国策》之说服术，游说辞令，亦如"丸之走盘，横斜圆直不可尽知"，然必归本于主意，此非"先立地步"不可。机智反应、临时起意之情况并不多。策士说服人君，必"先立地步"，如此进可攻，退可守，方不致攻守无方，进退失据。论文写作，亦如圆丸走盘，策士说服之术，特别值得借鉴发明。

司马迁著《史记》，点窜《左传》《国语》《世本》《楚汉春秋》诸书，而聚焦着意于"究天人之际，通古今之变，成一家一言"。清代章学诚以为司马迁"能得其意，放其辞，伸缩自在，行止由己"[3]。所谓"伸缩自在，行止由己"，即是圆丸走盘之横斜圆直；而"得其意"，即是圆丸所走之盘，有规矩、有范畴，若农之有畔，虽千言万语，横说竖说，都归结聚焦于此。《史记·太史公自序》现身说法，亦颇多提示：

> 二十八宿环北辰，三十辐共一毂，运行无穷，辅拂股肱之臣配焉。

---

[1]〔清〕刘熙载著，徐中玉、萧华荣校点：《刘熙载论艺六种》（成都：巴蜀书社，1990），卷一《文概》，页9。

[2]〔唐〕杜牧：《樊川文集》（台北：九思出版公司，1979），卷十《注〈孙子〉序》，页152。

[3]〔清〕章学诚：《章氏遗书》（台北：汉声出版社，1973，影印吴兴刘氏嘉业堂刊本），《章氏遗书外编》，卷一《信摭》，页12，总页823。

忠信行道，以奉主上，作三十世家。扶义俶傥，不令己失时，立功名于天下，作七十列传。[1]

　　《史记》自述纂修之缘由，即司马迁之著述旨趣，实乃论文写作之问题意识，司马迁于《太史公自序》夫子自道，值得参考借鉴。《史记》于十二本纪，采编年体，提纲挈领记述千年之史事，即《春秋左氏传》之经文，如同学术论文的写作大纲。下分十表、八书、三十世家、七十列传，犹《左传》之以史传经，亦即论文写作之设章分节。《史记》体例虽分为五，其实环环相扣，相得益彰。以三十篇世家而言，传主多为"辅弼股肱之臣"，体现"忠信行道，以奉主上"，犹"二十八宿环北辰，三十辐共一毂"。著述旨趣如此明确，叙事传人遂有依据。《史记》所以能"成一家之言"者，或此之故。至于列传人物之筛选，则以"扶义俶傥，不令己失时，立功名于天下"为标准，进行笔削、详略、重轻、显晦之叙事。换言之，七十篇列传之著述旨趣，在表彰贤能。而所谓贤能，其类型有四：扶义、俶傥、得时、立功。以此比拟论文写作，犹问题意识既确定无疑，而后有助于取舍文献、编排史料、萃取亮点、约文属辞。此又史传文学之纂修，与章法学相通，足供论文写作借鉴。

　　《史记·老子韩非列传》所谓"老子"者，记述有四人名：老子、李耳、老莱子、太史儋，令读者莫名所以。日本泷川资言《史记会注考证》引方苞《书〈老子传〉后》称："老莱子与老子同时同国，而著书言道家之用。周太史儋与老子同官，同嫌名，而号前知，故其传与老子相混。"由此可见，太史儋与老莱子，相较于李耳，"别为二人明矣"[2]。世传老子之事多幻奇荒怪，故《史记》叙事因之。如此幻怪，容易衍生迷误，不利于正确认知。如果转

---

[1]〔汉〕司马迁著，[日]泷川资言考证，[日]水泽利忠校补：《史记会注考证附校补》（上海：上海古籍出版社，1986），卷一三〇《太史公自序第七十》，页61～62，总页2077。
[2]〔汉〕司马迁著，[日]泷川资言考证，[日]水泽利忠校补：《史记会注考证附校补》（上海：上海古籍出版社，1986），卷六三，《老子韩非列传第三》，页8，总页1300。〔清〕方苞：《方望溪先生全集》（台北：台湾商务印书馆，1979，《四部丛刊》初编本），《望溪先生文集》，卷二《书〈老子传〉后》，页13～14，总页37。

换成现代论文格式,将有助于读者之接受。

上述论文写作所云主从、详略、重轻、繁省诸叙事艺术,《史记·老子传》大多妙合,多所体现。司马迁以老子(李耳)为传主,故文献详、论点重,笔墨繁多。著其国、著其邑、著其乡、著其里;又著其氏、著其名、著其字、著其谥、著其官守;此外,更著其子孙、原初,著其爵封、仕时、家国。相形之下,老莱子、太史儋于《老子传》为附传,既为宾从,因此事迹较略,论点较轻,笔墨亦较省。如果发挥注释体例,以处理主从、重轻、详略之分际,则作者观点更加突出,问题意识将更加明确。

假如依照主从、详略、重轻之行文脉络,调整素材位次,则《老子传》"或曰:老莱子亦楚人也"一段48个字,位次可抽离前移,作为《老子传》篇末"著书上下篇,言道德之意"之注释。盖歧见异说,当备列考证,但为顾及行文时观点之凸显,主张清楚诸主体意识,故补充参照之文献,可移作注释。既不泯灭歧异,又方便读者进一步据此论辨考据。此之谓主从分明,详略合宜,轻重有序。同理,《老子传》"自孔子死之后百二十九年,而史记周太史儋"云云60字,简介太史儋之预言前知,亦是烘云托月之宾笔。不妨比照"老莱子"事迹,移往《老子传》中后,作为"(老子)见周之衰,乃遂去至关"之注释,类聚群分,备列异说歧互,既征存文献,又提供后世考证。

史传文学,属于叙事文学之一。史传之叙事艺术,可资借鉴者不少。首先,"宾可多,主无二",这是叙事艺术的第一要点。主宾,犹言主从。主意所在,举证阐说既已详、已重、已繁,他处章节分说相关议题,即可略、可轻、可省。换言之,论文写作宜讲究详略互见、重轻互见、繁省互见、虚实相生。就虚实相生而言,指观点与文献、论说与事例,必须相生相发;命题、假设、诠释,必须凭借信据、佐证实例而后可以成立。就文体而言,论文属于论说文之一,举例详尽充实,期于铁案如山,论说颠扑不破而后已,是其终极追求。其次,避同求异,是论文写作致力于独到创新的指标。

(二)文学创作论与论文写作

文章写作之方法,称为章法学,或称辞章学。晋陆机(261～303)《文赋》所言，刘勰《文心雕龙》所论，已具体而微，略有规模。陆机《文赋》讨论文术，提出剪裁文章、凸显旨趣问题，值得论文写作之参考。如：

> 或仰逼于先条，或俯侵于后章；或辞害而理比，或言顺而意妨。离之则双美，合之则两伤。考殿最于锱铢，定去留于毫芒；苟铨衡之所裁，固应绳其必当。或文繁理富，而意不指适；极无两致，尽不可益。立片言而居要，乃一篇之警策；虽众辞之有条，必待兹而效绩。亮功多而累寡，故取足而不易。[1]

陆机《文赋》这两段，主旨有二：定去留、立警策。写作过程中，有关章句之排比，若发生前后矛盾、上下龃龉、意义重复、逻辑混乱等问题，就得注意剪裁，横心割爱，是所谓"离之则双美"。否则，若先后失序，辞理相害、言意互妨，犹牵合为一，勉强拼凑，是所谓"合之则两伤"。取舍去留之标准，以贴切文章的主轴为基本考虑。其次，以生动鲜明的形象，体现文章的中心思想，成为一篇之亮点，是所谓"立片言而居要，乃一篇之警策"。此即《文心雕龙·隐秀》所云"秀也者，篇中之独拔者也""秀以卓绝为巧"。[2]论文写作中，各章节，当设定警策，而摘要与结论，宜凸显卖点与亮点。

刘勰著《文心雕龙》，自卷六《神思》等5篇，卷七《情采》等5篇，卷八《比兴》等5篇，卷九《指瑕》等5篇，属于文学创作论，凡20篇。其中如《体性》《风骨》《通变》《情采》《镕裁》《章句》《事类》《练字》《附会》《总术》诸篇，对于论文写作，多富于启发意义。《体性》《风骨》《附会》，详见下节所述，今援举《章句》篇、《镕裁》篇说明之：

> 规范本体谓之镕，剪截浮词谓之裁。裁则芜秽不生，镕则纲领昭畅。……凡思绪初发，辞采苦杂，心非权衡，势必轻重。是以草创鸿笔，

---

[1]〔晋〕陆机著，张少康集释：《文赋集释》（北京：人民文学出版社，2002、2012），页145。

[2]〔南朝梁〕刘勰著，范文澜注：《文心雕龙注》（北京：人民文学出版社，1958、2014），卷八《隐秀第四十》，页632。

> 先标三准:履端于始,则设情以位体;举正于中,则酌事以取类;归余于终,则撮辞以举要。然后舒华布实,献替节文,绳墨以外,美材既斫,故能首尾圆合,条贯统序。若术不素定,而委心逐辞,异端丛至,骈赘必多。[1]

镕裁,即镕意裁辞。一般而言,意在笔先,所谓成竹在胸。所以,镕意应先于裁辞,而且,文辞之剪裁,取决于意,以意作引导。刘勰提出"三准"之说,所谓"履端于始,则设情以位体;举正于中,则酌事以取类;归余于终,则撮辞以举要"。开始时,设定情意,确认方向。其次,则斟酌材料,以类相从。最终,则撮取文辞,揭示要点。先标明始、中、终三准之目标,循序渐进,解决"命意""取材"与"修辞"三个问题。如此,则文章"首尾圆合,条贯统序"。论文写作时,"命意""取材""修辞"三准,如何融通互动?《文心雕龙·镕裁》所言,值得借鉴参考。其实孔子作《春秋》与《礼记·经解》所云"属辞比事"之《春秋》教,方苞所倡"义以为经,而法纬之"之作文义法,同样不谋而合、道通为一。

学术论文写作,绪论、引言强调冠冕堂皇,如"凤头"之亮丽。历经琳琅满目的章节项目,要求如"猪肚"的厚实丰富。至结论之精华聚焦、亮点提示,则当如"豹尾"之简捷明快、坚劲有力。已详述于内篇各章,不赘。至于前后首尾、表里精粗,如何脉注绮交,如何联络照应,如何首尾贯串,如何内外一体,《文心雕龙》创作论《章句》篇,早已作提示论说:

> 句司数字,待相接以为用;章总一义,须意穷而成体。……章句在篇,如茧之抽绪,原始要终,体必鳞次。启行之辞,逆萌中篇之意;绝笔之言,追媵前句之旨;故能外文绮交,内义脉注,跗萼相衔,首尾一体。若辞失其朋,则羁旅而无友;事乖其次,则飘寓而不安。是以搜句忌于颠倒,

---

[1] 〔南朝梁〕刘勰著,范文澜注:《文心雕龙注》,(北京:人民文学出版社,1958、2014),卷七《镕裁第三十二》,页543。

裁章贵于顺序，斯固情趣之指归，文笔之同致也。[1]

一篇论文、一部专著，犹如有机体，又似几何图形。结合字、句、章、篇，而成论著，犹连缀点、线、面、体，而成架构。"原始要终，体必鳞次"，是章句相接的原则。"跗萼相衔，首尾一体"，是裁章锻句的效应。"外文绮交，内义脉注"，则是章句表里内外的互为体用。至于"启行之辞，逆萌中篇之意；绝笔之言，追媵前句之旨"，则强调前伏后应，回龙顾祖。试对应论文写作之绪论、中幅、结论，《南村辍耕录》提倡"凤头、猪肚、豹尾"六字法。以为尤可贵者，在"首尾贯穿，意思清新"[2]，即指前幅、中段、后章，首尾贯穿，浑然如一，联络照应，顺理成章。《文心雕龙·章句》篇，标榜三准，所谓"履端于始，则设情以位体；举正于中，则酌事以取类；归余于终，则撮辞以举要"，凸显命意、取材、修辞之三位一体，与此可以相互发明。

除了《文赋》《文心雕龙》，有关古文写作之相关论说，复旦大学王水照教授主编《历代文话》，对于立意、布局、谋篇、安章、首尾、起结、本末、原委，多所提示。娴熟个中学理，对于论文写作，自有启益。如北宋葛延之远赴儋州请益，苏轼开示作文之法：

> 东坡教诸子作文，……有问作文之法。坡云："譬如城市间，种种物有之；欲致而为我用，有一物焉，曰钱。得钱，则物皆为我用。作文先有意，则经史皆为我用。大抵论文，以意为主。"今视坡集，诚然。[3]
>
> 葛请作文之法，（东坡）诲之曰："……天下之事散在经、子、史中，不可徒使，必得一物以摄之，然后为己用。所谓一物者，意是也。不得

---

[1] 〔南朝梁〕刘勰著，范文澜注：《文心雕龙注》，（北京：人民文学出版社，1958、2014），卷七《章句第三十四》，页 570～571。

[2] 〔明〕陶宗仪：《南村辍耕录》（北京：中华书局，1959、1997），卷八《作今乐府法》，页 103。

[3] 傅璇琮、朱易安等主编：《全宋笔记》（郑州：大象出版社，2012），第五编第九册，周煇《清波杂志》，卷七，页 78。

钱不可以取物，不得意不可以用事，此作文之要也。"葛拜其言，而书诸绅。[1]

上述文字，宋人洪迈《容斋随笔》、葛立方《韵语阳秋》、周煇《清波杂志》、张镃《仕学规范》多载之，文字互有异同。有关苏轼说作文之法，流传之广远，版本之繁多，从传播接受可以想见。洪迈《容斋四笔》较为详尽，周煇《清波杂志》最称精要。彼此对读，可知东坡教人作文之大凡。苏轼对于文章，提示"作文先有意，则经史皆为我用"，立论可谓高屋建瓴。换言之，"不得意，不可以用事"，持此诲人，可为"作文之要"。若整合洪迈《容斋四笔》、周煇《清波杂志》而言作文之法，"大抵论文，以意为主"，可以一言以蔽之。谋篇安章，以立意为优先，犹北宋画家文同画竹，"必先得成竹于胸中"。[2] 清代刘熙载《艺概·文概》称："叙事有主意，如传之有经也。主意定，则先此者为先经，后此者为后经，依此者为依经，错此者为错经。"[3] 凡此所谓"意""胸中""主意"，就论文写作而言，即是作为领航指南之问题意识、研究构想、核心论旨、关键话语。

元代陈绎曾《文说·立意法》，视文章写作之系列论说，犹如处理司法诉讼案件，讲究五道程序，必须按部就班，缺一不可。其言曰：

先尚书云："文章犹若理词状也。一本事，二原情，三据理，四按例，五断决。本事者，认题也。原情者，明来意也。据理者，守正也。按例者，

---

[1] 〔宋〕洪迈：《容斋随笔》（上海：上海古籍出版社，1978、1995），卷十一《东坡诲葛延之》，页745。宋代其他笔记，如张镃《仕学规范》卷四《作文》所载，与洪迈《容斋随笔》、葛立方《韵语阳秋》，文字大致相合。参见王水照编：《历代文话》（上海：复旦大学出版社，2007），第一册，页328。

[2] 〔宋〕苏轼著，孔凡礼点校：《苏轼文集》（北京：中华书局，1986），卷十一《文与可画筼筜谷偃竹记》，页365～366。

[3] 〔清〕刘熙载著，徐中玉、萧华荣校点：《刘熙载论艺六种》（成都：巴蜀书社，1990），卷一《文概》，页43。

用事也。断决者，结题也。五者备矣，辞贵简切而明白。"[1]

《文说》认为作文如判案，"一本事，二原情，三据理，四按例，五断决"。陈绎曾之言，今移称论文写作，亦十分贴切：本事，犹文本文献。原情，即问题意识。据理，论说阐释。按例，胪举例证。断决，断案作结。此五者，为文章作法与学术论文相通处，所谓"文章犹若理词状也"。中山大学吴承学亦称："写论文就像打官司，要能提出自己的观点，只有学术没有思想，出不了大师。"[2]学术成果、观点思想好比是操盘手，本事、原情、据理、按例、断决，经过系列辩证、层层推衍，心得创见方能拔尖得出。

（三）作文之道与论文写作

作文之道，构思为先。故《文镜秘府论》一书称："将发思之时，先须惟诸事物。"此说作文，可通于论文写作。日僧空海，法号遍照金刚，著《文镜秘府论》六卷。其《论体》称：

> 凡作文之道，构思为先。亟将用心，不可偏执。何者？篇章之内，事义甚弘，虽一言或通，而众理须会。若得于此而失于彼，合于初而离于末，虽言之丽，固无所用之。[3]

论文写作，自生发问题意识、确认研究构想，到形成理想选题，皆是"意在笔先"的前置作业。必须专注于构思之先，用心于笔墨之际，关照事义与言理之通塞，商榷篇章彼此之得失，推敲本初与末端之离合；"必使一篇之内，文义得成"，"一章之间，事理可结"。由此观之，作文之道与论文写作，

---

[1] 〔元〕陈绎曾：《文说·立意法》，见王水照编：《历代文话》（上海：复旦大学出版社，2007），第二册，页1343。

[2] 吴承学：《写论文就像打官司，要能提出自己的观点，只有学术没有思想，出不了大师》，载《翻译教学与研究·古代文学考研》2019年11月29日。

[3] ［日］遍照金刚著，卢盛江校考：《文镜秘府论汇校汇考》（北京：中华书局，2006），南卷《论体》，页1471。

在用心构思、篇章经营、事义言理之推敲斟酌方面,并无不同。

　　立意,为一篇之主脑。亦即学术研究之研究构想、问题意识。主意既定,则起、承、转、合依之,布局、措注随之。于是"抑扬以达其辞,反复以致其意",然后可以成文。论文写作之进程,要不越此藩篱,诚如苏伯衡《述文法》所云:

> 凡遇题目,须先命意。大意既立,文须区处:如何起?如何承接?如何收拾?此之谓布置。既定,抑扬以达其辞,反复以致其意,血脉之流通,首尾之照应,则善矣!下笔之时,且须专心。宜思一篇大概已具于胸中,方可措辞。又当一鼓铸成,方可观也。若逐段逐句而为之,则非所以为文矣![1]

　　论文写作之道,应以观点带领文献,不宜以文献绑束观点。所谓以观点带领文献,指以问题意识驱遣文献、驾驭资料。所谓"一篇大概已具于胸中,方可措辞"。既已胸有成竹,于是起、承、布局、收拾之间,以及"血脉流通,首尾照应"之际,多聚焦于命意,取决于命意。于是顺理成章,自然"一鼓铸成"。刘勰《文心雕龙》称:"何谓附会?谓总文理,统首尾,定与夺,合涯际,弥纶一篇,使杂而不越者也。若筑室之须基构,裁衣之待缝缉矣。"[2]名曰附会,即是命意。

　　上述所谓"问题意识",或为自学储宝之结晶,或自文献述评梳理所得,与"学位体"那种尚未研究已有结论、先入为主的设想,大相径庭。[3]至于"逐段逐句而为之,则非所以为文"者,论题未统括于主旨,容易流于浮花浪蕊、杂乱无章,绝非为文之道。同理,学术论文写作,当聚焦于主意、主轴,切

---

[1] 〔明〕曾鼎:《文式》卷下,引《苏伯衡〈述文法〉》,见王水照编:《历代文话》(上海:复旦大学出版社,2007),第二册,页1578。

[2] 〔南朝梁〕刘勰著,范文澜注:《文心雕龙注》(北京:人民文学出版社,1958、2014),卷九《附会第四十三》,页650。

[3] "学位体",从选题开始,到研究方法,其实都带有鲜明的"先入为主"的观点。也就是说,脑子里大致都有一个结论,需要资料来论证这个结论。说见刘跃进:《文学史研究的多种可能性》,载《山东师范大学学报》2011年第4期,页37~40。

忌想到一句写一句，想一段就写一段，边想边写，边写边想，是所谓"逐段逐句而为之"。如此操作，将如急就章，不成其为作文，何况学术论文。

旨意，指中心思想、核心论旨，"缩之，则退藏于密"，故往往可一言以蔽之。至于文辞，须谋篇、安章、锻句、炼字而后乃成。其中文法多方，名篇佳作无不讲究，如：

《丽泽文说》云："……一篇中自有一篇中眼，一段中自有一段中眼，寻常警句是也。如何是主意首尾照应？如何是一篇铺叙次第？如何是抑扬开阖？如何是警策？如何是下句下字有力处？如何是起头换头佳处？如何是缴结有力处？如何是实体贴题目处？……须做过人功夫，便做过人文字。"[1]

文有文眼，犹诗有诗眼，吕祖谦《丽泽文说》所谓篇中眼、段中眼、警句、警策，指凸显亮点重点，揭示论文结论、摘要写作之法。首尾照应、抑扬开阖、铺叙次第，对于全文之起结、脉络，颇有启益。至于下句措辞有力、起头换头佳处，甚至缴结有力处、体贴题目处，对于谋篇安章、锻句炼字、文章经营，多有指引提点之意义。

清代曹宫《文法心传》特提"文章八面"，论文写作得此启示，诠释课题，当以开放之胸襟，考虑前面、后面、上面、下面、反面、旁面、对面、正面八个视角[2]，则圆融周赅，思过半矣。曹宫又研究辞章之术，提出"扼、顶、领、喝、提、振、生、发、反、正"十字法，作为"文家心诀"。其言曰：

一曰扼：扼者，于题之章旨、题之眼目处，扼定作主。二曰顶：顶

---

[1]〔明〕高琦：《文章一贯》卷上引，见王水照编：《历代文话》（上海：复旦大学出版社，2007），第二册，页2156。

[2]〔清〕曹宫：《文法心传》，卷上《文章八面》，见王水照编：《历代文话》（上海：复旦大学出版社，2007），第六册，页5315～5318。

者，根据上文，使有原委。三曰领：领者，凡篇一股大意，以一二语领之。四曰喝：喝者，喝醒题意，令人豁然。五曰提：提者，题意紧要处，以一笔提起，所谓高提重坠也。六曰振：振者，恐文势太平，用一笔振起，以鼓其势。七曰生：生者，文意已尽而复生之，所谓水穷云起也。八曰发：发者，题之正面尽情阐发，如三春柳，尽态极妍。九曰反：反者，于题先反立议，如讲学先讲不学也。十曰正：正者，就上反意而正言之。有正必有反，有反必有正。[1]

"扼、顶、领、喝、提、振、生、发、反、正"十字诀，所云为何？显言之，指扼定章旨、推究原委、引领大意、醒豁题意、高提紧要、振笔鼓势、绝处逢生、阐发尽致、反常合道、正反相生。总此十术，固是文章家为文之心诀，亦可供论文写作时属辞比事之指南，亦是解读文献、遣词造句之要领。另外，宋文蔚著有《文法津梁》一书，标立古文作法，分造意、谋篇、布局、分段、运调、修辞、锻句、炼字等栏目。[2] 其中，谋篇、布局、分段三者，对于论文写作，有借镜意义。

南宋严羽《沧浪诗话》开篇云："入门须正，立志须高。"此虽说诗，可移作论文写作之自我期许。复次，守经固常，有其必要；通权达变，更不可忽略。论文写作，有各学科通行共用的常法，更有专业学术内部的潜在规则。不同学科，殊异专业，可以相互借鉴，不宜执着拘守，故步自封。如此，方能"致广大而尽精微，极高明而道中庸"。

论文写作，与辞章学、章法学所讲究之文章作法，可谓殊途而同归，百虑而一致，即与辞章写作并无不同。上海古籍出版社前总编辑赵昌平教授（1945～2018），十分欣赏这种设想与实践。在2015年香港浸会大学的一场"宗教与文学"国际学术研讨会，笔者发表论文，赵教授曾即席发言，当下赞同笔者之所思与所行，以为值得推广和追求。今本篇草就，赵教授遽归

---

[1]〔清〕曹宫：《文法心传》，卷上《文家心诀·约举五十字》，见王水照编：《历代文话》（上海：复旦大学出版社，2007），第六册，页5318～5319。

[2] 宋文蔚：《文法津梁》（高雄：复文图书出版社，1983，影印商务印书馆1938年版）。

道山。姑叙往事，以志感遇与知音。

三、论文写作"义以为经，而法纬之"，与桐城古文义法

论文写作是项错综复杂的学术工程。试回顾其程序与步骤，反思其心路历程，殆与孔子笔削鲁史之文献，然后用心于"比事"，致力于"属辞"，以体现"丘窃取之"之义，著成16000余字之《春秋》。其中之惨淡经营，别识心裁，与"义以为经，而法纬之"之义法形成（详见后文），有异曲同工之妙。《左传》《史记》，以及历代史著之历史编纂学[1]，发凡起例，当滥觞于此。

（一）《春秋》书法与文章义法

《孟子·离娄下》称：孔子作《春秋》，由其事、其文、其义三元素组成。《礼记·经解》谓："属辞比事，《春秋》教也。"对于其事、其辞文与其义之互义关系，语焉不详。潜台词盖谓：文辞经由连属，史事通过排比，而那些"都不说破"之主旨可见，"言外"之隐义可知。[2]《史记·十二诸侯年表序》说孔子编纂《春秋》，事、文、义三位一体之关系，始呼之欲出：

> （孔子）西观周室，论史记旧闻，兴于鲁而次《春秋》。上记隐，下至哀之获麟。约其辞文，去其烦重，以制义法。[3]

司马迁揭示"约其辞文，去其烦重，以制义法"三语，指为孔子论次《春

---

[1] 传统之历史编纂学，可参考何炳松：《历史研究法》，第六章《明义》，第七章《断事》，第八章《编比》，第九章《著作》。详见刘寅生、房鑫亮编：《何炳松文集》（北京：商务印书馆，1997），第四卷，页41～70。

[2] 〔宋〕黎靖德编，王星贤点校：《朱子语类》（北京：中华书局，1986），卷八十三《〈春秋〉·纲领》，页2152～2153。

[3] 〔汉〕司马迁著，〔日〕泷川资言考证：《史记会注考证》（台北：万卷楼图书公司，1993），卷十四《十二诸侯年表序》，页6～7，总页235。

秋》之要诀。"约其辞文",为属辞之能事;"去其烦重",乃比事之功夫。约饰文句,由属辞可以见义;削繁删重,借比事可以昭义。属辞、比事,为"如何书"之法,与"何以书"之义,可以相互发明,故曰"以制义法"。方苞曾云:"《春秋》之制义法,自太史公发之,而后之深于文者亦具焉。"此之谓也。

为学之人平素研读原典文献,已默识心通,可以类聚群分,于是理念渐成体系。程颐所谓:"聚众材,然后知作室之用。"[1] 积学储宝如此,可以投入论文写作。自研读学界研究成果,到述评重要文献,从而生发问题意识,确认理想之学术选题,或取或舍、或进或退之拣择,可谓无所不在。待正式进行论文写作,如绪论之要领、大纲之拟定、章节之比重、文献之运用、诠释之方法、资料之取舍,处处皆须裁量可否;至于议题之开展、亮点之凸显、论说之阐释、表里之推敲、脉注绮交之讲究,此中之或取或舍、或予或夺之选择,亦与时俱进,同步进行。乃至结论、摘要提要、关键词、论文注释之精心结撰,多时时运用比事或属辞,或笔或削之斟酌,取舍予夺之考虑,既与研究共始终,更与论文共荣辱。凡此,与孔子笔削"鲁史记",作成《春秋》,文献编纂之原理,自有相通处。

《文心雕龙》中《风骨》篇,谈文辞与文意之关系,综览刘勰之论,风骨即是意与辞,初并无二,欲健文章风骨,不能无注意于命意与修辞。[2] 孔子作《春秋》,窃取之义,隐晦幽微,如何可知?曰:必待排比史事,连属辞文,方能破译解读。此犹《文心雕龙》之《风骨》篇所谓"辞之待骨,如体之树骸;情之含风,犹形之包气"。黄侃《文心雕龙札记》所谓"风借意显,骨缘辞章","凡览篇籍,未有不通章句而能识其义者也;章句以驭事

---

[1] 〔宋〕程颢、程颐:《二程全书》(台北:台湾中华书局,1966,《四部备要》本),《伊川经说》卷四,程颐《春秋传·序》,页1。
[2] 黄侃:《文心雕龙札记》,《风骨第二十八》,见洪治纲主编:《黄侃经典文存》(上海:上海大学出版社,2008),页94。又,刘永济:《文心雕龙校释》(武汉:武汉大学出版社,2013),《风骨第二十八》以为:"就其所以运事义以成篇章者,言之为'风'。"又云:"就其所以建立篇章而表情思者,言之为'骨'。"页87。案:所以运者,意也;所以表情思者,辞也。

义，虽牢笼万态，未有出于章句之外者也"[1]。风骨与意辞，盖异名而同实。

《文心雕龙·附会》称："附辞会义，务总纲领，驱万涂于同归，贞百虑于一致。使众理虽繁，而无倒置之乖；群言虽多，而无棼丝之乱。"[2]《附会》篇，谈附辞会义之大凡，黄侃《文心雕龙札记》释之曰："附会者，总命意修辞为一贯，而兼草创、讨论、修饰、润色之功绩者也。"[3]持此附辞会义之术，与事、文、义三位一体之《春秋》编纂学相较，堪称百虑一致，涂辙不殊。论文写作之附辞会义，与文学创作之附辞会义，亦百虑而一致，同归而殊途。

其他，《文心雕龙》之《体性》篇、《知音》篇论文学原理，亦可与《风骨》篇、《附会》篇相互发明。《孟子·离娄下》言孔子作《春秋》，衡之以《礼记·经解》所提"属辞比事之《春秋》教"，其事、其文、其义实三位一体。试与《文心雕龙》诸篇相比较，《体性》篇中"赞曰"所云"辞为肌肤，志实骨髓"二言，可以概括属辞与旨义的密切关系。如《文心雕龙》言：

> 夫情动而言形，理发而文见，盖沿隐以至显，因内而符外者也。……赞曰：才性异区，文体繁诡。辞为肌肤，志实骨髓。[4]
>
> 夫缀文者情动而辞发，观文者披文以入情，沿波讨源，虽幽必显。世远莫见其面，觇文辄见其心。岂成篇之足深，患识照之自浅耳。夫志在山水，琴表其情，况形之笔端，理将焉匿？[5]

---

[1] 黄侃：《文心雕龙札记》，见洪治纲主编：《黄侃经典文存》（上海：上海大学出版社，2008），《风骨第二十八》，页95；《章句第三十四》，页119。

[2] 〔南朝梁〕刘勰著，范文澜注：《文心雕龙注》（北京：人民文学出版社，1958、2014），卷九《附会第四十三》，页651

[3] 黄侃：《文心雕龙札记》，见洪治纲主编：《黄侃经典文存》（上海：上海大学出版社，2008），《附会第四十三》，页191。

[4] 〔南朝梁〕刘勰著，范文澜注：《文心雕龙注》（北京：人民文学出版社，1958、2014），卷六《体性第二十七》，页505、506。

[5] 〔南朝梁〕刘勰著，范文澜注：《文心雕龙注》（北京：人民文学出版社，1958、2014），卷十《知音第四十八》，页715。

《文心雕龙》之《体性》篇论情与形、理与文、隐与显、内与外之二柄多边；《知音》篇论情与辞、文与情、幽与显、面与心，多涉及形而上、形而下之辩证关系。《史记·司马相如列传》中"太史公曰"称"《春秋》推见至隐"。南宋朱熹释之云："《春秋》以形而下者，说上那形而上者去。"[1]其事、其文，为"如何书"之法，形而下者也。其义，指向"何以书"，形而上者也。借形传神，即器求道，事、文、义三者，彼此依存，互为体用。其事、其文与其义三位一体，犹《体性》篇中"赞曰"所云"辞为肌肤，志实骨髓"。《文心雕龙·附会》所提命意与修辞为一贯，亦若合符节。

　　清代纪昀等主纂《四库全书总目》，其中云："说《春秋》者，莫夥于两宋。"[2]《春秋》传播于两宋，既蔚为显学，于是学者信奉"属辞比事"之《春秋》教，宗法《春秋》"约其辞文，去其烦重，以制义法"之编纂学，作为"深于文"之圭臬。如南宋张镃《仕学规范》所云：

> 为文必学《春秋》，然后言语有法。近世学者多以《春秋》为深隐不可学，盖不知者也。……作文，他人所详者，我略；他人所略者，我详。[3]

　　为文所以必学《春秋》者，或宗法属辞约文之修辞，或参考排比事迹之别裁。唐代韩愈《进学解》称"《春秋》谨严"；《公羊》与《穀梁》之于《春秋》，更斤斤于一字之褒贬，此之谓"言语有法"。至于作文殊胜之道，更在"他人所详者，我略；他人所略者，我详"。《春秋》之或笔或削、依违取舍，衍变为作文之详略、有无、重轻、忽谨诸法。事例之详略、有无，文辞之重轻、忽谨，彼此互发其蕴，互显其义，而"都不说破"之意蕴，遂

---

[1] 〔宋〕黎靖德编，王星贤点校：《朱子语类》（北京：中华书局，1986），卷六十七《〈易〉三·纲领下》，页1673。

[2] 〔清〕纪昀等主纂：《四库全书总目》（台北：艺文印书馆，1974），卷二十九《日讲春秋解义》提要，页1，总页592。

[3] 〔宋〕张镃：《仕学规范·作文》，见王水照编：《历代文话》（上海：复旦大学出版社，2007），第一册，卷一，页308；又，卷四，页328。

曲折表出。《春秋》之言语有法，与详略、重轻、有无之借笔削昭义，对于论文写作自有启益。

南宋吕祖谦（1137～1181），长于史学，著有《春秋集解》《左氏传说》《左氏传续说》《东莱左氏博议》等书，以中原文献传家著称，亦提示作文之法，谓"先看《精骑》，次看《春秋权衡》"，以为如此可以"笔力雄朴，格致老成"。其说曰：

> 东莱先生吕伯恭尝教学者："作文之法，先看《精骑》，[1]次看《春秋权衡》，自然笔力雄朴，格致老成，每每出人一头地。"[2]

北宋秦观（1049～1100）《精骑集·序》："取经、传、子、史之可为文用者，得若干条，勒为若干卷，题曰《精骑集》。"《精骑集》，盖类编相关材料而成书。取经、传、子、史之可为文用者，此即《春秋》笔削昭义，比事属辞之发用。北宋刘敞（1019～1068）著《春秋权衡》，"以平三家之得失，然后集众说，断以己意而为之《传》"。是以论衡《春秋》三传及诸家，作为著述指归。[3]刘敞《春秋》学，"以平三家之得失，然后集众说，断以己意"，云平得失、集众说、断己意，亦不离编纂论次、比事属辞，"其义，则丘窃取之"之《春秋》学范畴。就论文写作而言，集众说、平得失、断己意云云，终始本末，无时不在，亦处处可见。笔削取舍之际，亦多暗合"义

---

[1] 〔宋〕秦观：《淮海集》（《四部丛刊》初编本），《后集》卷六，《精骑集序》，页679。其中言："比读《齐史》，见孙搴答邢词云：'我精骑三千，足敌君赢卒数万。'心善其说，因取经、传、子、史之可为文用者，得若干条，勒为若干卷，题曰《精骑集》云。"《精骑集》是秦观类编古书中相关材料而成，亦由此可见。

[2] 〔宋〕俞成：《萤雪丛谈》，卷下，"东莱教学者作文之法"，见〔宋〕俞鼎孙、俞经编：《儒学警悟》（香港：龙门书店，1967），卷四十下，页3，总页225。又见《钦定古今图书集成》，《理学汇编·文学典》卷九引。

[3] 〔宋〕陈振孙著，徐小蛮等点校：《直斋书录解题》（上海：上海古籍出版社，1987），卷三春秋类，"《春秋传》《权衡》《意林》"条："刘敞原父撰，始为《权衡》，以平三家之得失，然后集众说，断以己意而为之《传》。《传》所不尽者，见之《意林》。"页59。

以为经，而法纬之"之义法取向。

(二) 方苞义法与论文写作

清代方苞研究《仪礼》《春秋》《左传》《史记》，提倡古文义法。曾云："义，即《易》所谓'言有物'也。法，即《易》之所谓'言有序'也。义以为经，而法纬之，然后为成体之文。"[1] 桐城"义法"说，作为文章法式之一，值得论文写作借鉴参考者不少。

"义法"之"义"，为文章之立意、命意、用意、主意，指中心思想、关键内容。就学术论文而言，即是问题意识，乃研究课题之导航；为核心论旨，举凡征引文献、诠释阐说，多聚焦于此。义先存有，而后，法随之；法以义起，法随义变，故曰"义以为经，而法纬之"。[2] 方苞"义法"较侧重"法"之提示，尤致力于辞文"前后措注"之方略，诸如主宾、详略、重轻、异同、显晦、曲直、先后、细大、虚实、损益、繁省等等之笔削安排，二柄多边之属辞规划，形成古文之姿态横生、美不胜收。[3] 在这方面，古文义法对于论文写作，无论立意、布局、谋篇、安章，皆具启发意义。

方苞《望溪先生文集》卷二，有《读史》相关若干篇，多攸关历史编纂之艺术，不少可化为论文写作之用。除了前所引述《又书〈货殖传〉后》外，《书〈五代史·安重诲传〉后》《书〈汉书·霍光传〉后》二文，精要提撕，亦值得期待：

> 记事之文，惟《左传》《史记》。一篇之中，脉相灌输而不可增损，

---

[1] 〔清〕方苞：《方望溪先生全集》（台北：台湾商务印书馆，1979，《四部丛刊》初编本），见《望溪先生文集》，卷二《读史·又书〈货殖传〉后》，页 20，总页 40。又，《望溪集外文补遗》，卷二《史记评语·六国表序》，页 14，总页 434。

[2] 张高评：《比事属辞与古文义法——方苞"经术兼文章"考论》（台北：新文丰出版公司，2016），附录一《方苞义法与〈春秋〉书法》，页 501～506。

[3] 张高评：《比事属辞与古文义法——方苞"经术兼文章"考论》（台北：新文丰出版公司，2016），附录一《方苞义法与〈春秋〉书法》，页 501～506；第七章《比事属辞与方苞论古文义法——以〈文集〉之读史、序跋为核心》，页 364～365。

然其前后相应，或隐或显，或偏或全，变化随宜，不主一道。[1]

古之良史，于千百事不书，而所书一二事，则必具其首尾，并所为旁见侧出者而悉著之。故千百世后，其事之表里可按，而如见其人。[2]

方苞《书〈五代史·安重诲传〉后》称，欧阳修之书法，其事，或笔或削，则有无、取舍可见；其文，或增或减，而损益可知。经由笔削去取，于是，辞文"或隐或显"，史事"或偏或全"。事或去取、偏全，文或损益、隐显，即所谓"变化随宜，不主一道"者。清代章学诚《文史通义》所谓"《春秋》之义，昭乎笔削"[3]，即此是也。《书〈汉书·霍光传〉后》又演示或书或不书、或笔或削《春秋》书法之运用：良史笔削去取，有其别识心裁，即孔子所谓"其义，则丘窃之"者。因此，良史可于千百史事削去不书，然于所笔、所书之一二事，必"具其首尾，并所为旁见侧出者而悉著之"，使之"表里可按，而如见其人"。《春秋》谨严审慎，一旦笔而书之，则必详、必重；削去不书，则略之、轻之。由详重、略轻、有无，可见笔削去取之义。论文写作，从构思到立意，自绪论引言，到文献运用、论说阐释，乃至结论、摘要，亦同方苞义法所云：于千百事不书，而所书一二事，则必具其首尾，表里可按。此之谓详略有节，轻重有序。刘师培《古春秋记事成法考》所谓"爱始要终，本末悉昭"，可以相互印证。[4]

方苞倡义法，为《春秋》"义昭笔削"，以及属辞比事书法之流亚。除上述《读史》外，《望溪先生文集》载录若干书信，亦往往信手拈出，于学

---

[1] 〔清〕方苞：《方望溪先生全集》（台北：台湾商务印书馆，1979，《四部丛刊》初编本），《望溪先生文集》，卷二《书〈五代史·安重诲传〉后》，页24～25，总页42～43。

[2] 〔清〕方苞：《方望溪先生全集》（台北：台湾商务印书馆，1979，《四部丛刊》初编本），《望溪先生文集》，卷二《书〈汉书·霍光传〉后》，页23～24，总页42。

[3] 〔清〕章学诚著，叶瑛校注：《文史通义校注》（北京：中华书局，1985），卷五《答客问上》，页470。参考张高评：《属辞比事与〈春秋〉之微辞隐义——以章学诚之〈春秋〉学为讨论核心》，载《中国典籍与文化论丛》（第17辑）2015年10月，页152～180。

[4] 刘师培：《刘申叔先生遗书》（台北：华世出版社，1975），第三册《左盦集》，卷二《古春秋纪事成法考》，页1，总页1445。

术论文写作，亦颇富启发性。如《答乔介夫书》《与孙以宁书》：

> 《国语》载齐姜语晋公子重耳凡数百言，而《春秋传》以两言代之。盖一国之语可详也，传《春秋》总重耳出亡之迹，而独详于此，则义无取。[1]
>
> 古之晰于文律者，所载之事，必与其人之规模相称。……故尝见义于《留侯世家》曰："留侯所从容与上言天下事甚众，非天下所以存亡，故不著。"此明示后世缀文之士以虚实、详略之权度也。[2]

或书或不书，或著或不著，取舍定夺之际，即见《春秋》"义昭笔削"之体现。《国语》以人物对话为主，故载齐姜语公子重耳凡数百言；《左传》以历史叙事为主，故止以两言八字概括之，故或详或略如此。《史记·留侯世家》称："非天下所以存亡，故不著。"此司马迁揭示《史记》笔削去取之原则：凡攸关天下存亡者，则笔而书之、著之；否则，削而不书。详略、重轻、虚实诸书法，即是或书或不书之自然演示。论文写作亦然：研究课题之表里精粗、旁见侧出，触手何其纷纶？故不妨作一转语："凡无关本研究之补充与发展者，一概不著！"此一取舍之道，与《春秋》之或笔或削，《史记》之或著或不著，异曲同工，道理相通。

方苞所说"义法"，义，犹言思想内容、著述旨趣；法，则是表达艺术、形式技巧。就"如何书"之法而言，涉及如何编比、组织、点窜、措注、安排诸问题。简言之，这牵涉到"叙事艺术"之课题。学界研究叙事学，有所谓"前叙事"者，指出青铜器图形之"原初意义"，可归纳为纹与饰、编与织、空与满、圆与方、畏与悦等主从五对范畴。[3] 转换为后世之史传文学、叙事艺术，

---

[1] 〔清〕方苞：《方望溪先生全集》（台北：台湾商务印书馆，1979，《四部丛刊》初编本），《望溪先生文集》，卷六《答乔介夫书》，页3～4，总页76～77。

[2] 〔清〕方苞：《方望溪先生全集》（台北：台湾商务印书馆，1979，《四部丛刊》初编本），《望溪先生文集》，卷六《与孙以宁书》，页1～2，总页75～76。

[3] 傅修延：《中国叙事学》（北京：北京大学出版社，2015），第四章《青铜器上的"前叙事"》，页77～113。

颇有启发意义。就文章作法而言，不外乎繁省、详略、重轻、质文、虚实、显晦、变常、美刺诸范畴，要皆相反相对，彼此互发其蕴、互显其义，有如青铜器之纹与饰、编与织等之互见。《文心雕龙·情采》指出作文章应当文质相生、情采兼顾，所谓"五色杂而成黼黻，五音比而成韶夏，五性发而为辞章，神理之数也"[1]。黼黻锦绣之所以悦目，韶夏音乐之所以悦耳，辞章美文之所以悦心，都必须绮交、错杂、对比、映发，犹如内容与技巧必须兼重并顾。论文写作，又何尝不是如此？

论文写作之起承转合，必有逻辑与脉络。换言之，设章立节，大抵符合程朱理学所谓"理一分殊"之原理。从提出问题、把握重点、运用方法、处理疑难，一切思维亮点，无一不在响应问题、阐发主脑。方苞论义法"义以为经，而法纬之"。义，就是问题意识；法，就是解决问题的一切可能方案。就论文写作而言，经常涉及的笔法有主从、详略、繁省、重轻、异同、虚实、变常，皆二柄多边、相反相对，此之谓笔削显义。

一篇论文、一部专书，必须有主体观念、核心论述，这就是主意所在，故章节分立宜详细完尽，素材文献宜广博繁多，文学论述宜详重强调。反之，其他章节既为从属，则宜略、宜省、宜轻。喧宾夺主固然不可，详略失宜、繁省混淆、重轻倒置，尤其为论文写作之大忌。模糊焦点，莫此为甚。详略互见、避同求异、虚实相生、新变反常，尤为论文写作之叙事艺术。一篇之内、一书之中，问题意识、核心亮点必定转相灌注、交互诠释。就呼应问题意识而言，反复叮咛，再三提示，有其必要性。这时，详略、异同之安排，虚实、变常之讲究，就成为论文写作之叙事艺术。

清代章学诚《文史通义·史德》称："史所贵者，义也，而所具者，事也，所凭者，文也。"进而言："载笔之士，有志《春秋》之业，固将惟义之求。其事与文，所以借为存义之资也。"[2]揭示为文作史之通义，寓存乎其事与

---

[1]〔南朝梁〕刘勰著，范文澜注：《文心雕龙注》（北京：人民文学出版社，1958、2014），卷七《情采第三十一》，页537。

[2]〔清〕章学诚著，叶瑛校注：《文史通义校注》（北京：中华书局，1985），卷三《史德》，页219；卷二《言公上》，页171。

其文之中，其事如之何排比，其文如之何连属，皆唯义之马首是瞻。清代吴曾祺《涵芬楼文谈·命意》云："附会，即今之命意是已。作文之法，辞句未成而意已立。既立之后，于是乎始，于是乎终，于是乎前，于是乎后，百变而不离其宗。"[1] 方苞说书法、义法，强调应以义为经，而法纬之。义法之生成，与附会之方术，殊途而同归之若此。

2016 年 6 月 9 日 端午节初稿　香港铜锣湾 宝马山
2016 年 10 月 8 日 修订稿 小女生日前夕　浙江绍兴越城区
2021 年 3 月 10 日 增订稿完成　府城盐水溪畔寒舍
2021 年 8 月 12 日 初校毕　府城盐水溪畔

---

[1] 〔清〕吴曾祺：《涵芬楼文谈》，卷十一《命意》，见王水照主编：《历代文话》（上海：复旦大学出版社，2007），第七册，页 6582。